中国社会科学院
经济研究所
INSTITUTE OF ECONOMICS

经济所人文库

陈廷煊集

中国社会科学院经济研究所学术委员会 组编

中国社会科学出版社

图书在版编目（CIP）数据

陈廷煊集/中国社会科学院经济研究所学术委员会组编．
—北京：中国社会科学出版社，2019.1
（经济所人文库）
ISBN 978-7-5203-3560-7

Ⅰ.①陈⋯ Ⅱ.①中⋯ Ⅲ.①经济学—文集
Ⅳ.①F0-53

中国版本图书馆 CIP 数据核字（2018）第 254324 号

出 版 人	赵剑英
责任编辑	刘晓红
责任校对	张依婧
责任印制	戴 宽
出　　版	中国社会科学出版社
社　　址	北京鼓楼西大街甲 158 号
邮　　编	100720
网　　址	http：//www.csspw.cn
发 行 部	010-84083685
门 市 部	010-84029450
经　　销	新华书店及其他书店
印刷装订	北京君升印刷有限公司
版　　次	2019 年 1 月第 1 版
印　　次	2019 年 1 月第 1 次印刷
开　　本	710×1000　1/16
印　　张	20.75
字　　数	280 千字
定　　价	99.00 元

凡购买中国社会科学出版社图书，如有质量问题请与本社营销中心联系调换
电话：010-84083683
版权所有　侵权必究

中国社会科学院经济研究所
学术委员会

主　任　高培勇

委　员　(按姓氏笔画排序)
　　　　龙登高　朱　玲　刘树成　刘霞辉
　　　　杨春学　张　平　张晓晶　陈彦斌
　　　　赵学军　胡乐明　胡家勇　徐建生
　　　　高培勇　常　欣　裴长洪　魏　众

总　序

作为中国近代以来最早成立的国家级经济研究机构，中国社会科学院经济研究所的历史，至少可上溯至1929年于北平组建的社会调查所。1934年，社会调查所与中央研究院社会科学研究所合并，称社会科学研究所，所址分居南京、北平两地。1937年，随着抗战全面爆发，社会科学研究所辗转于广西桂林、四川李庄等地，抗战胜利后返回南京。1950年，社会科学研究所由中国科学院接收，更名为中国科学院社会研究所。1952年，所址迁往北京。1953年，更名为中国科学院经济研究所，简称"经济所"。1977年，作为中国社会科学院成立之初的14家研究单位之一，更名为中国社会科学院经济研究所，仍沿用"经济所"简称。

从1929年算起，迄今经济所已经走过了90年的风雨历程，先后跨越了中央研究院、中国科学院、中国社会科学院三个发展时期。经过90年的探索和实践，今天的经济所，已经发展成为以重大经济理论和现实问题为主攻方向、以"两学—两史"（理论经济学、应用经济学和经济史、经济思想史）为主要研究领域的综合性经济学研究机构。

90年来，我们一直最为看重并引为自豪的一点是，几代经济所人孜孜以求、薪火相传，在为国家经济建设和经济理论发展作出了杰出贡献的同时，也涌现出一大批富有重要影响力的著名学者。他们始终坚持为人民做学问的坚定立场，始终坚持求真务实、脚踏实地的优良学风，始终坚持慎独自励、言必有据的学术品格。他们是经济所人的突出代表，他们的学术成就和治学经验是经济所最宝贵的财富。

　　抚今怀昔，述往思来，在经济所迎来建所90周年之际，我们编选出版《经济所人文库》（以下简称《文库》），既是对历代经济所人的纪念和致敬，也是对当代经济所人的鞭策和勉励。

　　《文库》的编选，由中国社会科学院经济研究所学术委员会负总责，在多方征求意见、反复讨论的基础上，最终确定入选作者和编选方案。

　　《文库》第一辑凡40种，所选作者包括历史上的中央研究院院士、中华人民共和国成立后的中国科学院学部委员、中国社会科学院学部委员、中国社会科学院荣誉学部委员、历任经济所所长以及其他学界公认的学术泰斗和资深学者。在坚持学术标准的前提下，同时考虑他们与经济所的关联。入选作者中的绝大部分，都在经济所度过了其学术生涯最重要的阶段。

　　《文库》所选文章，皆为入选作者最具代表性的论著。选文以论文为主，适当兼顾个人专著中的重要篇章。选文尽量侧重作者在经济所工作期间发表的学术成果，对于少数在中华人民共和国成立之前已成名的学者，以及调离经济所后又有大量论著发表的学者，选择范围适度放宽。为好中选优，每部文集控制在30万字以内。此外，考虑到编选体例的统一和阅读的便利，所选文章皆为中文著述，未收入以外文发表的作品。

　　《文库》每部文集的编选者，大部分为经济所各学科领域的中青年学者，其中很多都是作者的学生或再传弟子，也有部分系作者本人。这样的安排，有助于确保所选文章更准确地体现作者的理论贡献和学术观点。对编选者而言，这既是一次重温经济所所史、领略前辈学人风范的宝贵机会，也是激励自己踵武先贤、在学术研究道路上砥砺前行的强大动力。

　　《文库》选文涉及多个历史时期，时间跨度较大，因而立意、观点、视野等难免具有时代烙印和历史局限性。以现在的眼光来看，某些文章的理论观点或许已经过时，研究范式和研究方法或许已经陈旧，但为尊重作者、尊重历史起见，选入《文库》时仍保持原貌而未加改动。

《文库》的编选工作还将继续。随着时间的推移，我们还会将更多经济所人的优秀成果呈现给读者。

尽管我们为《文库》的编选付出了巨大努力，但由于时间紧迫，工作量浩繁，加之编选者个人的学术旨趣、偏好各不相同，《文库》在选文取舍上难免存在不妥之处，敬祈读者见谅。

入选《文库》的作者，有不少都曾出版过个人文集、选集甚至全集，这为我们此次编选提供了重要的选文来源和参考资料。《文库》能够顺利出版，离不开中国社会科学出版社领导和编辑人员的鼎力襄助。在此一并致谢！

一部经济所史，就是一部经济所人以自己的研究成果报效祖国和人民的历史，也是一部中国经济学人和中国经济学成长与发展历史的缩影。《文库》标示着经济所90年来曾经达到的学术高度。站在巨人的肩膀上，才能看得更远，走得更稳。借此机会，希望每一位经济所人在感受经济所90年荣光的同时，将《文库》作为继续前行的新起点和铺路石，为新时代的中国经济建设和中国经济学发展作出新的更大的贡献！

是为序。

于 2019 年元月

编者说明

《经济所人文库》所选文章时间跨度较大，其间，由于我国的语言文字发展变化较大，致使不同历史时期作者发表的文章，在语言文字规范方面存在较大差异。为了尽可能地保持作者个人的语言习惯、尊重历史，因此有必要声明以下几点编辑原则：

一、除对明显的错别字加以改正外，异形字、通假字等尽量保持原貌。

二、引文与原文不完全相符者，保持作者引文原貌。

三、原文引用的参考文献版本、年份等不详者，除能够明确考证的版本、年份予以补全外，其他文献保持原貌。

四、对外文译名与今译名不同者，保持原文用法。

五、对原文中数据可能有误的，除明显的错误且能够考证或重新计算者予以改正外，一律保持原貌。

六、对个别文字因原书刊印刷原因，无法辨认者，以方围号□表示。

作者小传

陈廷煊，男，1933年2月5日生于湖北松滋，1959年进入经济所工作。

1949年7月，16岁的陈廷煊参加中国人民解放军第38军，历任卫生员、卫生统计员、防疫员，朝鲜战争爆发后，随军开赴朝鲜战场。1953年年底，他进入医务干部训练队学习。1954年7月，考入西安中国人民解放军第四军医大学学习。同年12月，因红绿色盲，不适宜继续学医，遂返回第38军政治部。1955年3月，由部队转业到吉林省通化专员公署卫生科，任科员。当年5月，参加中国人民大学招生考试，8月被录取到中国人民大学农业经济系学习。1959年8月从中国人民大学毕业，分配到中国科学院经济研究所，在农业组任研究实习员。

陈廷煊开始承担的研究任务是研究人民公社体制。1960年下半年，他又参加孙冶方主持的"社会主义经济论"课题，承担农业合作化研究，同周叔莲合作研究人民公社。1961年，参加苏联农业经济研究任务。1961年下半年，参加了中央农村工作部组织的人民公社所有制的调查，调查的结论是所有制由大队所有下放到小队所有。1962年，参加国家计委组织的甘肃省陇西县农村调查。1963年，经济研究所成立南斯拉夫研究组，他加入了研究组，研究南斯拉夫农业。此后，参加农村"四清"运动，中断了研究工作。

改革开放以后，陈廷煊转入中国现代经济史研究领域，研究土地改革史和中华人民共和国经济史，发表了多篇论文。离休后，他继续研究中国现代经济史，也研究现实的农业经济问题。在深入研究的过程中，他发现中华人民共和国成立初期经济建设中许多成功的经验与根据地经济建设的经验积累密切相关，便将研究重点转向抗日根据地经济史、解放区经济史的研究，出版了多本学术专著。中国经济史研究室承担的国家"九五"重点项目和中国社会科学院重点项目《中国近代经济史（1927—1937）》立项时，请他参加有关革命根据地经济史方面的研究，他高水平地完成了研究任务。

他参与撰写的主要学术成果有：《中华人民共和国经济史（1949—1952）》（任副主编），2001年12月由中国财政经济出版社出版；《中华人民共和国经济史（1953—1957）》（合著），2011年4月由社会科学文献出版社出版；《中国近代经济史（1927—1937）》（合著），2010年5月由人民出版社出版；《中国土地改革史（1927—1949）》（合著），1990年5月由人民出版社出版；《中国的土地改革》（合著），1996年8月由当代中国出版社出版；《土地改革史话》（合著），2000年3月由社会科学文献出版社出版；《解决"三农"问题之路——中国共产党"三农"思想政策史》（合著），2004年1月由中国经济出版社出版；《1949—1952年中国经济分析》（合著），1996年4月由中国社会科学出版社出版；《中国村庄经济——无锡、保定22村调查报告（1987—1998）》（合著），1999年12月由中国财政经济出版社出版。

他选编出版的经济档案资料集有：《中国土地改革史料选编》，1988年12月由国防大学出版社出版；《1949—1952年中华人民共和国经济档案资料选编》农业卷、商业卷（合编），1991年11月由社会科学文献出版社出版；《1953—1957年中华人民共和国经济档案资料选编》农业卷，1998年9月由中国物价出版社出版；《1958—1965年中华人民共和国经济档案资料选编》农业卷，2011年5月由中国财政经济出版社出版。

他出版的个人专著有：《抗日根据地经济史》，2007年6月由社会科学文献出版社出版；《中国新民主主义农业经济史》，2012

年4月由中国社会科学出版社出版。

他发表的主要论文如下：《抗日根据地的减租减息》，发表于《中国社会科学院经济研究所集刊》（第七集），1984年2月由中国社会科学出版社出版；《近代中国农业雇佣关系的封建性》，发表于《中国经济史研究》1987年第3期；《近代中国地主土地所有制下的租佃关系》，发表于《中国经济史研究》1991年第4期；《1949—1952年农业生产迅速恢复和发展的基本经验》，发表于《中国经济史研究》1992年第4期；《建国初期新解放区农村的清匪反霸减租退押斗争》，发表于《当代中国农业史研究》1994年第1期；《农业合作化历史回顾》，发表于《当代中国史研究》1995年第4期；《国民经济恢复时期（1949—1952年）的商品市场和物价管理》，发表于《中国经济史研究》1995年第2期；《建国以来农业剩余劳动力转移的历史进程和特点》，发表于《当代中国史研究》1996年第1期；《建国以来粮食流通体制的演变》，发表于《改革》1996年第6期；《农业产业化经营与农业增长方式的转变》，发表于《中国经济史研究》1998年第1期；《城市化与农业剩余劳动力的转移》，发表于《中国经济史研究》1999年第4期；《〈中华人民共和国土地改革法〉形成过程及其新的内容》，发表于《共和国农业史料征集与研究报告》（第四集）；《1953—1957年农村经济体制的变革与农业生产的发展》，发表于《中国经济史研究》2001年第1期；《加入WTO后中国农业如何增强国际竞争力》，发表于《经济研究资料》2002年第6期。

他参加写作的集体著作《中华人民共和国经济史（1949—1952）》，2004年9月荣获第五届中国社会科学院优秀科研成果一等奖；《中国近代经济史（1927—1937）》，2012年荣获第四届郭沫若历史学二等奖，2016年荣获中国社会科学院第九届优秀成果一等奖。

目 录

近代中国农业雇佣关系的封建性 …………………………… 1
近代中国地主土地所有制下的租佃关系 …………………… 21
抗日根据地减租减息的历史作用 …………………………… 46
抗日根据地的经济建设与新民主主义经济理论的形成 ……… 64
建国初期新解放区农村的清匪反霸减租退押斗争 ………… 83
1949—1952 年农业生产迅速恢复发展的基本经验 ………… 115
国民经济恢复时期(1949—1952 年)的商品市场与
　物价管理……………………………………………………… 138
1953—1957 年农村经济体制的变革和农业生产的发展 …… 152
1953—1957 年农业生产增长因素的剖析 …………………… 169
农业合作化历史回顾 ………………………………………… 209
建国以来农业剩余劳动力转移的历史进程和特点 ………… 223
建国以来粮食流通体制的演变 ……………………………… 235
农业产业化经营与农业增长方式的转变 …………………… 252
城市化与农业剩余劳动力的转移 …………………………… 264
加入 WTO 后中国农业如何增强国际竞争力 ……………… 279
农业产业化经营是农业经营体制的创新 …………………… 291
编选者手记……………………………………………………… 312

近代中国农业雇佣关系的封建性

近代中国农业中的商品性生产和带有资本主义性质的农业经营均有所发展。农业雇佣劳动数量和结构也相应地发生了某些变化。雇工农户增多,雇工队伍扩大。在商品经济比较发达的地区,自由雇佣劳动在整个雇佣劳动中的比重增大。但是,当时农村占支配地位的仍然是封建的地主土地所有制。封建的土地制度不但严重地束缚农业生产力的发展,直接影响和制约着农业经营的规模和性质,也直接影响和制约着农业雇佣劳动的数量和性质。封建的土地占有关系和租佃关系以及与之相互依存的封建性商业和高利贷剥削的存在,一方面不断造成农民的贫困破产,另一方面又阻碍他们彻底摆脱封建的土地依附关系和人身依附关系,成为"一无所有"的自由雇佣劳动者,阻碍资本主义农业雇工经营的发展,从而使农业雇佣劳动始终带着程度不同的封建性质。农业雇佣劳动的封建性是半殖民地半封建中国农村生产关系封建性的直接反映。本文拟从雇佣劳动队伍、雇佣劳动的形式以及雇工的工资待遇和被剥削程度等方面对农业雇佣劳动的封建性作一粗浅的分析。

一 雇工队伍

近代中国农村在地主土地所有制下,广大无地和少地的农民中间,除了佃农和半佃农,还有一支被地主和富农雇佣的雇工队伍。人们通常说的"雇农"是这支雇工队伍的主体。雇农在农村人口中所占的比重,因地区而异。据中山文化教育馆1933年的通信调查，雇农占农村人口的比重如表1所示。①

表1

地区	调查处数	农村人口	雇农数	雇农占农村人口百分比（%）
长江流域	112	91214	8455	9.27
珠江流域	50	74820	6082	8.13
黄河流域	192	228361	25070	11.41
总计	354	394395	39607	10.04

如表1所示，黄河流域的雇农占农村人口的比重略高于长江和珠江流域，三个地区平均，雇农约占农村人口的10%。上述雇农统计包括了长工和大部分短工，但没有完全包括充当季节性短工的贫苦佃农乃至中农在内。因此，雇佣劳动在农业劳动中所占的比重实际上比雇农所占农村人口的比重略高。据金陵大学1921—1925年对7省17处2866农户的调查，按工作费用计算，雇佣劳动占农业劳动的19.5%。② 又据该大学1929—1933年对22省144县316农户的调查，每一农业经营单位田场劳动量中，雇佣劳动占15%。③

使用雇佣劳动的农户，占全部农户中的比重很小。据广西省立师范专科学校1933年对广西10县24村调查，雇佣长工的农户只占农户的10%，雇佣短工的占24.7%，完全依靠家庭劳动的占65%。农户使用雇佣劳动的数量和所占全部农业劳动的比重，与农户经营规模和性质密切相关。通常，农户经营规模越大，所需农业劳动力超过家庭劳动力的经营能力越高，需要使用越多的雇佣劳动。一些经营规模较大的农户大多按经营面积雇佣农工。北方地区一般每20—30亩需雇1名长工，南方地区则每10亩左右需雇1名

---

① 陈正谟：《各省农工雇佣习惯及需供状况》，第58页。
② 卜凯主编：《中国农家经济》，商务印书馆1936年版，第333页。
③ 卜凯主编：《中国土地利用》，金陵大学农学院1941年版，第395页。

长工。农户经营面积越大，雇佣劳动所占比重越高。金陵大学对上述2866农户调查，华北、华中东地区大、中、小田场雇佣劳动占田场总劳动的比重如表2所示。①

表2 单位:%

地区	小田场	中田场	大田场
华北	4.1	13.0	31.8
华中东	4.5	15.7	20.1
合计	4.3	14.3	31.6

如表2所示，即使雇工较多的大田场，雇佣劳动也不及田场经营劳动的1/3。又据东北地区两个调查，经营面积15垧以下的农户，雇佣劳动分别只占10.1%和39.2%；而75垧以上的大农，雇佣劳动分别达54.9%和64.7%。② 不过这种规模的大农在全国是很少的。

不同阶层的农户经营或不同性质的农户经营使用雇佣劳动的比重差别更为明显。据中国农村经济研究会1933年对江苏无锡三个村的调查，在经营用工总数中，地主使用雇工人数占40.5%，富农占22.8%，中农占8.6%，贫农只占3.2%。绝大多数雇工都是受雇于经营地主和富农。据1933年对广东番禺10村840农户的调查，短工为富农雇佣的占68.3%，中农、贫农雇佣的短工分别只占16.5%和15.2%，长工则全部由富农雇佣。③

农业生产具有强烈的季节性，一年四季忙闲差异很大，农业雇佣劳动中，随着商品性农业的发展和富裕农户雇工经营的增多，雇佣劳动中的短工数量有不断增长的趋势。长工和短工人数各自所占的比重，因地区而异，一般地说，商业性农业较发达，短工市场普

---

① 卜凯主编:《中国农家经济》，商务印书馆1936年版，第333页。
② 东省铁路经济调查局:《满洲之农家生产与消费》和《北满农业》，1928年。
③ 陈翰笙:《广东农村生产关系与生产力》，"附录"第86页。

遍、交通方便、流动雇佣劳动者较多的地区，短工较多，其比重亦相对较高。但从劳动日数量看，在绝大多数地区，长工仍然高于短工。如前述金陵大学调查的2866农户的雇工中，长、短工的比重，依费用计算，长工占69.7%，短工占30.3%。无锡三村的农户雇工，按劳动日计算（长工每名以250个农业劳动日计算），长、短工分别占55.6%和44.4%。又据1934年对浙江兰溪2045农户的调查，长、短工分别占92.85%和7.15%。① 另据东北部地区抽样调查70农户的雇工，按劳动日计算，长、短工分别占61.9%和38.1%。长工比重显著高于短工。

总的来说，农业雇佣劳动在近代中国农业经营中所占的比重不大。

二 雇佣劳动的形式

近代中国农业雇佣劳动的封建性，最集中的表现是存在着许多封建性的雇佣劳动的形式。雇佣劳动和商品生产、商业资本、生息资本一样，在中国封建社会早期就已出现。不过，那时雇农出卖给地主的不仅是他的劳动力，而且包括他的人身自由，雇农与地主的关系是一种建立在封建土地制度基础上的以人身依附为特征的封建剥削关系。到了近代半殖民地半封建时代占统治和支配地位的仍然是地主土地所有制，但是，带有资本主义性质的农业经营已经产生。农业雇佣劳动与农业经营性质的多样性和过渡性一样，具有从封建性的雇佣劳动到自由的工资劳动乃至带有资本主义性质的雇佣劳动的多种形式。这里，我们着重分析封建性的和带有封建性的雇佣劳动的各种形式。封建性的雇佣劳动形式最常见的有以下数种。

第一，典当雇佣。农业劳动者把自身或其妻子儿女典当给地主或富农，在典期内听从役使直到典限期满，偿还典价为止。如广西

---

① 据冯兰岗《兰溪农村调查》第111页数据计算。

"思恩县雇工有立当身契者，一次收的当价，以后逐年工作抵利，至偿还当价，方脱关系……又有订立契约，雇佣十年八年或三五年者。工资一次收清。工作期满，乃脱离关系"。"东兰县之农工因急需而向农户借洋四十元以上，不愿还利者，可以言定佣工二年或三年相抵补，期满偿还本钱，脱离雇佣关系。"① 贫苦农民接受这种典当雇佣是为生计所迫。"贫农为着各种急需，只能够把自己的子女押到地主富农家里。期限越长，身价越高，例如三年的身价是30元，五年的身价是50—60元，十年的身价是100元或100元以上，女子和未成年的男子的身价按照上述比例依次减少。"② 雇工在典当期内，偿还典价之前，要无条件地听从雇主役使，没有摆脱被奴役、被剥削的任何权利和可能。因此，雇工在典限期内所出卖的不仅是他的劳动力，还包括了他个人的人身自由。这是一种不自由的雇佣关系。

第二，娶妻成家雇佣。"雇工（受）雇于雇主若干年，不要工资，仅由雇主为之娶妻成立家室。"如云南省有自五六岁、七八岁雇工受雇于地主、富农，至二十多岁，雇主为他娶妻，另立家室的。在江川县这种雇佣劳动占雇佣劳动总数的1/5。新平县也"为数甚多"。有的刻薄地主待雇工至二十八九岁才为之完婚，"而娶妻之费五十元左右。多年辛苦，仅此一妻之报酬而已"。"青海民和县家贫不能娶妻之农工，预先与雇主言定雇佣年限，由雇主将其自己之女或他人之女为之配偶。年限届满即行成婚。其与雇主之女成婚者谓之招亲雇工；其与其他人之女成婚者，谓之'纳事'。"③ "广西恭城等县有些地主同年青贫农订约工作十年或二十年后，给雇农一个婢女为妻。"④ "娶妻成家雇佣"劳动者都是一些无力婚娶的贫苦农民的子弟或孤儿，他们一旦陷入这种雇佣关系，必须长期

---

① 陈正谟：《各省农工雇佣习惯及需供状况》，第26页。
② 农英：《广西各地的农业劳动》，《东方杂志》第32卷第22号，1935年11月。
③ 陈正谟：《各省农工雇佣习惯及需供状况》，第38—39页。
④ 薛暮桥：《中国农村经济常识》，第54页。

地无条件地听从雇主的役使,努力耕作,才能娶得雇主的女儿或婢女、使女或其他人的女儿为妻。在这里婚姻成了奴役剥削的工具。在娶妻之前,雇工要承受雇主剥削和榨取。雇工娶妻以后虽可另立家室,但一般仍然要依附雇主,随时为其服务。这类雇工往往要纳入雇主的封建宗法家长制的体系,承受宗法家长制的统治,是一种封建性的雇佣关系。

第三,养老雇佣。有些贫苦农民,无力成立家室,顾虑年老流离失所,无人照顾,遂与雇主订立养老雇佣契约。一般情况是:雇工不要工资,雇主只供给食住,年老不能做工时,由雇主负担雇工养老的责任。如在四川云阳县,雇农与雇主议妥,"雇主供给食住,不予工资;年老不能工作时,雇主负生养死葬之责"。"陕西渭南县亦有此种长工。"①"养老雇佣"劳动者在他丧失劳动能力之前,必须无条件地听从雇主的役使,承受雇主的剥削,没有摆脱和解除这种剥削关系的自由,他所出卖的不仅仅是他的劳动力。他们与封建奴婢的地位极其相似。

第四,债务雇佣。负债农民因无力偿还欠债本息,被迫与雇主订立契约,以为雇主做工抵债。如"浙江慈溪县之农工遇有急需,恒向农户借贷,而以雇于该农户为条件。倘雇佣时期未毕、债务未了,继续借贷,则下年继续雇佣直到债务完了为止"。这种雇工"在该县为数不少"②。又嘉兴县"贫农向地主、富农借得款项之后,无法偿还,因此,即命其子出做牧童,以其数年劳动之代价作为抵偿债务"③。债务雇佣劳动者以为债权人劳动抵偿债务本息,所以又叫抵债劳动。这是一种债务关系与雇佣关系相互交织,与封建性的高利贷剥削密切结合的雇佣形式。因为近代中国农村高利贷的利率高,农民生活水平低下,劳动力价格便宜,雇工做工抵债常常是无力清偿债务。正如马克思所指出的:这种借款和通常的高利

---

① 陈正谟:《各省农工雇佣习惯及需供状况》,第39页。
② 同上书,第32页。
③ 冯紫岗:《嘉兴县农村调查》,1936年版,第100页。

贷造成同样的后果。劳动者不仅终身是债权人的债务人，从而被迫为债权人劳动，而且这种从属关系还要传给他的家庭和后代，使他们实际上成为债权人的财产。所以它是一种封建性的雇佣关系。债务雇佣既有长工也有短工。广西各地地主、富农在旧历年年底"趁着农民急需货币，使用借贷方式来预买劳力。例如借洋一元，到明年农忙时期，叫负债农民来工作五天或是十天"，有的地区，"借贷条件往往更苛刻，负债农民替债主做工，仅仅作为支付利息"①。云南寻甸，"凶年粮贵借米一升（6斤）须做短工二十余日，丰年粮贱则做四五日。借钱者五分钱一日，而……非预先借钱的短工，每日可得工资大洋二角"。债务雇佣遍及各地，在河南新野称为"放工"，山东峄县则叫"工夫账"。②

第五，近似租佃关系的雇佣劳动。近代中国农村由于土地租佃关系发达，在雇佣关系中有许多近似租佃关系而非租佃关系的雇佣形式。这种雇佣形式，大体上又可分为两大类。

（1）雇工受雇与雇主，从雇主手中获得一定数量的土地使用权，以代工资的雇佣关系。"此种长工，乃雇主给田地若干亩，使其耕种收获为其所有，以代工资。雇主有工作，雇工来服务，无工作则回家，亦有常住服务者。除给田地耕种外，尚须给房屋居住。""所给田地之亩数，大抵皆在壮年每年能耕亩数百分之五十以下。"③ 这类雇佣关系在各地很普遍，但俗称不一。安徽砀山县称"住房"，湖北枣阳县叫"赶工"，河南泌阳县称"帮工"，江苏宝山县（今属上海市）为"脚塞制"，察哈尔赤城县称"捎种地"。仅以宝山县的"脚塞制"为例，它有两种形式：一是"以工作为标准——佃农租种脚塞田二亩至三亩而替地主包办施肥、除草、收获等类农事"。二是"以时日为标准——佃农租种脚塞田一

---

① 农英：《广西各地的农业劳动》，《东方杂志》第32卷第22号，1935年11月。
② 陈正谟：《各省农工雇佣习惯及需供状况》，第4页。
③ 同上书，第33页。

二亩至四五亩,每种一亩普遍要替地主工作二十五至三十日"①。

(2) 近似"帮工佃种制"的分益雇役制。"山东各县间有似租佃而非租佃之农工雇佣,种子、肥料、耕畜概由雇主担任,农工仅负耕耘收获之责。田地之出产、地主得八成,农工得二成,名曰'二八种地'。而郓城县则略有不同,农工仅负耘获之责者得二成,若兼负耕耘责任者得三成。""河北省各县亦盛行'二八种地',名为'把客'。安徽、河南也有这种制度。"② 河南省蔚县"贫苦农民往往携带着自己的农具(较大的由地主备),吃自己的饭,在地主的田里工作,并不拿工资,收获后从地主那里分得一些粮食。普通秋季作物是三七分,地主得七成,农民得三成,夏季作物二八分,农民仅得二成"。当地称这种雇工为"伙计"。在新乡不称"伙计"而称"揽活"。一般地主除雇"揽活"的以外,还雇几个长工作为干活时的领班。分农产物时,长工以至耕畜也要算一分。"揽活所得实际上不到十分之一。"这种雇佣关系就是在河南中部商品经济比较发达的许昌等县,也并未绝迹。许昌新乡洼孙庄的保长便是一例。他雇了一个长工,三个"伙计"。"伙计"都是本地人,他们有工作时到东家田里做工,带了自己的农具,吃东家的饭,不拿工资,仅分三成粮食;没有工作时,便在自己家里吃饭。而这三个伙计自己家里也种着些田。③ 陕西省北部地区称这种雇佣劳动为"调份子",雇主和雇工的分成比例有九五分(地主95%,雇工5%)、一九分(地主90%,雇工10%)、二八分、三七分等。④ 总之,分益雇役制在黄河流域及其以北地区十分普遍。分益雇役制与"帮工佃种制"相似,人们往往把它看作租佃关系,其实它已不是租佃关系,它们的区别是,雇工是在雇主经营的土地上,并且是在雇

---

① 张益圃:《江苏的土地分配和租佃制度》,《〈中国农村〉论文选》,第481页。
② 费骍石:《雇农工资统计及其分析》,《内政统计季刊》第1期,第74—75页。
③ 西超:《河南农村中底雇佣劳动》,《东方杂志》第31卷第18号,1934年9月,第68—69页。
④ 谢觉哉:《怎样限制伙种按庄稼与调分的剥削》,《新中华报》1940年7月23—24日。

主或雇主雇佣的长工的支配和监督下，进行生产劳动；雇工的分成是相当于从雇主那里取得的一个不固定的工资。"帮工佃种制"则是佃户向地主租佃土地和其他生产资料，佃户家庭是一个农业经营单位，独立地进行生产劳动，他是自己的劳动力的支配者，在收获之后按分成比例向地主交纳地租。

近似租佃关系的雇佣劳动，是从封建土地制度下的租佃关系向雇佣关系转化的一种雇佣形式。由于这种雇佣形式近似租佃关系，具有不稳定性，随时可以在下一年恢复为租佃关系。华北地区许多地区常常是今年将土地出租给佃户，明年又采取分益雇役制实行雇工经营，第三年又出租。这种雇农没有摆脱对封建土地制度的束缚，仍然依附于地主，具有较浓厚的封建性。

第六，带地雇佣。占有或租有少量耕地的农民，因缺乏耕畜，"乃与居住附近较大农户商定，为其常年雇工"，以换取耕畜为其附带耕种自己所有（或租有）的耕地，"每年工资之多少与所带田地之数量成反比，此种雇工几乎各省皆有。雇工所带田地之亩数多在壮农每年能耕亩数之下"。各地所带亩数不同，山东清平县，"壮农每年能耕二十亩。雇工带地耕种不能超过十亩"。河北霸县"壮农每年可耕二十亩，雇工所带，至多不过八亩。"山西灵丘县、陕西三原县，"壮年每年可耕三十余亩，雇工可带十余亩"。"带地多者不要工资。"① 江苏萧县种十亩（或自有田或租进田）左右的农民，自己喂不起耕畜，无力耕种，便要给牲畜有余而人力不足的富农做"帮手"，以自己的人力换取耕畜种田。"帮手"可使用富农耕牛耕田，但须无代价地去为富农做工。萧县东南"九村中帮手共有26户，占总农户数的5%，占贫农的8%"②。带地雇佣中的劳动者属无地或少地且无耕畜的贫苦农民，他们不具备家庭经营农业的条件，只得出雇于地主或富农，以换取耕畜耕种自有和租有的

---

① 陈正谟：《各省农工雇佣习惯及需供状况》。
② 卢枓守：《江苏萧县东南九个村庄的农业生产方式》，《〈中国农村〉论文选》，第496—497页。

少量土地。这少量土地的收获物成为雇主付给雇工的工资。自己完全没有土地只带有少量租地的雇工，还要从土地收获物中拿出相当于地租的份额，交给出租土地的地主，他们除受雇佣剥削之外，还要承受地租剥削，他们是尚未摆脱封建土地制度束缚和奴役的雇佣劳动者。

以上六种雇佣劳动是农业劳动者尚未摆脱或完全摆脱封建的土地制度，高利贷以及宗法关系束缚的不自由的雇佣关系。

近代中国农村除上述带有封建性的雇佣形式之外，比较大量的常见的雇佣形式是短工和长工。

1. 短工是指农忙季节，农户临时雇佣的农业劳动者，按日计量和付给工资（实物或货币）。最典型的是农忙季节临时赶赴外地充当短工的"游行工人"。如黄河流域及其以北地区"赶麦场"的"麦客"。河南、山东两省农民麦收之后去河北、山西等省；河北、山西两省农民麦收之后去辽宁、内蒙古等地充当"麦客"；陕西、甘肃两省农民相互"赶麦场"。江南各省水稻插秧和收获季节的"游行"插秧工和打禾工。这些季节性的短工，是摆脱封建土地关系、借贷关系以及宗法家长制的束缚，按照"自由契约"，出卖自己的劳动力的工资劳动者。

短工中还有大量的小农经营中的季节性的换工。在商品经济比较发达的地区，换工采取了同货币相交换的形式，即雇佣的形式，按工时计算工价，其差额以货币偿付，但是这种短工在性质上却是小农之间的互助。

2. 长工是指农户长期雇佣的农业劳动者，大多以一年为期限，按年或按月计量和付给工资（实物或货币）。一般以旧历正月半或二月初上工，腊月下旬（二十三日）下工。也有不满一年的，如旧历二月一日上工，十月一日满工共八个月。浙江省各县多实行一年两季工期。"春夏为第一期，秋冬为第二期""以大暑为上半年终止期,年底为下半年之终止期"①。按季或按月计付工资。工期在一年以上的长工多为前述各种封建性的雇佣形式。一般长工,多属自由的工资劳动者。

自由的工资劳动,在农村商品经济比较发达的地区,比较普遍。一般说,自由的工资劳动,具备成为资本主义性质的雇佣劳动的条件。但是,它还必须以资本主义农业经营的产生和存在为前提,亦即"农业劳动者从属于一个为利润而经营农业的资本家为前提"。资本主义性质的雇佣劳动,按照马克思的说法:是自由劳动以及这种自由劳动同货币相交换,以便再生产货币并增殖其价值。也就是说,第一,农业劳动者摆脱了土地债务以及宗法关系的束缚,能以"自由地"出卖自己的劳动力;第二,农业劳动者出卖劳动力,是"与货币相交换",即是获得货币工资的工资劳动者;第三,这种自由的工资劳动者受雇以后,能够在农业生产过程中"再生产货币并增殖其价值",即能够为劳动力的购买者生产出剩余价值。在半殖民地半封建的近代中国农村,"只是把农业作为资本的特殊使用场所,作为一个特殊生产部门的投资来经营的资本家,即租地农场主"是很少的,仅见于某些大城市附近从事某些经济作物的种植农场,或园艺、果树种植场,或家禽、奶牛饲养场;以及少数垦殖区域的农垦公司。② 这些资本主义性质的农场所使用的雇佣劳动,是具有资本主义性质的雇佣劳动。在近代中国农村的农业经营中使用雇佣劳动的,主要是旧式富农经济和经营地主经济。他们经营的农业生产,既有为满足他们家庭生活需要的自给性生产,也有"为利润而经营"的商品性生产。尽管他们还不是"十足的资本家",还不是完全意义上的资本主义性质的农业经营,但他们已具有"为利润而经营"的成分,也就带有程度不等的资本主义性质。一般地说,经营地主经济比旧式富农经济具有更浓厚

---

① 陈正谟:《各省农工雇佣习惯及需供状况》,第24—25页。
② 参见章有义《中国近代农业史资料》第二辑,第343—367页。

的封建性，是处于封建性的农业经营向资本主义农业经营的演变过程中的一种经营形式。富农和经营地主在他们的农业经营中所使用的雇佣劳动，既有前述的各种带有封建性的雇佣劳动，也有自由的工资劳动。一般来说，富农所使用的自由的工资劳动比重大于经营地主。这些自由的工资劳动，虽然还不是完全意义上的资本主义性质的雇佣劳动，但它是已带有资本主义性质的雇佣劳动。

以上各种不同形式、不同性质的雇佣劳动，在雇佣劳动中所占的比重，尚缺乏精确的统计资料。一般来说，在商品经济比较发达的地区，自由的工资劳动和带有资本主义性质的雇佣劳动，已处于支配地位，各种封建性的雇佣劳动所占比重相对较小。而在商品经济不发达，特别是某些交通闭塞的边远地区和少数民族地区，各种封建性的雇佣劳动形式所占的比重相对要大一些。应当指出的是，就是自由的工资劳动和带有资本主义性质的雇佣劳动，劳动者的雇佣条件大都很差，他们的工资低下，饮食粗劣，居住条件恶劣，劳动时间长，劳动强度大，他们所受的剥削的程度有的比佃农还重，境遇更悲惨。

三 雇工的工资及被剥削的程度

从上面对雇佣劳动的形式的分析中，可以看出，雇工的劳动报酬形式是与雇佣劳动的形式密切相关的。如典当雇佣劳动者的报酬只是偿付给雇主的典价的利息；娶妻成家雇佣劳动者，多年的辛苦仅为获得一个妻子；养老雇佣劳动者的报酬是他丧失劳动能力以后的生养死葬；债务雇佣劳动者的报酬则是抵偿他所负的债务的本息；近似租佃关系的雇佣劳动者的报酬是获得小块土地的使用权，或者土地生产物的一定比例。至于自由的工资劳动或带有资本主义性质的雇佣劳动的工资形式，则是我们在这里所要考察的。

农业雇佣劳动的工资形式，通常有实物工资和货币工资两种形式。一般来说，在商品经济发展程度较低的地区，多盛行实物工资,通常是雇主除供给雇工食宿以外,按年或按月给予一定数量的粮食作为工资。在商品经济发展程度较高或商品经济作物地区,货币工资则比较普遍。但是,在盛行货币工资的地区,几乎所有的长工都由雇主供给伙食,而且,不少地区雇工的伙食折款一般均高于货币工资的数额,构成工资的主要部分。月工和日工也绝大部分或大部分由雇主供应伙食。因此,实物工资占的比重相当大。

本文对雇工工资数量的考察,除了货币工资还包括由雇主供应雇工的伙食和其他费用,其目的在于揭示自由的工资劳动和带有资本主义性质的农业雇佣劳动的被剥削的程度。

先看货币工资的水平。据南京金陵大学农业经济系[①]、国民党政府内政部[②],以及中山文化教育馆[③]三方面的调查资料,1929—1933年农业雇工的平均工资和最高平均工资如表3所示。

表3

调查单位	金陵大学农经系	国民党政府内政部	中山文化教育馆
时间	1929—1933年	1932年	1933年
调查省县数	20省155县	21省908县	22省671县
调查项目	平均工资	平均工资	最高平均工资
年工	39.02元	36.59元	46.57元
月工	5.51元	4.34元	6.76元
日工	0.25元	0.256元	0.338元

如表3所示,年工和月工平均工资按日计算,明显低于日工。日工高于月工,更高于年工。这主要是由于日工工资多系农忙季节

---

① 卜凯主编:《中国土地利用》,金陵大学农学院1941年版,第413页。
② 费阱石:《雇农工资统计及其分析》,《内政统计季刊》第1期,第81、90、101页。
③ 陈正谟:《各省农工雇佣习惯及需供状况》,第27页。

的工资，农忙季节对农业劳动需求紧迫，劳动时间长，劳动强度大；其次，日工多系自由劳动，长工虽然其中有的属于自由劳动，但它比较日工来说，带有更多的封建性，工资较低。以上是平均工资。由于农业雇佣劳动的雇佣形式和工种的差别，以及各地经济发展水平的差异，最高工资与最低工资的差别很大。据国民党政府内政部1932年对21省908县的调查，年工、月工和日工的最高平均工资与最低平均工资比较如表4所示。①

表4

	年工	月工	日工
最高工资	150.00元	21元	1.20元
最低工资	6.00元	0.65元	0.05元
最高为最低的倍数	25倍	32.3倍	24倍

如表4所示，最高工资与最低工资差别很大，除了反映农业雇佣劳动雇佣形式上的差别之外，主要受经济发展不平衡引起的多种因素影响。例如，农业生产力水平、农民生活水平、农业雇佣劳动者的就业机会、农业劳动力的供需状况以及雇工本人的劳动技能等多方面的差异等。同时，也说明近代中国农村受封建的地主土地所有制的制约，商品经济发展水平低下，交通闭塞，远未形成相互联系的比较稳定的农业雇佣劳动力市场。加之，各地区之间的自然条件、耕作习惯、农业技术和工具性能上的差异，又妨碍着农业劳动力的流动和调剂，使得这种工资上的悬殊差别长期保留下来。

农业雇工的平均工资分地区考察如表5所示。②

---

① 费饼石：《雇农工资统计及其分析》，《内政统计季刊》第1期。
② 同上。

表5　　　　　　　　　　　　　　　　　　　　　　　　　　　单位：元

地区	年平均工资	月平均工资	日平均工资
东南沿海（江苏、浙江、广东、福建四省）	50.81	5.86	0.35
长江中部（安徽、江西、湖北、湖南四省）	37.25	4.37	0.22
黄河流域（山东、山西、河北、河南、陕西五省）	32.01	4.15	0.26
西南部［广西、云南、贵州三省（区）］	31.33	4.17	0.25
西北部［甘肃、宁夏、青海、绥远、察哈尔五省（区）］	32.04	3.40	0.21

地区之间平均工资的差别表明，东南沿海地区商品经济发展程度较高，自由劳动所占的比重较大，农业劳动生产率较高，因而平均工资水平较高；西南和西北地区，商品经济发展程度较低，自由劳动所占比重相对较小，农业劳动生产率较低，因而工资较低。

农业雇佣劳动者的工资远低于城市工人的工资水平。1925—1926年，辽宁铁路系统工厂工人工资年收入220.43元，除去食品、衣服、燃料及杂项开支，剩余133.82元，为农业雇工年平均工资39.02元的3.43倍；河北塘沽制精盐工人，1927年年工资收入156.33元，除去食品、衣服及杂项开支，剩余78.24元，为农业雇工年平均工资的两倍；青岛市人力车夫1929年年工资收入为331.92元，除去食品、衣服、房租、燃料及杂项开支，尚余264.48元[①]，为农业雇工年平均工资的6.7倍。北京市1932年硝磺、酿酒、汽炉、电车等行业工人，除由雇主供给工人膳食外，每日平均工资0.50元[②]，为农业雇工日平均工资0.25元的2倍。

在近代中国农村，随着失去土地的破产农民的日益增加，农业雇工的工资呈现下降的趋势。20世纪初叶，一些地区的农业雇工的工资虽有所增加，但它远远赶不上物价的增长幅度，其结果是，名义工资上升，而实际工资下降。例如，河北蓟县，1927年农业

---

① 陈正谟：《各省农工雇佣习惯及需供状况》，第31页。
② 《中国劳动年鉴（1932）》，第92页。

长工的工资比 1912 年增加 2.27 倍，而同期的玉米、机织布、煤油等基本消费资料的价格上涨了 3.52 倍，长工的实际工资下降了 27.6%。① 浙江兰溪长工和短工的名义工资，1927 年比 1912 年分别增长了 79% 和 50%，而实际工资分别下降了 6% 和 21%。②③ 又如四川合江，1895—1925 年 30 年间，农业雇工日薪由 30 文增加到 300 文，提高了 9 倍，而同期大米、棉布、菜油、烟酒等 20 种主要生活用品上涨了 15.2 倍，雇工实际工资下降了 38.2%。到了 20 世纪 30 年代，农业雇工的名义工资也开始下降。据河北省县政建设研究院 1934 年 10 月出版的定县经济调查报告书所载，1927—1933 年农业雇工工资变动如表 6、表 7、表 8 所示。

表 6　　　　　　　　　　　　　　　　　　　　　　　　单位：元

年份	1927	1928	1929	1930	1931	1932	1933
长工	41.00	42.00	42.00	42.00	40.00	39.00	31.00
短工	0.17	0.18	0.18	0.19	0.19	0.16	0.07

农业雇工工资下降不限于定县，保定"因为农村破产，劳动市场供过于求，工资显呈低落的趋势"。各等工资比较如表 7 所示。④

表 7　　　　　　　　　　　　　　　　　　　单位：元

年份	1930	1932	1935
熟手工人	50	35	31
普通工人	30	25	20
生手工人	16	15	10

---

① 民国《蓟县志》卷三，第 62—64 页。
② 《兰溪农村调查》，第 38—39 页。
③ 民国《合江县志》卷二，第 25—32 页。
④ 张培刚：《保定的土地与农业劳动》，《农村周刊》（《天津益世报》1935 年 11 月 30 日）。

表 8　　　　　　河北临城县等村雇工工资比较①　　　　　单位：元

年份	1929	1930	1931	1932	1933
长工	60	50	40	35	30
短工	0.30	0.25	0.20	0.15	0.10

　　进入20世纪30年代，货币工资下降幅度大，其中物价特别是农产品价格下跌也是导致货币工资下降的因素，因此实际工资下降的幅度会小于货币工资下降的幅度。

　　河北正定②、宁津③、深泽④、玉田⑤等县都出现农业雇工工资下降的情况。其他省份，也不例外，如广东"台山的广海附近各村，四年前男散工每日工资一元二毫，今年只是八毫左右。番禺的棠下村民国十八年（1929年）前闲工每日六毫，现跌至四毫；忙工在同期内由一元八毫跌至八毫。民（国）二十一至二十二年间，电白的文盛村长工工资由十四担谷降为十担。同期内信宜的茶山和茅桐等村长工工资由十一二担谷，降为八九担"⑥。此外，在广西、江苏、浙江、安徽、山西、新疆等地也都有关于农业雇工工资的下降的调查和报道。这说明，这种趋势，带有一定的普遍性。

　　以上是农业雇佣劳动的货币工资。再说雇主供给农业雇工的伙食以及其他供应费用。根据南京金陵大学对20省155县158区的调查，1929—1933年，农业雇佣劳动者的工资和伙食费以及其他供应费用的情况如表9所示。⑦

---

① 《河北省一个农村经济的调查》，《中国经济》第2卷第8期。
② 康诚勋：《经济恐慌下的河北正定县农村》，《新中华杂志》第2卷第16期。
③ 王友农：《河北宁津农业劳动》，《新中华杂志》1934年第24期。
④ 吴半农：《河北乡村视察印象记》，千家驹编《中国农村经济论文集》，1936年版，第418页。
⑤ 志明：《"防共自治"下的玉田农村》，中国农村经济研究会《中国农村动态》，1937年版，第121页。
⑥ 陈翰笙：《广东农村生产关系与生产力》，第55—56页。
⑦ 卜凯主编：《中国土地利用》，金陵大学农学院1941年版，第413页。

表 9 单位：元

	平均工资	伙食费	其他供应费用	总计
年工	39.02	43.80	2.76	85.58
月工	5.51	4.62	0.27	10.40
日工	0.25	0.21	0.01	0.47

农业雇工年平均工资39.02元，低于由雇主供应雇工伙食和其他费用46.56元，而雇工自身必需的衣着和其他生活费用，尚需在所得年平均工资39.02元中开支。据金陵大学农经系对6省13处2370农户调查，农民每人每年平均消费费用为38.44元，每一成年男子每年平均消费费用为50.07元。农业雇工年平均工资39.02元远低于成年男子每年消费费用50.07元的水平，如果从雇工工资中支出雇工自身所必需的衣着和其他费用，所余工资，将低于农民每年每人平均消费费用38.44元。这就是说，农业雇工的工资收入，除自身消费外，不足以维持一个人的生活费用。月工和日工的货币工资虽然略高于雇主供给雇工的伙食费用折款，但他们一年中获得这种工资的时间很短，从全年看，其境况不会比长工好。我们知道，劳动者劳动力的再生产是由维持劳动者本人和其家属子女正常生活所必需的生活资料费用，即劳动力的接替者所必需的生活资料的费用构成的。从上面的材料中可以看到，农业雇佣劳动者所得工资尚不足以维持一个人所必需的生活资料的费用，也就不能维持农业雇佣劳动者自身劳动力的再生产。这就是说，雇主剥削的不仅仅是农业雇佣劳动者的剩余劳动所创造的剩余价值，还侵占了农业雇佣劳动者维持自己的劳动力再产生的部分必要劳动。从这里，我们就不难理解，在半殖民地半封建的近代中国农村的农业雇佣劳动者，许多是不能成立家室的单身汉，他们的境遇比佃农还不如。

农业雇佣劳动者工资低下的最根本的原因是近代中国农村占统治和支配地位的是封建的地主土地所有制，在地主阶级的残酷剥削下，失去土地的农民日益增加，农业劳动者寻找不到其他的生活出路，而地主和富农利用农业劳动者破产和失业的困境，把工资压到最低限度。地主和富农凭借其占有的土地和其他生产资料对农业雇工的剥削，超过了农业劳动者剩余劳动的界限，使农业劳动者的劳动力价值得不到补偿。通行于商品经济条件下的等价交换的商品经济规律的作用，受到封建剥削制度（地主土地所有制、高利贷和宗法家长制）的制约和阻碍。超经济的强制因素在决定农业劳动力价格方面起了作用。在农业雇佣关系中，就是自由的工资劳动者，所受雇主的剥削，也带有不同程度的封建烙印。

农业雇工不仅工资低下，而且在受雇期间劳动时间长，劳动强度大，雇主供给雇工的伙食和居住条件极差。南方农村长工工期，多以一年计算，阴历正月初上工，腊月底下工，无论有无闰月均以一年计，一年到头除在阴历年关，可休息十余日外，其余均不能休息。北方农村长工多在阴历二月上工，十月底下工。雇工遇事、病要被扣工资。每天的劳动时间，以两头见灯为起止标准，依季节白天长度为10—13个小时，甚至14个小时，农忙季节还要打夜工。如有疾病，须自行调养，而且要请人代行工作，有的雇主以雇工实际从事农业劳动日数计算工资，做家务杂活或不到整日工作，只供饮食，不给工资。湖北远安民谣，"长工长工，时时劳动，一时不动，老板嘴里咕咕哝哝。"关于雇工的生活，尹天明在《安徽宿县农业雇佣劳动者的生活》一文中写道：雇工"伙食虽由雇主供给，然雇主率多啬吝，蔬菜且甚菲薄，油盐亦力图撙节，冬日则一碟或两碟碱菜而已。饭食则为极粗糙之高粱或豆面，除农事最忙或过佳节以外，鲜有用荤和食麦面者。四季衣履，全由雇农自备，以收入极微故，所着皆褴褛不堪，补绽堆积数层，视为常事。无被褥，冬日则卧于喂牲口之草堆中，俗谓之'钻草屋'，夏日则只需一条苇席而已。树荫场上，随处尽可安眠，'打长工，不要提，手巾草帽一条席'，其生活简单可想而知"①。这是对近代中国农村农业雇工生活的如实写照。

农业雇佣关系中的封建性，是与近代中国农村占统治和支配地

---

① 《东方杂志》第32卷第12号，1935年6月，第108页。

位的封建的地主土地所有制密切相关的。封建的地主土地所有制不仅束缚了城镇资本主义工业的发展,使在封建剥削下的广大破产农民,不可能去城镇找到出路,而且直接束缚了农业中资本主义经营的发展。在地主土地所有制下,地主出租土地可以获得高额地租,使得富农和经营地主的雇工经营不如出租土地有利。以致常常出现:富农和经营地主在雇工经营获利之后,大多不是扩大对土地的经营,即相应地增加对土地经营的投资和增加雇工,扩大雇工经营的规模;而是相反,在他们购买了更多的土地之后,扩大其出租土地的数量和比例。也就是说,富农和经营地主的雇工经营在其发展过程中,不是进一步去掉自身的封建性,向完全的资本主义性质农业经营的方向发展,而往往是相反地随着资本的积累,购买土地的增加,愈加扩大其出租的部分土地,坐收地租,以避免经营中的风险。如1929年无锡20个代表村的富农土地,出租部分占其所有土地的18.67%,而且他们的土地面积越大,出租部分的比例越大。58户富农中,占有16亩土地以下的22户富农,出租土地只占其所有土地的0.83%;占有16—31.99亩土地的29户富农,出租土地占其所有土地的12.05%;而占有32亩以上土地的7户富农,出租土地占所有土地的40.01%[①]。甚至有的富农和经营地主,在增加了占有的土地之后,将原来雇工经营的部分土地改为出租,而使他们变为收租地主,农业雇工经营的性质和农业雇佣劳动的数量和性质,都受到封建的地主土地所有制的制约。因此,要去掉农业雇佣关系的封建性,必须以废除封建的地主土地所有制为前提。中国共产党在新民主主义革命时期和全国解放以后,领导中国农民进行的土地制度的改革,彻底废除了封建的地主土地所有制,也就同时废除了封建的和半封建的雇佣劳动制度。

(原载《中国经济史研究》1987年第3期)

[①] 陈翰笙:《现代中国的土地问题》,马和法主编《中国农村经济论》,第236页。

近代中国地主土地所有制下的租佃关系

近几年来，我国经济史学界对近代中国地主土地所有制经济的研究，取得了新的进展。首先是在封建地主制经济与自然经济、商品经济的关系方面提出了许多新的见解。很多学者认为封建地主制经济不等于自然经济，是自然经济与商品经济的结合，它们既互相排斥，又互相补充。[①] 从封建土地所有者与农民之间的经济关系来考察，封建经济与自然经济有着紧密的联系。但是，从封建经济单位的生产和消费的整个运行过程来考察，封建经济与商品经济也有着紧密的联系。[②] 地主经济的发展以交换关系为条件，商品经济在地主经济的运行中不是外在的、附加的，而是和地主经济存在着本质联系。[③] 比之典型的封建领主制，中国封建地主制下的商品经济要发达得多；但它基础虚弱，带有浓厚的封建性，主要还是服务于封建地主经济的，新的生产方式很难在这个基础上获得发展。[④] 中国地主土地所有制的重要特征是土地可以买卖或土地的商品化，但是，土地的商品化并没有变更土地与直接生产劳动者的结合方式，没有改变土地占有者与土地使用者之间的封建剥削，没有引起地主土地所有制的封建性质的变化。商业资本与高利贷资本对农民的剥削与地主对农民的剥削，不仅不是相互对立的，而且是密切结合在

---

① 方行：《封建社会的自然经济与商品经济》，《中国经济史研究》1988年第1期。
② 魏金玉：《封建经济、自然经济、商品经济》，《中国经济史研究》1988年第2期。
③ 经君健：《试论地主制经济与商品经济的本质联系》，《中国经济史研究》1987年第2期。
④ 李根蟠：《自然经济、商品经济与中国封建地主制》，《中国经济史研究》1988年第3期。

一起的，是地主剥削农民的重要手段；它们的存在和密切结合，使得以地主土地所有制为基础的地主制经济具有更加顽强的持续性。商业资本和高利贷资本还是地主阶级和买办资本相互勾结的重要媒介，因而也是地主阶级和官僚买办阶级共同剥削农业劳动者的重要手段。①

其次是对近代中国地主土地所有制下，土地占有集中的程度及其发展趋势，提出了不同的估计。过去认为地主、富农占有土地的70%—80%的估计偏高，实际比例为地主、富农占地50%—60%，地权不断集中的长期趋势实际上是不存在的，对地权分配长期起作用的两个基本因素是土地自由买卖和遗产多子均分制。土地商品化固然也给无地和少地户挣得一点土地的机会，但更基本的作用则是富户（包括商人）兼并田权提供便利，因此地权日益集中于少数人手中，成为"确定不移的规律"，而多子均产则起着相反的作用，它使大地产不断分裂，中小地主有可能下降为自耕农，从而削弱和阻止集中趋势。持这种看法的学者认为，小自耕农占有土地达40%—50%，或者说是40%左右，仍是中国近代土地关系的一个重要组成部分。固然地主所有制处于主导地位，而农民所有制处于从属地位，但如果不了解后者，则前者的发展变化，也就难以解释清楚。②

以上学者们的研究成果，反映了近几年来经济史学界对近代中国地主土地所有制经济在理论方面和实际占有土地数据方面认识上的深化，使我们对近代中国农村土地占有关系和农村经济的性质和内涵的认识更加丰富、更切合实际。

与此同时，也有学者对中国的地主制经济理论提出质疑，质疑论的对象是以往有关地主制经济的三条结论：一是地主富农占人口不到10%，占有70%—80%的耕地；二是地主经济是自然经济；三是地租率都在50%以上。认为这三条结论"无法共存""没有共

---

① 赵效民主编：《中国土地改革史（1921—1949）》，人民出版社1990年版，第10页。
② 章有义：《本世纪二三十年代地权分配的再估计》，《中国社会经济史研究》1988年第2期。

同解"①。三条结论的前两条已经被许多学者的研究证明是过时的论点，不符合实际。但正如以上许多学者所指出的，封建地主制经济和商品经济并不是不相容的。地主、富农占有土地50%—60%（如同当代股份公司中占有股份40%的股东就可以操纵公司一样）仍然在农村土地占有关系中处于主导地位。因此，并不能由此而否定地主土地所有制经济的客观存在。

质疑论者，一个重要论据是中国土地租佃制的优点和"功能"；透过地主征收地租，一部分粮食可以由农村销至城市，从而否定了封建的土地租佃制度对农业生产严重束缚。他认为，"在1952年全国各地的土地改革都已完成，而该年又是一个大丰收年，但是全国大小城市普遍感到缺粮，农村的粮食不再输至城市。于是政府被迫在大丰收之后采取粮食的统购统销，保证城市居民能卖（应为买——引者）到粮食"②。按照这种说法，似乎在全国土地改革完成以后，由于废除了封建的土地制度，取消了租佃制，农村的粮食不再输至城市。这是对我国实际情况的一种误解。在我阐述近代中国的封建土地租佃关系之前，先将这个事实澄清一下：1952年以后，由于完成了土地改革，废除了封建地主的土地所有制，调动了广大农民的生产积极性，粮食和棉花等工业原料作物的生产都有大幅度增长，商品粮食数量也有成倍增长。这从1950年至1953年历年全国粮食收购数量的增长可以看得很清楚，见表1③。

表1　　　　　　　　　　　　　　　　　　　　　　单位：万吨

粮食品种	1950年		1951年		1952年		1953年	
	收购数	占比(%)	收购数	占比(%)	收购数	占比(%)	收购数	占比(%)
粮食合计	447.5	100	895.3	200	1567.7	350	1873.0	419

① ［美］赵冈：《地主经济制质疑》，《中国社会经济史研究》1989年第2期。
② 同上。
③ 国家统计局：《1953年全国粮食购、销完成情况》，1954年1月20日。

续表

粮食品种	1950年		1951年		1952年		1953年	
	收购数	占比(%)	收购数	占比(%)	收购数	占比(%)	收购数	占比(%)
小麦	49.2	100	206.2	419	302.3	615	348.3	708
大米	84.4	100	275.6	327	615.4	729	785.5	931

土地改革以后的1953年粮食收购量比1950年增加了3倍多，小麦收购量增加了6倍，大米收购量增加了8倍。这说明废除了封建地主土地所有制下的租佃制，粮食收购并没有减少，而是增加了3倍多。当时之所以出现缺粮，是由于粮食收购数量的增长速度还赶不上粮食销售量的增长。究其原因：一是城市和工矿区人口增加过快；二是农业中棉花及其他工业原料作物面积增加，农村经济作物区即缺粮地区增加，从而使粮食销售量增长过快，见表2①。

表2　　　　　　　　　　　　　　　　　　　　　　　　　　单位：万吨

粮食品种	1950年		1951年		1952年		1953年	
	销售数	占比(%)	销售数	占比(%)	销售数	占比(%)	销售数	占比(%)
粮食合计	515.7	100	973.5	189	1863.0	361	2700.2	524
小麦	110.0	100	195.0	178	452.5	411	522.7	475
大米	147.3	100	403.5	274	761.4	517	1244.0	845

1953年粮食销售量比1950年增加4.2倍。1953年粮食收购量1873万吨，加上国家征收的公粮1517万吨，合计3390万吨，大于当年的实际销售量，但是收购量的增长速度还赶不上销售量的增长速度。这是1953年国家实行粮食统购统销的直接原因。当时估计，国家手中掌握的粮食总量与需要国家供应粮食的需求之间，有可能出现缺口。首先土改后农民生产发展，收入增加，生活改善，粮食

---

① 国家统计局：《1953年全国粮食购、销完成情况》，1954年1月20日。

消费量，包括生活消费与生产消费如饲料、种子的增加，不急于出售粮食，即所谓农民惜售。其次是粮食商贩囤积。最后是部分地区的灾情。① 实际上当年实行统购统销的结果，粮食库存量比1952年年末增加31%。国家实行粮食统购统销政策的更深层次的原因是，通过它掌握更多的粮食，以全面掌握流通领域的主动权，切断城乡资本主义的联系，促进农村和城市的社会主义改造的迅速完成，加快工业化建设的速度。1955年，毛泽东曾说：我们现在搞一个同资产阶级的联盟，暂时不没收资本主义企业，对它采取利用、限制、改造的方针，也就是为了搞到更多的工业品去满足农民的需要，以便改变农民对于粮食甚至一些别的工业原料的惜售行为。这是利用同资产阶级的联盟，来克服农民的惜售问题。同时，我们依靠同农民的联盟，取得粮食和工业原料去钳制资产阶级。资本家没有原料，国家有原料。他们要原料，就得把工业品拿出来卖给国家，就得搞国家资本主义。他要不干，我们就不给原料，横直卡死了。这就把资产阶级要搞自由市场、自由取得原料、自由销售工业品这一条资本主义道路制住了，并且在政治上使资产阶级孤立起来。这是讲这两个联盟的相互作用。可见，国家实行粮食统购统销政策的根本原因在此。

  质疑论者把近代中国的封建地主土地所有制下的租佃制度与当代资本主义制度下的土地租佃制度相提并论，认为它具有当代西方股份公司对经济发展的功能，甚至"功能比股份公司还要大"。土地租佃制度在古代就已产生，在不同的时代，不同的社会经济制度下，它是否具有同等的功能？否认不同社会经济制度下的租佃关系的质的差别，抹杀不同性质的租佃制度对经济发展的不同的作用的根本区别，是不符合历史事实的。以下我将用事实来回答，近代中国地主土地所有制下的土地租佃关系究竟是一种什么样的经济关系。

---

① 陈云：《实际粮食统购统销》，《陈云文选》(1949—1956)，第202—204页。

一 近代中国的土地租佃关系中,主要是地主对农民的封建剥削关系

质疑论者抱怨"从来没有为'地主'一名词下过一个统一的定义",是不顾事实的说法。1950 年 8 月 4 日,中央人民政府政务院关于划分农村阶级成分的决定中,就有明确的规定,占有土地,自己不劳动,或只有附带的劳动,而靠剥削为生的,叫作地主。地主剥削的方式,主要是以地租方式剥削农民,此外或兼放债,或兼雇工,或兼营工商业,但对农民剥削地租是地主剥削的主要方式。这里明确指出:"占有土地,自己不劳动""靠剥削为生"。绝不是质疑者所说的:"有地三亩五亩,只要是出租给他人使用,就算是地主。"中华人民共和国土地改革法中明确规定:"因从事其他职业或因缺乏劳动力而出租小量土地者,均不得以地主论。"而且规定,小土地出租者"每人平均所有土地数量不超过当地每人平均土地数百分之二百者,均保留不动"。界限十分清楚。

在地主土地所有制下,占有土地的地主并不使用土地,无地和少地的农民为了使用土地不得不向地主租佃土地,近代中国的土地租佃关系涉及出租土地的地主和出租部分土地的富农,以及占全部农户半数以上的佃农和半佃农。据《中华年鉴》1947 年下册记载,全国 22 省无地佃农占农户总数的 33%,少地的半佃农占 25%,合计占 58%。

在佃农和半佃农中,贫农和中农占绝大多数。据广西省立师范专科学校 1933 年对 22 县 48 村 2614 户农家调查佃农和半佃农的阶级构成如表 3 所示。①

---

① 薛雨林、刘端生:《广西农村经济调查》,薛暮桥、冯和法编《〈中国农村〉论文选》,第 429 页。

表3

	富农		中农		贫农	
	户数	占比（％）	户数	占比（％）	户数	占比（％）
佃农	1	0.1	34	4.8	676	95.1
半佃农	25	3.6	163	23.5	507	72.9
合计	26	1.8	197	14	1183	84.1

在地主出租的土地上，实行带有资本主义性质经营的富农只占1.8％，98％以上的农户是以自给为目的的个体农民的家庭经营。可见，租佃关系主要发生在地主与贫农、中农之间，地主与佃农之间的租佃关系可以说是微不足道。

广大无地和少地的贫苦农民与地主之间的租佃关系，对于农民来说是在贫困的威胁下进行的交易。农民为了获得土地的使用权，不得不把相当于全部剩余劳动的剩余生产物，以地租的形式供奉给地主。地主所攫取的地租，不是像资本主义地租那样的平均利润以上的余额，而是一种吞食农民全部剩余劳动的封建性地租。因此，在近代中国农村占统治地位的土地租佃关系是一种封建性质的租佃关系。

为了深入认识这种土地租佃关系的封建性质，需要剖析租佃制度。

中国幅员辽阔，各地经济发展水平差别很大，各地的传统习惯也有差异，租佃制度复杂多样。

近代中国的土地租佃制度，根据土地和其他生产资料同农业劳动者结合的方式的差别，可分为以下三种形式：租种制、伙种制和帮工佃种制。

第一，租种制。地主只出租土地，其他生产资料由佃户自备，地主所得的是纯粹的地租。租种制下又可分为分租制和定租制两种。

分租制是一种只规定土地收获物在地主与佃户之间分配比例的

一种租佃形式。地租的数量，随年成的丰歉、收获的多寡年年变动，又称"活租制""分成制"。在中国封建社会的历史上，它曾经是实物地租中占主导地位的租佃形式。到了近代，它已逐步减少。据国民党政府中央农业实验所编农情报告，1934年分租制约占全部租佃关系的28.1%。

在分租制下，土地收获量直接影响到地租量。地主为保证其地租收入，往往对佃农的生产活动进行干预，有的甚至还直接指挥，如种植什么作物等。地主对佃农的监督和控制较严。一般在收获季节，地主亲自派人监督，甚至选择一块租地，收割察验以定收获量。在分租率固定的前提下，地主可以坐享佃户努力增产的成果。

在分租制下，往往并存着较多的劳役地租的残余，地主需要人工时，佃农须供使用，如地主修建、婚丧大事以及看家护院、打杂帮工，佃户须到地主家服役，地主仅供饭食，不给工资。在地主与佃农之间还保留较重的主子与奴仆的关系。

定租制是按租佃土地的面积预先规定地租数额的一种租佃制度。定租制又分钱租与谷租。据1934年对22省879县的调查，定租制在全部租佃关系中占71.9%。①

定租制中的钱租，一般是在耕种之前预先缴纳，遇有歉年能减租者很少；谷租也有"丰年不加、歉年不减的"，又称"死租""铁租""板租""呆租"等。由于租额固定，佃农努力增加生产的成果归佃农所有。但是，由于农业生产受自然因素的制约，丰歉无常。遭到荒年歉收，佃农因歉收而欠租的情况比较常见。欠了租的佃农，有的地主责令佃户以劳役补偿欠租，有的被地主退佃（退佃时有押租金的地主要从中扣下欠租），有的地主是记在欠租账上，第二年或丰年补交。在定租制下，老租户常常是旧欠未清，新欠又增，日积月累，几乎是没有不欠租的。欠租对佃户是一个沉重的负担，对于地主则是他挟制和束缚佃农的手段，遇有丰收年

---

① 国民党政府中央农业实验所：《农情报告》第3卷第4期，第90页。

景，佃农有一点余粮，地主即以收回欠租为由搜刮而去，使佃农永远不能翻身。那种认为佃农可以欠租，说明佃农处境不坏的说法是不符合事实的。也有遇荒年可以减租的，一般是政府减免了田赋，地主才减租。有的地主直到颗粒不收才减租。

第二，伙种制。这种形式地主除出租土地之外，还提供牲畜、种子、肥料、农具等生产资料的一部分，土地生产物在地主与佃农之间按事先规定的比例分配。伙种制在华北地区和陕北地区比较多见。在河北、山西一带民间习惯将它和分租制统称为"伙种"，称伙种为"湿伴"，称分租为"干伴"。实际上伙种制和分租制是两种不同的租佃形式，在分租制下地主只出租土地，地主所得只是纯粹形态的地租；在伙种制下，地主除出租土地以外，还投入了其他生产资料的一部分，地主所得已不是纯粹形态的地租，而是地租加上其他生产资料的租赁利息的总和，因而地主分成比例要高于分租制。如果分租制下是对半分，即地主和佃农各占50%，伙种制下，地主所得可能是六成、七成，甚至八成。

第三，帮工佃种制（"雇役分益制"），各地俗称不一，如叫"安庄稼""安伙子""招份子""干提鞭""耪青制"中的"耪外青"等。这种租佃形式的特点是地主除出租土地以外，还提供耕畜、种子、肥料、饲料等生产资料的大部分，有些还供给佃户本人及其家属口粮和燃料，以至住房和用具。一般农具由佃户自备。土地生产物，双方按事先议定的分成比例分配，同时佃户将借用的口粮、种子和饲料归还地主[①]。地主所获得的生产物的分成比例很高，一般是"二八分租"（地主八成），有的是"一九分租"（地主九成），地主所得是他出租与他所投入的经营资本及其利润，以及他所提供的生活资料及其利息的总和。帮工佃种制的另一个特点是，佃户要为地主承担较多的各种无偿劳役，佃户的妻子及其子女

---

① 在山东等地佃农借粮称为份子粮，一般是借1还2，借1还3，有的甚至是借1还4，有的不借也要还2、还3。

也要承担地主家庭的各种劳役。无偿劳役包括赶车、运货、饲养牲畜、做饭、洗衣、看护孩子以及纺线、织布等。这些无偿劳役，是被剥夺一切生产资料的佃户不得不对地主支付的劳役地租。

帮工佃种制遍及全国各地，据金陵大学农业经济系 1929 年至 1933 年对 22 省 152 县 16586 个农户的调查，帮工佃种制约占全部租佃关系的 2%。①

在帮工佃种制下，佃农是被剥夺了一切生产资料的赤贫农户，他们境遇十分悲惨，既要承受地租剥削，又要承受耕畜农具租赁与粮食借贷高利的盘剥，还要承受大量的劳役剥削，这是一种多重的封建剥削制度。

近代中国的租佃制度，如果从租佃期限开始区分，可分为论年租佃制、定期租佃制、不定期租佃制和永佃制。

论年租佃制：多盛行于分租制和伙种制流行的区域。据 1936 年《中国经济年鉴》统计，1934 年论年租佃制约占全部租佃关系的 27%。在论年制下，地主每年都有撤佃、夺佃的权利和机会，佃户每年都要受到撤佃的威胁。分租和伙种的条件一年一议，当年说合当年种，明年不合秋后散。

定期租佃制：一般均在租佃契约上载明租佃期限，地主和佃户都受此期限的约束。根据租佃期限的长短可分为短期租佃和长期租佃两种。短期租佃，指 3 年至 10 年以下者，据 1936 年《中国经济年鉴》统计，约占调查租佃关系总数的 24%。② 长期租佃，指 10 年至 20 年者，约占调查租佃关系总数的 8%。③ 不论短期还是长期租佃，在租佃契约上均说明，佃户违背契约，地主得收回租地另佃。

不定期租佃制：指不具体规定租佃年限的租佃制度。这是一种便利于地主支配佃户的租佃形式，地主可以随时收回租地。对佃户

---

① 卜凯主编：《中国土地利用》，金陵大学农学院 1941 年版，第 198 页。
② 《中国经济年鉴（1936）》第七章，租佃制度。
③ 同上。

来说，虽也可以随时退佃，但近代中国无地和少地的农民日益增加，佃农竞佃严重，总是佃户担心失掉租佃土地的机遇。地主正是利用不定期限租佃来挟制佃农，地主每年都可以把撤佃转租作为增加地租数额的手段。这种租佃形式流行最广，约占调查租佃关系总数的30%。①

永佃制：指佃农租佃地主的土地，在不欠租的条件下对租地享有永久耕种的权利。永佃制在有些场合，土地所有权与耕种权（即田底权与田面权）是相互分离的。地主享有土地所有权，有占有地租的权利，负担田赋；佃农享有田面权。主佃双方的权利均可以出卖、出典和转让。地主出卖土地所有权，不涉及佃户，所谓换主不换佃。永佃制盛行于江苏、浙江、湖北、福建等省。1934年约占租佃关系总数的11%。② 永佃制的产生，主要有以下几个原因：佃农开垦官有或地主所有的荒地，获得永佃权；佃农投资改良租地付出了较多的工本享有永佃权；佃农交纳了高额押租金获得了永久耕种权；农民在出卖自有耕地时，只出卖所有权（田底权）而保留了耕种权（田面权）。在近代中国佃农租地竞争加剧，地主经常用夺佃增租，侵占佃农增产的成果的情况下，佃农争得永佃权，是有利于佃农发展农业生产，提高土地生产力的。争取永佃权是农民长期斗争的一个目标，太平天国农民革命斗争的成果之一，就是在江苏、浙江一带，使不少农民获得了永佃权。但是，在近代中国农民的永佃权经常遭到地主的侵犯；地主借口自种收回永佃田或强迫佃农出卖永佃权；地主卖地后，新地主否认原佃农永佃权等情况在各地均有发生。

此外，在近代中国农村还残存着世袭租佃制。如江苏吴江震泽乡，地主强迫佃户书立"子孙世世永为佃户"契约。这种制度系前清江苏王某所奏准的，辛亥革命以后仍延续下来。又如广东高要

---

① 《中国经济年鉴（1936）》第七章，租佃制度。
② 《中国经济年鉴（1934）》，第170页。

桂宁乡全村1万户中有3000户是"下户",不许获得土地所有权,成为世袭佃户。① 河北静安有"死佃制",佃户不能自由脱离地主。

上述各种租佃制度的发展趋势,据《中国经济年鉴》记载,在1924—1934年,论年租佃从26%上升为27%;不定期租佃从29%上升到30%;长期租佃从9%下降到8%;永佃制从12%下降到11%。这就是说,对佃农较为有利的永佃制和长期租佃制呈缩减趋势;而地主可以随时撤佃的不定期租佃和地主得以年年增租的论年租佃呈增长的趋势。

租佃制度从交租时间上划分,有秋收后一次交租,按收获季节多次交租,还有预先交付地租的预租制和地主预防佃户欠租,逼令预缴保证金的押租制。

分租制、伙种制、帮工佃种制和定租制中的谷租,一般是在农作物收获后交纳。有在秋收后一次交纳的,也有按收获季节,分季交纳的。据陈正谟对22省1913处通信调查,分季纳租的占调查数的41.9%。②

预先交纳地租的称为预租制。定租制中的钱租,一般多是预先交纳。抗日战争以前,随着商品经济的发展,预租制呈增长的趋势。贫苦佃农,无力预先交纳地租,不得不借债,承受高利盘剥。地主获得预租金,成为他经营高利贷和商业的资本来源。

中国的押租是一种"县自为制、乡自为名"的制度。各地叫法不一,名目繁多。它在有些场合是地主预防佃农欠租,逼令预缴的一种保证金。其金额一般低于或不超过一年的地租额。在另一种场合,它又是佃农为取得地主某块土地的佃种权和永佃权,而预先支付的代表田面权的代价,金额较高,远超过一年的地租额。佃农交纳押租之后,一般照常交纳地租,如果欠租,地主则从押租中扣除,押租不生利息,直到退佃时才归还佃户。在有些地区,押租超

---

① 陈翰笙:《广东农村生产关系与生产力》。
② 陈正谟:《中国各省的地租》,第45页。

过一定限额，佃农可相应减纳地租，出现所谓"押重租轻、押轻租重"的情形，越是人口密集，土地肥沃的地区，押租越重。

据国民党政府主计处 1933 年发表的调查结果：有押租的县占报告县数的 47.1%。在分省统计中，广东、贵州、四川、湖北、江苏、浙江等省有押租的县占 60% 以上。四川省则超过了 90%。[①]据金陵大学农业经济系调查，湖北应城等 6 县、安徽宁国等 4 县，江西九江每亩租地押租额的百分比如表 4 所示[②]。

表 4 单位:%

地区	押租占正租的百分比		
	上等田	中等田	下等田
湖北应城等 6 县	198.00	162.00	165.70
安徽宁国等 4 县	131.40	131.80	109.00
江西九江	750.00	666.66	500.00

地主索要押租金，或用于寄生性消费，或用作兼并土地和经营商业高利贷的资本，成为进一步榨取农民的手段。押租金本来是佃农可以用于农业生产的资金，被地主夺去，对农业生产也是一种阻碍。而无力支付押租金的佃农，常因此被迫借贷，或直接向地主书立借据，按时付息，而又承受高利盘剥。据调查，在四川佃农押金全部由借贷而来的占 43%；部分借贷而来的占 32%，合会方式借贷的占 11%，自有的仅占 14%。[③]在押租制下，佃农为保有押租金的索回权，不得随意离开地主的土地，无形中强化了佃农对地主的依附关系。

押租制随着商品经济的发展呈日益增长趋势：金陵大学农经系统计，江苏昆山县有押租的农田 1905 年还只占 25.5%，1914 年占

---

① 转引自瞿明宙《中国农田押租的进展》，《〈中国农村〉论文选》，第 354 页。
② 金陵大学农业经济系：《豫鄂皖赣四省之租佃制度》，1934 年版，第 31—32 页。
③ 吕平登：《四川农村经济》，1934 年版。

40.9%，1924年竟达61.8%；南通县1905年占72.9%，1914年和1924年分别增至76.7%和88.1%。① 每亩租地的押金也日益增加，据调查，江苏宝山（现属上海市）县各地，每亩押租在1923—1933年10年间，增加了66%至155%不等。②

二　地租形态

近代中国的地租形态，占支配地位的是实物地租。在中国封建社会的历史上，实物地租很早就处于绝对支配地位；货币地租，虽然出现得很早，但始终没有多大发展。到了近代，仍然没有改变实物地租的支配地位。与此同时，还存在着劳役地租。在少数民族地区如西藏等地，仍然保留着原始形态的劳役地租；在更广大的地区劳役地租的残余是作为补充形式与实物地租同时并存。据国民党政府中央农业实验所对22省879县调查，1934年实物地租占78.8%，货币地租只占21.2%。在货币地租中包括钱租和折租。折租约占40%，它是按实物地租折成货币交纳的，是一种从实物地租向货币地租转化的过渡形态，它已是货币地租，但还不是固定的货币地租，随时可以根据地主的需要恢复为实物地租。

实物地租与货币地租的比重，在各地区之间差别较大，一般来说，商品经济作物区或商品经济比较发达的地区，货币地租的比重较高。例如，江苏南部22个商品经济发达地区（县），1934年货币地租占47.9%；而北部24个商品经济不发达地区则只占23.5%。③ 又如1933—1934年广东番禺4个纯商品作物村，货币地租占96.4%，4个稻作村则只占47.9%④。

---

①　瞿明宙：《中国农田押租的进展》，《〈中国农村〉论文选》，第316页。作者说：1914—1924年，因为在欧战期间，中国棉织业稍有抬头，农民种棉者亦可多获些利。地主们在这时候，加租加押，另收押租出佃的非常之多。
②　同上书，第366页。
③　《中国经济年鉴（1936）》，第35页。
④　陈翰笙：《广东农村生产关系与生产力》，第84页。

货币地租。只在极少数佃富农经营的场合,是剩余价值的部分,因而具有资本主义性质,而在绝大多数场合,仍然只是封建地租的一种形态。在货币地租下,佃农必须出卖部分农产品取得货币,因而又要受商业资本的剥削。

抗日战争以前,货币地租的比重有缓慢增长的趋势。据1935年《中国经济年鉴》记载,1924—1934年,苏、浙、皖、赣、鲁、豫、甘等8省97县,各种地租形态的变动如表5所示。

表5

年份	实物地租			货币地租		
	谷租	分租	帮工佃种分租	钱租	折租	预租
1924	46	35	1	10	7	1
1934	45	34	1	11	8	1

10年间,实物地租从82%下降为80%;货币地租从18%上升为20%。抗日战争以后,由于通货膨胀,发生了逆转,地主纷纷改货币地租为实物地租。

劳役地租。在一些边远少数民族区域,如藏、滇、黔、川西等存在着较原始的劳役地租形态的农奴制。农奴种农奴主(酋长头人)拨给的土地,须为农奴主负担各种劳役,农奴的劳动力无限制供农奴主使用,没有人身自由。农奴主对农奴的超经济强制和人身隶属关系更为严酷,农奴"凡私自离开土地者受酷刑"[①]。在汉族区域,劳役地租仍未绝迹,如宝山县,就存在一种"脚色制",地主出租一亩不收租金的耕地,佃农须为地主做工30—60日。[②]

作为实物地租的补充形式的各种劳役地租的残余,到处都可以见到。据陈正谟1934年对22省1520处的调查,劳役地租的残余

---

① 《中国经济年鉴(1935)》,第51—57页。
② 吴文晖:《中国土地问题及其对策》,第165页。

主要表现为，无代价地供地主驱使，天数无限，只供伙食，不给工资，有的甚至连伙食也不给。如遇地主婚丧、修建房屋、地主出门抬轿、赶车、挑行李、佃户妻媳为地主家做女佣等无偿劳役是很普遍的。

三　地租率

从地租率来看，近代中国的封建性地租具有以下几个特点：

第一，地租率高。

从实物地租率看。实物地租率，即实物地租量占土地生产量的百分比，它可以直接表现地主的地租剥削量占土地生产量的比重。据国民党政府立法院编印的《统计月报》第2卷第5期的材料记载，1930年谷租和分租占生产量的百分比如表6所示。

表6　　　　　　　　　　　　　　　　　　　　　　　　　单位：%

	谷租		分租	
	水田	旱地	水田	旱地
上等田	46.3	45.3	51.5	47.8
中等田	46.2	44.6	48	45.3
下等田	45.8	41.4	44.9	43.6

表6是23省233县（水田）和212县（旱地）官方报告的平均数。实际上其中有许多省县的地租率都超过50%。如广东省水田谷租率上、中、下三等田均在59%以上，四川省更高达63.5%—66.7%；安徽省水田分租率上、中、下三等田均为70%。另据1934年《中国经济年鉴》记载，1927年江西省60个县中，地租占收获量的比例，50%以下的12个县，占55%的4个县，占60%的16个县，占65%的1个县，占70%的4个县，占80%的1个县。当然也有许多县地租率不到50%，甚至不到40%，并不是

"都在50%以上"。

以上材料说明,实物地租量占生产量的比例平均在50%,这同两千多年前的"或耕豪民之田,见税什五"的情况,基本上没有多大变化。

第二,从地租额对土地价格的关系看,它可以反映地租的苛重程度及其封建的超经济强制性质。

据1934年《中国经济年鉴》记载,1930年各等水田、旱地货币地租对地价的百分比如表7所示。

表7　　　　　　　　1930年货币地租率情况　　　　　　单位:%

	报告县数	上等田	中等田	下等田
水田	360	10.3	11.3	12
旱地	373	10.3	11	11.5

可见,货币地租一般均占地价的10%以上。有的省如黑龙江省上、中、下三等旱田货币地租率分别是24%、23.6%和29.6%。

地租额对地价的关系,还可以从地租"购买年"即多少年的地租等于地价考察。据国民党政府农业实验所调查,1934年分租、谷租和钱租的普通租额与普通地价比较如表8所示。[①]

表8

	普通租额（元）	普通田地平均价格（元）	租额占地价	购买年（年）
分租	4.6	32.6	14.1	7.09
谷租	4.2	32.6	12.9	7.76
钱租[②]	3.6	32.6	11	9.06

从表8可以看出,平均地租购买年为7.09—9.06年。在资本主义国家,地租购买年要长得多,例如,英德两国在第一次世界大

[①] 国民党政府生计处编:《中国租佃制度之统计分析》,第79—80页。
[②] 钱租多是预租,佃农为预先交租,多承受高利剥削,如果加上利息,可能比谷租和分租还要高。

战前后,地租购买年为20—30年。出现这种差别的原因是,资本主义地租是超过平均利润的剩余价值的余额,土地价格直接取决于地租量和利息率,也就是要受平均利润率的制约。在半殖民地半封建的近代中国农村,地租是地主的一个纯所得,地租可以被储存起来,不去参加利息与利润的追逐,不受平均利润率的制约,利息率一般并不起决定地租和地价的作用。购买年的低下,地租的苛重,是封建的超经济强制因素起作用的结果。

第三,地租率与土地等级及生产量背离,即等级低的土地租率高于等级高的土地租率。

前述1930年货币地租对地价的百分比,水田下等田地租率为12%,高于中等田的11.3%,更高于上等田的10.3%;旱田下等田的地租率11.5%,高于中等田的11%,更高于上等田的10.3%。越是等级低的耕地,地租率越高。这种现象,不仅限于货币地租,实物地租也大体相同。据陈正谟的调查材料①,1934年各地各等级田地实物地租占产量的百分比如表9所示。

表9 单位:%

	水田			旱地		
	上等田	中等田	下等田	上等田	中等田	下等田
总计	43.61	42.49	44.07	42.57	44.71	46.44
长江流域	42.76	42.73	44.86	38.64	39.93	40.90
珠江流域	44.2	41.58	41.59	39.34	42.80	41.05
黄河流域	45.19	43.89	45.22	45.47	47.61	51.15

除珠江流域水田之外,一般的均是下等田的租率高于中等田、上等田。黄河流域产量较低的旱地的租率,普遍高于产量较高的水田的租率。地租率与田地等级和产量的背离的产生原因是:地主愿

---

① 陈正谟:《中国各省的地租》,第66—77、82—93页。

意把好地出租给经济力量较雄厚的佃富农和佃中农。无地少地的佃农向地主租佃土地"是在贫困的威胁下进行交易",地主把佃农的贫苦看作加重剥削的有利条件。租种下等田的多半是最穷苦的佃农。这些被压在最底层的贫苦佃农所受到的地租剥削更苛重。这说明,地租率的决定,不完全取决于土地生产率,特别是剩余劳动率等经济因素,其中还有封建性的超经济强制因素在起作用。这是近代中国地租剥削的封建性质的重要表现。

第四,地租剥削囊括了佃农的全部剩余劳动,有时甚至侵犯部分必要劳动。

近代中国农业生产力很落后,农民使用的是简陋的手工工具和用畜力牵引的农具,农业劳动生产率低下,农业剩余劳动率也很低下。在地主高地租率的剥削下,佃农微小的剩余劳动,除去生产成本,仅能勉强维持一家老小的最低限度的生活。有时甚至连最低限度的生活也难以维持。佃农经营收支不敷是较常见的。据千家驹等1933年对广西郁林16户自耕农、27户自耕农兼佃农、26户佃农、7户佃农兼雇农的调查,全年收支每户平均数如表10所示。①

表10　　　　　　　　　　　　　　　　　　　　　　　　　单位:元

农户类别	收入			支出			剩余劳动收入	地租	赋税	盈(+)亏(-)
	田场收入	家庭工副业收入	合计	生产资料	生活资料	合计				
16户自耕农	291.21	119.22	410.43	100.81	260.13	360.94	49.49		6.81	+42.68
27户自耕农兼佃农	320.33	29.73	350.06	85.08	213.19	298.27	51.19	55.78	0.72	-4.31
26户佃农	270.14	16.77	286.91	66.85	183.86	250.71	36.20	68.85		-32.31
7户佃农兼雇农	165.93	39.61	205.54	32.82	143.90	176.72	28.82	38.80		-9.98

由表10可以看出,在四类农户中,自耕农不受地租剥削,收

---

① 千家驹、韩德章、吴半农:《广西省经济概况》。

支相抵还有盈余。其他三类租地农户是亏损的，他们的剩余劳动收入不够交纳地租。也就是说，地租不但囊括了他们的全部剩余劳动收入，还侵占了必要劳动。纯佃农的亏损最大，地租剥削侵占了必要劳动（相当于生活资料支出部分）的 17.5%。佃农亏损在旧中国不是个别的现象。据国民党政府土地委员会 1934 年对 16 省 163 县 1745357 户农户调查，其中收支不敷的占 35%，收支相等的占 41%，有盈余的只占 23%。① 这个调查对农户没有分类，佃农的经济地位除极少数的佃富农之外，皆不如自耕农。贫穷的佃农，最好的也只能做到收支相抵，更多的是亏损。这是代表大地主大资产阶级利益的国民党政府当局也不得不承认的事实。有人认为，如果说地租相当于佃农所创造的全部剩余生产物，那么就无法解释，在漫长的封建社会里农业生产是逐渐发展的。持这种看法的学者，恐怕是忽略了在封建制度下，除了佃农，还有占农户近一半的自耕农的存在。而自耕农的消长，不论在古代或近代都是社会经济衰落与繁荣的一个重要标志。

第五，地租呈逐渐增长的趋势。

近代中国的地租剥削，不仅租率高，而且还具有增长的趋势。据江苏南通和安徽宿县 1905—1924 年调查，实物地租增长的百分比如表 11 所示②。

表 11

年份	南通			宿县		
	上等田	中等田	下等田	上等田	中等田	下等田
1905	100	100	100	100	100	100
1914	147	157	174	81	96	64
1924	229	240	255	148	169	160

① 土地委员会编：《全国土地报告纲要》，第 50 页。
② 冯和法：《中国农村经济论》，第 267 页。

表 12

年份	预定租率（%）	指数	实交租率（%）	指数
1938	44	100	48	100
1939	47	106.8	48	100
1940	47	106.8	52	108.3
1941	53	120.4	55	114.6
1942	56	127.4	59	122.9
1943	73	165.9	73	152.1
1944	79.8	181.4	94	95.8

另据中共中央西北局1942年对陕北米脂杨家沟调查，从地主马维新1884—1941年的地租账上发现，从1894—1922年一共7次公开提高地租额，从原来的每垧1.67斗提高到3.31斗，即提高了198%。佃户的实交租额，有的甚至超过1884年原租额的三倍①。

抗日战争时期，国统区地租剥削也逐渐增长。四川一个县27户佃农地租率增长如表12②所示。

地租额的增长趋势与土地资源有限，无地农民随人口增加而增长，农业以外就业机会极少，使租地竞争加剧；而租地的竞争，对地主来说，又是他加重地租剥削的最有利的条件。

四　租佃关系中的超经济强制

佃农除受正租剥削之外，还要承受名目繁多的附加租剥削，例如，广东的"田米租"或"伙头米"，浙江的"脚米"，江苏的"底力米"，湖南的"糯米租""稻草租"，贵州的"玉蜀黍租"、辣椒租、果子租，江西的薪租，湖北的豆租等。还有向地主送鸡、鸭、鹅、鱼肉，所谓"田信鸡""田信鹅""租鱼""租猪"等。

---

① 中共中央西北局：《米脂杨家沟调查》，1944年版。
② 甘英：《关于调查研究的一点心得》，《新华日报》1945年6月2日。

佃农要受地主小亩出租和大斗大秤收租剥削。地主常以不足1亩土地作为1亩出租。例如9分、8分甚至更少，所谓"虚田实租"。有的把路基、河面算在耕地之内。大斗收租更为普遍，如江苏无锡大斗、大斛、大升共30多种，有的斗比普通斗大2.84升，有的2.5斗的斛等于3斗，有的一升比普通升大3合。① 江苏太仓一种"活底斗"，量进一斗等于1.2斗，量出1斗等于8升。

佃户在承租和交租时要承受地主的各种勒索。承佃时要向地主馈赠现金或物品，要备酒席宴请；交租时亦要送钱和备酒款待；如一时交不上租，收租人下乡催索，另交脚力费。

此外，逢年过节和遇地主家喜庆等事，佃户必须向地主送礼；佃户代地主负担差役赋税；佃户承担地主的各项无偿劳役等。

这些地租以外的剥削，大大提高了实际租率，同时表现了租佃关系中封建的超经济强制。

地主对佃农的地租剥削和其他额外剥削，不是通过交换的形式如同资本家剥削雇佣工人那样，而是直接无偿占有。马克思说：地主从小农身上榨取剩余劳动，就只有通过超经济的强制，而不管这种强制是采取什么形式。与资本主义关系不同，在这里，对这种剩余劳动的占有不是以交换为中介，而是以社会的一部分人对另一部分人的暴力统治为基础。如果地主对佃农不具有超经济强制或"暴力统治"的权利，他就无法迫使佃农缴纳地租。地主对佃农的超经济强制或暴力统治，包括地主对佃农的直接的强制或暴力和代表地主阶级利益的各级政权对农民的暴力统治。佃农为了自己一家人的生存和延续，租佃地主土地时，就不得不接受奴役性的条件，使他们自己陷于隶属或依附的地位。这种隶属和依附关系并不是靠某种专门保护它们的法律来维持，而是靠实际存在的土地关系的力量来维持的。它是产生超经济强制的基础。租佃关系一旦建立，地

---

① 潘光旦等：《苏南土地改革访问记》，生活·读书·新知三联书店1952年版，第8页。

主就享有无偿占有佃农生产的剩余生产物的权利,享有做佃户的主子和家长的权利。

在近代中国的租佃制下,佃农在一般情况下,并不终生束缚于某一块土地,地主也不能终生地占有佃户。从租佃期限上看,论年租佃、不定期租佃、短期租佃占了绝对的优势,长期租佃只占少数。即使长期租佃,地主亦不能终生地占有佃户。永佃制下的佃农也并不终生束缚于永佃的土地,它是佃农获得的永久耕种权,是对地主夺佃增租的一种限制,佃农可以出卖转让永佃权。但是,论年租佃、不定期租佃,又使地主享有随意夺佃的权利,使佃农无以为生。地主的"夺佃增租"也是一种超经济强制权利,当佃农在原来比较贫瘠的租地上追加投资、改良土壤、提高土地丰度之后,被地主夺走再增租转佃。特别是在人多地少、竞佃严重的地区,"夺佃"又成为地主挟制佃农,使佃农不得不依附于地主。同时,在近代中国也还残存着依附程度很强的世袭租佃的残余。安徽宿县立有租约之佃户多系世袭,只许地主退佃,不许佃户退种,甚至佃户集资买有田地亦须出租己田与人,自己仍做原地主之佃户。① 浙江盐海县也有"未经业主允许,虽欲退田而不能,世代相传,无脱离佃户之日"②。在西藏少数民族地区存在着原始的农奴制,农奴世世代代被束缚在土地上,为农奴主所占有,农奴可以连同土地一起被出卖,可以随便处罚,被强施毒刑,甚至处死。

近代中国一般地主虽不享有行政管辖权和司法裁判权,但有许多地主是各级政府的官僚。政权均为各地地主控制和操纵。反动政府的保甲制度规定地主与佃户之间的连坐关系,地主有监督与管束佃户的权力和责任。③ 地主还利用宗族关系,通过他们掌握的族权统治农民。地主和佃农的关系在法律上没有隶属和依附的关系,但

---

① 乔启明:《江苏昆山、南通、安徽宿县农佃制度之比较以及改良农佃问题之建议》。
② 魏颂唐:《浙江经济纪略》海盐县,第6—7页。
③ 这种连坐关系在清代见于《大清会典事例》,第397页。民国以后,仍盛行保甲连坐制。

在宗族关系和传统习惯上,地主对佃户仍有主子和家长的权力,可以任意打骂和处罚。地主或直接使用暴力或勾结官府强行逼租的事例,屡见不鲜。江苏灌云县地主自设法庭,陈列各种刑具,对迟交租佃户,轻者打板,重者处死。① 广东海丰地主对佃户所交租谷如不满意,辄予殴打,并筑室拘禁农民,施以毒刑。② 云南地主对欠租佃户拘捕拷打,或强迫佃农卖妻子与地主为奴。③ 江苏吴县地主用"三比"酷刑逼租,3天一小比,5天一大比,7天一血比(打得屁股见血谓之血比)。④⑤ 江苏常熟地主用来逼租的刑罚有24种,其中如"滚笆篓"(把农民绑在笆篓里放在地上滚来滚去致死)、"扇风车"(冬至把农民绑在风车上吹)、"吃毛竹筷""坐冷砖头""戴枷""拷打""开差船""放水灯"等,惨不忍睹,极易使人伤残或致死。

地主勾结官府逼租亦很普通。江苏昆山全县各地主组织田业工会,呈请县署委派追租委员,设立追租局。委员系警察署员充任。薪水由各地主摊派。据1934年《中国经济年鉴》说,"专司拘押或笞打农民之责者在前清时有巡检司,民国成立后有田业公会,会中有一陋室围以栅栏,名曰押佃公所,农民即被押于此,室小而押者众,骈足而立,粪秽狼藉,虮虱丛生,毙者时有所闻。有时警察区长,受地主驱使而加农民以肉刑"⑥。浙江北部(与江苏交界州县)地租逾期不交清,地主勾结国民党政府追拷,甚至处死,由地主出资收殓或出恤金了事(由全县地主每年出款若干,存储备用)⑦。

地主对佃农施行残暴的人身迫害,在旧中国到处可见,是不足

---

① 《中国经济年鉴(1934)》,第179—180页。
② 同上。
③ 张肖梅:《云南经济》,第23页。
④ 《土地改革前的苏南农村》,第13—14页。
⑤ 同上书,第8—9页。
⑥ 《中国经济年鉴(1934)》,第170页。
⑦ 韩德章:《浙西农村之租佃制度》,《社会科学杂志》第4卷第1期。

为奇的事情。所有这些，足以说明，在租佃关系中存在着超经济强制和佃户对地主的人身隶属或依附关系。这种超经济强制和人身隶属或依附关系，是近代中国租佃关系的封建性质的重要标志。

（原载《中国经济史研究》1991年第4期）

抗日根据地减租减息的历史作用

抗日战争时期，日寇深入国土，中日民族矛盾上升为主要矛盾。为了建立抗日民族统一战线，团结各阶级一致抗日，中国共产党将土地革命时期没收地主的土地分配给无地少地的农民的政策，改变为减租减息政策。

没收地主的土地分配给无地少地的农民，消灭封建剥削，废除封建的土地占有制度，是中国新民主主义革命的主要内容。但是反封建的民主革命任务不能离开反帝的民族革命任务单独解决。帝国主义是封建势力的重要支持者，它利用封建势力统治中国；封建势力也依靠帝国主义来维持自己的统治地位，不赶走帝国主义势力就不可能完成反封建的民主革命任务。同时，帝国主义和封建势力又有矛盾，如果外国帝国主义的侵略，侵犯到地主阶级的人权、政权、地权、财权的时候，地主阶级中的大多数也可能起来参加反帝斗争。日本帝国主义发动灭亡中国的侵略战争就出现了这种局面，地主阶级的大多数有抗日的要求。中国的土地属于日本人，还是属于中国人，这是首先需要解决的问题。这样，在保卫民族、保卫祖国的大前提下，停止用暴力没收地主的土地分配给无地少地的农民的政策，转而采取减租减息政策就是完全必要的。"七七"事变不久，1937年8月25日中共中央政治局洛川会议，决定以减租减息作为抗日战争时期解决农民土地问题的基本政策。

减租减息是在抗日民族统一战线内，调节农民与地主这两个对立阶级之间相互利益和关系的最恰当的政策。它一方面要求地主债主减租减息，减轻对农民的剥削，改善农民的生活以调动农民抗日与生产的积极性;另一方面,又要求农民在减租减息之后,向地主债主交租交息,照顾地主的利益,保障地主的地权和财权,以争取地主阶级站在抗日人民的一边。

减租减息相对于没收地主土地分配给无地少地的农民的土地改革,是属于改良性政策,它并不取消封建剥削,废除地主土地所有制和消灭地主经济。但是,这种改良已不是在反动统治下,维护封建土地所有制和封建统治,更不是发展地主经济的改良,它是在中国共产党和抗日民主政府领导下,为了减轻和限制地主对农民的封建剥削,发动和组织农民群众打破旧的封建专制统治的改良,可以说是一种革命的改良政策。封建地租是地主凭借土地所有权无偿占有农民剩余劳动的经济形式;高利盘剥则是地主进一步剥夺农民土地的重要手段。减租减息是减轻封建剥削和削弱地主经济的最直接最普通的方法,它能够减轻地主对农民的剥削,把广大农民发动起来,投入抗日救国斗争中去,而争取抗日战争的胜利,既是求得民族解放,也是进一步求得农民阶级解放的唯一正确的道路。

中共中央政治局1942年1月28日通过的《关于抗日根据地土地政策的决定》,制定了减租减息政策的三项基本原则:(1)承认农民(雇农包括在内)是抗日与生产的基本力量,因此要扶助农民,减轻地主的封建剥削,实行减租减息,保证农民的人权、政权、地权、财权,借以改善农民的生活,提高农民抗日与生产的积极性。(2)承认地主大多数是有抗日要求的,一部分开明绅士是赞成民主改革的,因此仅是扶助农民减轻封建剥削,而不是消灭封建剥削,更不是打击赞成民主改革的开明绅士。在实行减租减息之后又须实行交租交息,于保障农民的人权、政权、地权、财权之后,又须保障地主的人权、政权、地权、财权,借以联合地主阶级一致抗日。只对坚决不愿悔改的汉奸分子才采取消灭其封建剥削的政策。(3)承认资本主义生产方式是中国现时比较进步的生产方式。富农的生产方式带有资本主义性质,富农是农村中的资产阶级,是抗日与生产的一个不可缺少的力量。富农不但有抗日的要求，而且有民主要求。因此对富农及其生产不是加以削弱，而是在适当改善工人生活条件之下，奖励富农生产与联合富农。但富农有一部分封建性质的剥削，为中农、贫农所不满。在实行减租减息时，对富农的租息，也须照减，同时须实行交租交息，并保障富农的人权、政权、地权、财权。一部分用资本主义方式经营土地的地主（所谓经营地主）其待遇与富农同。以上三项基本原则，阐述了减租减息政策三个有机组成部分，即减租减息、交租交息和奖励富农生产，揭示了减租减息政策的历史根据。

减租减息的具体办法是：地租，一般实行"二五减租"，即不论任何租地、任何租佃形式，均按抗战前原租额减去25%。多年欠租，应予免交。同时规定保障佃户的佃权。利息，凡抗战前成立的借贷关系。应以一分半为计息标准，如付息超过原本一倍者，停利还本，超过原本两倍者，本利停付。现行利息以不超过社会借贷关系所许可的程度为限，由双方自由议定。

抗日根据地的减租减息经历了以下四个阶段：（1）1937年7月至1939年10月，减租减息政策的提出及在少数地区初步试行阶段。（2）1939年10月至1941年12月，根据地减租减息运动的兴起及"左"倾错误的发生和纠正阶段。（3）1942年1月至1943年9月，减租减息政策进一步完善，全面普遍实行阶段。（4）1943年10月至1945年8月，放手发动群众深入贯彻阶段。减租减息政策在各地的贯彻实施，取得了显著的成绩。

减租减息的成果

减租减息在各抗日根据地实施的程度，我们尚未掌握全面的统计资料，仅据已有材料概述如下：

晋察冀边区实行减租减息最早，比较普遍和深入；陕甘宁边区未经过土地革命地区也是比较早和比较普遍深入实行减租减息的地区，可惜，我们尚未掌握上述两个地区实施程度的统计资料。据晋冀鲁豫边区的太行区十二县调查，有91.8%的村庄实行了减租减息。据1945年9月山东根据地统计，23417个村庄中，实行了减租减息的村庄有14963个，63.9%未实行的主要是新解放区。晋绥边区兴县实行减租减息的村庄占全县村庄的83%。华中抗日根据地1945年对4个分区30个县373个区2391个乡的调查，实行减租减息的区327个，占87.6%，实行减租减息的乡1779个，占全部乡数的74.4%。另据盐阜区统计，1944年共有56433户佃户，减租粮2234万斤，平均每佃户减租粮396斤，退租粮食638万斤。全区雇工15889人，共增加工资粮514万斤，平均每人增加323.5斤。老区减租约占85%，新区游击区减租占40%—50%。①

从减租前后的平均地租率的比较中，可以看出实际减租的程度。据1944年晋绥边区对6个县的调查，实际减租程度如表1所示。

表1　　　　　　　　　　　　　　　　　　　　　　　　　　　　单位:%

地区	战前平均地租率	减租后平均地租率	实际减租率
兴县	40	20	50
偏关	21.3	15.6	26
五寨	24	14.4	40
临县	39.5	22.4	43.2
交城	21.7	12.2	43.7
静乐	26	12.4	52.3

减租以后，不仅地租数量减少，租佃关系也发生了一些实质性的变化：（1）经过减租的租佃关系一般都废除了过去的超经济强制和地租以外的额外剥削。（2）佃户的佃权，比之过去有了切实的保障，地主不得无故撤佃。大多数都订立了五年以上的租佃契

---

① 《解放日报》1945年1月8日。

约。(3) 过去地租多少或租佃年限，多由地主单方面决定，经过减租，必须遵照抗日民主政府颁布的租佃条例，由双方协商，或由农会调解评议，或经政府仲裁机关仲裁。

减租减息减轻了地主对农民的封建剥削，农民的劳动成果中过去被地主剥削占有用于寄生消费的一部分，转归农民自己占有，它不仅改善了农民的生活，而且提高了农民发展生产和参加抗日斗争的积极性，对抗日根据地的生产建设、政权建设和抗日武装斗争都起了重大的历史作用。

减租减息促进了抗日根据地农业生产的恢复和发展

减租减息以前，佃农因承受苛重地租剥削一年辛勤劳动所收获的农产物除交租以外，所剩不多，到青黄不接时，不得不向地主借债度日，而又承受高利盘剥，或者在春耕农忙季节靠打短工挣钱糊口。在饥饿线上挣扎的佃农，既没有力量，也没有兴趣发展生产，而且往往为打短工挣钱糊口延误农时，影响生产。一般佃农的农作物产量，都低于自耕农，据陕北绥德县七里铺调查，减租前，佃农所种土地因少锄、少施肥，平均每垧地比自耕农少收半斗到一斗粮食。① 生产量低下的贫苦佃农，交租交息之后，常常缺吃少穿，无力改进生产，一遇天灾人祸甚至连简单的再生产也不能维持。在重租和高息之下，拥有土地和资金的地主坐收租息比之投资农业生产具有更高更稳的收入，而且不用费心费力，更少风险。

减租减息以后，佃农收入增加，生活改善，生产积极性提高。他们用增加的收入购置土地（有的农民在减租减息清债中直接获得了土地）或开垦荒地，购置农具，繁殖耕畜，增施肥料，精耕细作，提高农作物产量。减租减息减少了地主的地租和利息收入，促使单纯依靠收租放债取息的地主向经营地主和富农经营以至工商业

---

① 《解放日报》1945年1月18日。

转化，使地主从不事生产的寄生阶级转化为农业和工商业经营者。陕北米脂银城市六户地主减租减息以后，典卖土地156垧，两户投资经营工业，三户经营商业，一户投资合作事业。1943—1944年六户地主的经济收入中，工商业和合作事业收入即占47.3%。地主艾斌卿98垧出租地收入租米8石，投资民生纸厂后收入20余石，占其全部收入的75%。地主杜良宝典卖土地31垧，创办裕民纺织工厂利润相当于收租的5倍。延家岔村11户地主有7户转营商业。① 山东滨海区大店地主庄晓光投资万元于公私合营织布厂，为发展工业、繁荣市场作出贡献。地主从不事生产的寄生阶级转化为工农业商业经营者，这不仅可以使他们因减租减息而减少的地租利息收入得到补偿，而且促进了根据地的生产发展。

抗日根据地农业生产的恢复和发展，是多种因素综合作用的结果，但是减租减息是其中最重要的因素和条件之一。陕甘宁边区在八年中耕地面积逐年增加，粮食产量不断提高。耕地面积1936年至1945年间增加69.1%；粮食产量从1937年的126万石，增加到1945年的175万石。② 棉花产量在1941—1944年增长近5倍。③ 畜牧业中的大牲畜牛驴增长3倍，羊在1938—1944年间增长156.7%。④

华北华中敌后抗日根据地农业生产力受到战争的严重破坏。晋西北1940年劳动力比战前减少1/3，牛羊减少3/5，农作物产量下降1/3以上。棉花产量仅及战前的3%。另据晋冀鲁豫边区1940年12月对冀西等5个区又18个村调查，壮丁减少8.8%，牲畜减少更多；冀南战前每40亩耕地平均有一头耕牛，1943年每百亩才有一头；粮食产量下降1/4到1/3。经过减租减息和大生产运动的开展，1943年以后农业生产普遍得到恢复和发展。晋绥边区1944年

---

① 《解放日报》1945年1月9日。
② 雨汉辰：《陕甘宁边区的财经工作》，1947年。
③ 《陕甘宁边区建设厅统计资料》。
④ 《解放日报》1945年1月9日。

增产粮食 16 万担，植棉面积从 1941 年的 3.2 万亩，增加到 1944 年的 18 万亩。晋冀鲁豫边区的太行区 6 个分区开荒 335886 亩相当于原有耕地的 13%，8 个分区共增产粮食 30 万担。晋察冀边区抗战期间共修滩田 354446 亩，开生熟荒地扩大耕地面积 1823933 亩，农田水利基本建设新建水田和受益农田共计 2137433 亩，估计每年增产粮食达 100 万担以上。① 华中的苏北、淮北、淮南、皖中等抗日根据地 1944 年兴修水利灌溉面积达 120 余万亩。山东抗日根据地共计增产粮 683679.028 斤。② 敌后抗日根据地农业生产的恢复和发展，是在粉碎敌人的围困和不断"扫荡"下取得的。生产的恢复和发展支持了长期抗战。

减租减息巩固了根据地抗日民主政权，发展了抗日民族统一战线，支持和促进了抗日武装斗争

减租减息发动和组织了农民，打破了地主的专制统治，建立了贫、雇、中农基本群众的政治优势，根本地改变了过去地主与农民之间的统治与被统治关系，一切抗日的人民都有了当家做主的权利。经过减租减息，提高了农民的阶级觉悟，涌现了一大批贫、雇、中农积极分子，培养和造就了一大批扎根于群众的农村基层干部，为根本改造原有政权，创造了条件。抗日民主政权，以农民基本群众为主体，同时吸收了一些赞成抗日又赞成民主的开明士绅和其他人民的代表参加政权工作，使"三三制"的抗日民主政权有了广泛而又深厚的群众基础。

减租减息中，切实贯彻了农民减租减息以后实行交租交息，保障地主对土地和财产的所有权，并且鼓励他们向富农经营和工商业经营转化；一部分开明士绅参加了各级"三三制"的抗日民主政

---

① 《中国农业合作化运动史料》（上册），第 357、350 页。
② 《山东省 1945 年农业合作会议总结》，《山东民主导报》第 9 期。

权的工作。这样就争取了地主阶级中的大多数站在抗日人民的一边。抗战初期一部分因不了解中国共产党的政策,逃往敌占区和国民党统治区的地主,经过一段犹疑、观望之后,绝大多数都返回了根据地参加抗战,使抗日民族统一战线得到了巩固和发展。

减租减息改善了农民的生活,使农民认识到他们的阶级利益与民族利益的一致性,激发了他们的抗日热情,他们拿起武器,保卫减租减息的成果,保卫家乡,保卫根据地。农民踊跃参加抗日自卫军和民兵,积极参加反"扫荡"、反蚕食、反清乡斗争。1945年各抗日根据地民兵发展到220多万人,自卫军近千万人。青壮农民踊跃参军参战,源源不断地向八路军、新四军输送大批有阶级觉悟的战士。人民军队得到人民的支持,越战越强。1944年与国民党军队在日寇进攻下的大溃退形成鲜明的对比,八路军、新四军在根据地农民的支持下,开展对敌反攻,收复大片失地,扩大了抗日根据地。抗日根据地军民抗击了日寇侵华实力的60%左右和全部伪军的90%以上,成为全国抗战的中流砥柱。正如朱德同志在《论解放区战场》一文中所指出的,"改善人民的经济生活,首先的和主要的,就是实行减租减息,而另一方面,又规定交租交息,这是保证农民占人口百分之八十到九十的解放区在经济上坚持抗战的基础"①。

减租减息导致农村土地占有关系发生有利于农民的变化

减租减息使地主的地租和利息收入减少。地主们感到出租土地收租和放债收息已不如经营农业和工商业有利,促使他们向富农和工商业转化。有一些地主出卖和出典土地将资金投入工商业。减租减息本来可以为农村资本主义农业经营开辟道路,但由于富农具有较浓厚的封建性,富农在实行雇工剥削之外,多数都兼有出租土地

---

① 《朱德选集》,人民出版社1983年版,第151页。

和放高利贷。减租减息和改善雇工待遇，也使富农受到削弱，富农卖出和典出的土地多于他们买进和典进的土地。相反，贫农、中农和雇农，由于减租减息和增加工资，收入增加，生产发展，使他们得以用微薄的积蓄购买和典进土地。而减租减息使土地价格下降，有利于农民购买土地。

据陕甘宁边区1945年调查，绥德杨家塔13户地主4年中卖出土地619亩，占土地总数的31%，相反农民大量买地，米脂印斗区某村41户农民，中农三户有土地130垧。其他38户贫农都是租种地主的土地，自有土地只有40垧，1943年、1944年两年共买入土地180垧。另据华中根据地淮海区7个县1945年1月调查，新政权建立以前，地主共有土地1444701亩，减租减息以后，减为1044307亩，减少27.7%。与此同时，农民获得土地445792亩。据晋察冀边区北岳区9个县25个村调查，1937年到1942年5年间土地买卖和典当情况如表2所示。

表2　　　　　　　　　　　　　　　　　　　　　　　　单位：亩

土地变动	阶级	雇农	贫农	中农	富农	地主	小商业者	工人
买卖	卖出	7.3	492.45	765.00	1061.3	1320.6	4.5	4
	买进	102.15	669.89	1192.18	133.77	35.25	60.70	29.5
典当	典出	3	44	188.53	175.94	423.1	4.3	0
	典进	6.24	401.23	496	85.35	418.3	98.15	6.2

这个调查反映了抗战期间前5年土地买卖和典当的情形，既包括普遍实行减租减息以前（1940年以前），也包括了普遍实行减租减息以后两年的情况。即便如此，仍可以从中看出：地主、富农卖出和典出的土地多于买进和典进的土地；中农、贫农、雇农买进和典进的土地多于卖出和典出的土地；以中农买进的土地最多，贫农次之。

另据晋绥边区1944年对兴县两个村、临县三个村的调查，各阶级土地变动情形如表3所示。

表3　　　　　　　　　　　　　　　　　　　　　　　　　　单位：亩

土地变动	阶级	地主	富农	中农	贫农	雇农	其他
减少	卖出	5606	2310	1284	642	49	66
	典出	2583	554	164	90		
	被赎	415	157	118	98		
	小计	8604	3021	1566	830	49	66
增加	买进	30	739	1963	6535	280	162
	典进			357	2239	396	32
	赎回		62	60	578	191	
	小计	30	801	2380	9352	867	194

地主卖出、典出和被赎的土地最多；富农卖出、典出和被赎的土地多于买进和赎回的土地；中农买进、典进和赎回的土地多于卖出、典出和被赎的土地；贫农买进、典进和赎回的土地最多；中农次之；雇农增加工资以后，也有买进、典进和赎回土地的。

从上述材料可以看出，地权变动的趋势是，地主和富农的土地在向贫农、中农和雇农手中转移。这种转移导致农村各阶级土地占有关系的变化。据晋察冀边区北岳区39个村[1]，晋冀鲁豫边区的太行区12个县15个村[2]，晋绥边区的兴县、临县5个村[3]，山东滨海区沭水、临沭、莒南11个村3124户[4]，华中盐阜区阜东5县431乡[5]的调查，减租减息前后各阶级占有土地的变化情况如表4所示。

---

[1] 引自李成瑞《中华人民共和国农业税史稿》，中国财经出版社1962年版，第59页。
[2] 引自齐武《一个革命根据地的成长》，第127页。
[3] 《农村阶级关系后土地占有的变化》，中共中央晋绥分局调研室1944年6月调查。
[4] 王耕今：《滨海区农村各阶级的巨变》，《大众日报》1945年7月29日。
[5] 骆耕漠：《盐阜农村的巨变》，《解放日报》1945年4月19日。

表 4   单位:%

阶级 \ 地区		北岳区	太行区	晋绥边区	滨海区	盐阜区	平均
地主	减租前	16.43	24.63	30.3	59.11	45.8	35.3
	减租后	10.17	4.22	9.0	30.39	28	16.4
富农	减租前	21.98	18.68	24.8	8.48	18	18.4
	减租后	19.59	17.18	17.5	9.44	14.3	15.6
中农	减租前	41.69	37.02	27.5	18.69	17.8	28.5
	减租后	49.14	60.85	49	38.11	28.9	45.2
贫农	减租前	19.10	18.98	16.3	12.24	19.4	17.2
	减租后	20.12	17.01	23.5	20.73	22.0	20.7
雇农	减租前	0.83	0.25	0.85	1.07	—	0.8
	减租后	1.01	0.18	0.4	0.44	—	0.5
备注	北岳区减租前系 1937 年，减租后系 1942 年；太行区减租前系 1942 年 5 月以前，减租后系 1944 年"查减"后；晋绥边区减租前系 1940 年，减租后系 1944 年前；滨海区减租前系 1937 年，减租后系 1944 年；盐阜区减租前系抗战以前，减租后系 1944 年。						

从表 4 可以看出：地主占有土地的比例，5 个地区平均从减租前的 35.3%，下降为减租后的 16.4%，即下降 53.41%；下降幅度最大的是实行减租减息较早的太行区，从 24.63% 下降到 4.22%，即下降 82.86%；晋察冀边区实行减租减息最早，但北岳区的材料是 1942 年调查的，未能反映出 1944 年"查减"以后的情况；下降幅度最小的盐阜区从 45.8% 下降到 28%，即下降 37.78%。

富农占有土地的比重，平均从减租前的 18.4% 下降到减租后的 15.6%，即下降 14.57%；下降幅度最大的晋绥边区从 24.8%，下降到 17.5%，即下降了 29.43%；山东滨海区富农占有土地比例反而有所上升，主要由于少数地主下降为富农的结果。

减租减息以后，中农占有的土地增加最多，从减租前的 28.5% 上升为减租后的 45.2%，即增加 58.59%，除了原有中农增加了土地以外，还主要由于原贫农增加了土地之后，经济地位上升为中农和少数富农下降为中农的结果。没有上升为中农的贫农占有土地的比例仍有所上升，从17.2%上升为20.67%，即增加20%；雇农占有土地比例下降，主要由于雇农增加了土地，成为贫农的结果。

减租减息以后，农村各阶级每户平均占有土地的数量，也有较为明显的变化，据晋绥边区对兴县两个村和临县三个村的调查[①]，减租减息后的1944年与减租减息前的1940年各阶级每户平均占有土地数量变化如表5所示。

表5 单位：亩

时间 \ 阶级	地主	富农	中农	贫农	雇农
1940年减租减息前	595	218	102	29	19
1944年减租减息后	350	185	125	50.4	29.5
增减百分比（%）	-41.2	-15.1	22.5	73.8	46.9

减租减息以后地主和富农每户占有土地数量分别比减租减息前减少41.2%和15.1%；中农、贫农和雇农占有土地数量分别增加22.5%、73.8%和46.9%。这反映了地主和富农经济地位的下降和中农、贫农、雇农经济地位的上升。但是，减租减息后，地主和富农平均每户占有土地的数量，仍比贫农和中农高出很多。这说明，减租减息只是削弱了地主和富农的封建剥削，并未根本地改变他们的经济地位，他们在农村中仍占有经济上的优势。

减租减息导致农村阶级结构的变化

减租减息能引起的土地占有关系的变化还导致农村阶级结构的

[①]《农村阶级关系及土地占有的变化》，中共中央晋绥分局调研室1944年6月调查。

变化。据以上 5 个地区的调查材料，减租减息前后各阶级户数占农村总户数的比例变化如表 6 所示。

表 6   单位:%

阶级	地区	北岳区	太行区	晋绥边区	滨海区	盐阜区	平均
地主	减租减息前	2.42	3.25	3.8	7.58	4.5	4.31
	减租减息后	1.91	1.98	2.4	6.14	2.1	2.9
富农	减租减息前	8.45	7.25	10.8	5.79	6.4	7.7
	减租减息后	7.78	5.99	8.3	4.36	6.1	6.5
中农	减租减息前	35.42	37.80	25.8	27.00	19.0	29.0
	减租减息后	44.00	55.20	44.0	37.52	27.7	41.7
贫农	减租减息前	47.35	48.95	53.4	41.71	70.1	52.3
	减租减息后	40.95	33.33	42.0	44.81	62.3	44.68
雇农	减租减息前	6.18	1.88	5.2	9.36	—	5.66
	减租减息后	5.36	0.49	2.0	2.17	—	2.51

地主户数在农村总户数的比重从减租前的 4.31%，下降为减租后的 2.9%，即减少 32.7%；富农从减租前的 7.7%，下降为减租后的 6.5%，减少 15.5%；中农从减租前的 29% 上升为减租后的 41.7%，增加 43.45%；贫农从减租前的 52.3%，下降为减租后的 44.68%，减少 14.6%，说明许多贫农上升为中农；雇农显著减少，从减租前的 5.66%，下降为减租后的 2.51%，减少了 55.57%。阶级结构呈现出两极缩小，中农扩大的趋势。

另据华中苏中区如皋县 5 个村 1945 年调查，减租前后农村各阶级户数变化如表 7 所示。

表 7   单位: 户

年份	阶级	大地主	中地主	小地主	经营地主	富农	中农	贫农	雇农	其他
1939 年		2	3	25	11	97	302	307	13	14

续表

年份 \ 阶级	大地主	中地主	小地主	经营地主	富农	中农	贫农	雇农	其他
1945年	1	2	22	10	150	346	242	10	14
增(+)减(-) 户数	-1	-1	-3	-1	+53	+44	-65	-3	—
增(+)减(-) +-%	-50%	-33.3%	-12%	-9.1%	+61.2%	+14.5%	-21.18%	-23%	—

表7说明,地主阶级各阶层减少的程度是不同的,大地主减少50%,中地主减少33.3%,小地主减少12%,经营地主减少9.1%;富农增加61.2%。考虑到雇农减少,以及中国农村阶级构成的一般情况,富农不可能有这样多,很可能是将相当多的富裕中农统计在富农之中了。如果这个估计是正确的,表7所反映的变动趋势与上述5个地区的调查仍是吻合的。

农村各阶级在减租前后的具体变动情况,从中共晋绥分局调查研究室1944年6月对兴县两个村和临县三个村的调查,可见一斑。具体情况如表8所示。

表8

减租前（1940年前）			减租后各阶级变动（1944年）						减少		
阶级	户数	占比(%)	地主	富农	中农	贫农	雇农	其他	移出	破灭	减租以后总户数
地主	20	3.3	11	3	2	1		1		2	
富农	56	10.8		41	15						
中农	135	25.8		2	127	6					
贫农	277	53.4			78	191		1	6	1	
雇农	27	5.2			4	14	9				
其他	5	1.5						4	1		
合计	520	100									
新增 分家			2		5	1					
新增 移入					3	4		9			
合计			13	46	234	217	9	15	6	4	534
占比(%)			2.4	8.3	44.3	4	2	3			100

原有20户地主，由于分家增加两户，由于经济地位下降减少9户，减租后还有地主13户；56户旧式富农，15户下降为中农；原有中农有两户上升为新富农，6户下降为贫农；277户贫农有78户上升为中农，占原有贫农的28%；27户雇农中4户上升为中农，14户成为贫农。新产生的新富农的数量虽然不多，但已不同于旧式富农，他们没有封建性剥削。

阶级结构的上述变化，反映了减租减息以后，根据地农村经济发展的趋向。即以封建土地所有制为基础的地主经济的削弱和农民个体经济的发展。

中国共产党在领导农民实行减租减息的过程中，创造了极为丰富的经验

（1）减租减息中经济斗争与政治斗争正确结合的经验。减租减息既是减轻地主对农民的封建剥削，改善农民生活的经济斗争，同时又是削弱和打破以封建土地所有制为基础的地主对农民的封建统治的政治斗争，是经济斗争与政治斗争的统一。在减租减息中既要使农民得到实际的经济利益，又要从政治上打破地主的垄断和优势，改造农村的基层政权。经验证明，只要地主掌握和操纵着政权，就不可能实行减租减息。减租减息必须以农村基层政权的初步改造为前提，以排除地主利用政权力量来反对和阻挠。同时，农村基层政权的彻底改造，又依赖减租减息的贯彻和农民群众的发动。因为只有经过减租减息，农村中的阶级营垒始能分明，农民的阶级觉悟才能提高，积极性得到发扬，并从中发现积极分子，培养和锻炼出农村基层干部，为彻底改造基层政权准备干部条件。在减租减息的经济斗争取得胜利以后，要不失时机地转入争取民主、彻底改造农村政权的政治斗争，打破地主的封建统治，将农村政权改造成为以农民力量的优势为基础的"三三制"的抗日民主政权，只有这样，才能使农民在中国共产党领导下成为一支能够与地主阶级

（过去的统治阶级）相抗衡的独立的阶级力量，从而才有可能在抗日统一战线中对地主实行又联合又斗争，也才能有效地防止地主反攻，巩固农民已经得到的减租减息的经济利益。

（2）阶级斗争与抗日民族斗争正确结合的经验。减租减息是调节和处理农民与地主之间的利益和矛盾的政策，其直接目的是改善农民的生活，调动农民的抗日与生产的积极性。农民是抗日的主力军，不发动农民的积极性，抗日民族斗争就会失去群众基础，而地主阶级在抗日斗争中的动摇性和妥协性（由地主阶级的寄生性和腐朽性所决定的）便会发展，也就难以坚持持久的抗日战争并取得最终的胜利。只有通过减租减息，改善农民的生活，才能调动农民的抗日积极性，建立起农民群众的政治优势，才能克服地主阶级的动摇性和妥协性，从根本上巩固抗日民族统一战线。农民的减租减息的阶级斗争要求，是以抗日民族斗争的需要为其出发点，同时，农民的减租减息要求又必须有一个限度，即不能超越抗日民族斗争所能允许的范围，要为团结地主共同抗日的战略方针所限制，以不破坏农民与地主之间的团结抗日为条件。总之，阶级斗争要服从抗日民族斗争。这就要求在减租减息中对地主实行又团结又斗争的政策，即对其抗日要求加以联合，对其反共反民主（坚持其封建统治）反民生（反对减租减息）的方面给予适当的批评或斗争。在农民发动起来之后，农民的要求、斗争内容和斗争方式，均应约束在抗日民族统一战线政策的范围以内，坚持有理、有利、有节的原则。注意避免和及时纠正农民自发的或某些干部的过"左"的错误，如减得过分，退租退息过多，处罚过重以及超越政府法令所能允许的斗争方式等。

阶级斗争与民族斗争正确结合的另一个要求是将减租减息与反对日寇的军事政治经济斗争密切结合，如在反"扫荡"、反蚕食斗争以及反伪化、反资敌斗争取得胜利之后，及时开展减租减息，经过减租减息提高广大农民的觉悟和积极性，及时地引导到对敌斗争中去广泛建立与发展农民自卫武装，发动青壮年参军参战，保卫减租减息成果，保卫家乡，源源不断地向八路军、新四军输送大批有阶级觉悟的战士，使抗日武装斗争具有坚实的群众基础。

（3）减租减息与发展生产密切结合的经验。减租减息最直接的目的是减轻地主对农民的封建剥削，解放农村的生产力，促进农业生产的发展。减租减息为农村生产力的发展提供了可能性。但要使这种可能性变为现实性，还要靠正确执行党的政策，实践证明，凡是正确执行党的政策，普遍彻底实行了减租减息的地区，就能够充分调动农民发展生产的积极性，促进生产的发展。如果减租减息不彻底，发生明减暗不减，农民的生产积极性当然就调动不起来；如果在减租减息中，不正确执行政策，发生不区别富农经济与地主经济，削弱和打击富农生产，甚至发生侵犯中农的利益，那就不仅不能，反而会挫伤农民发展生产的积极性。不仅富农不敢雇工发展生产，中农也害怕发展生产致富，还会使贫苦农民产生单纯依靠"均贫富""吃大户"来改善生活，而不致力于发展生产，他们在减租减息中获得的经济利益往往用于大吃大喝而不投资于生产。这样，"游惰坐食"的风气便会上升，生产情绪反而会降落。因此要发挥减租减息对生产的促进作用，必须防止和纠正"均贫富""吃大户""斗好户"的"左"倾错误的发生。切实区别对待富农经济与地主经济，执行在对富农的租息必须照减和适当改善雇工待遇的条件下，奖励富农发展生产的政策。这样不仅可以解除富农发展生产的顾虑，而且可以保护中农不受侵犯，促进和鼓励中农、贫农积极发展生产。减租减息之后认真执行"从减租减息到发展生产的方针"，政府和农会将工作重心转向领导农民开展生产运动。帮助农民制订生产计划，发放抵制贷款；帮助贫农解决牲畜、农具、种子的不足问题，积极提倡改良农业技术，推广良种，奖励植棉；发展农村供销信用和运输合作，组织农民变工互助，发展生产。同时，政府和农民还要为收租地主向经营地主、富农经济向工商业转化提供方便。使地主从不事生产的寄生阶级向农工商业经营者转化，促进农村经济的发展。

此外，还有放手发动群众与加强党的政策指导相结合的经验，对地主实行又联合又斗争的经验，以及对地主实行区别对待，坚持有理有利有节的原则等经验。这些经验，不仅在抗日战争中证明是完全成功的，而且在以后的农民土地斗争中得到广泛的运用和进一步的发展。

减租减息虽然没有根本动摇和否定地主土地所有制，但是它的实施，唤起了农民的阶级觉悟，发动和组织了农民，建立了农民群众在政治上的优势。有了这些，只要客观环境允许，进一步没收和分配地主的土地，废除地主土地所有制，就比较容易实现。实践证明，在减租减息中，发动和组织农民，建立了农民群众在政治上的优势之后，农民就会起来要求没收和分配地主的土地。在解放战争时期和全国解放以后的土地改革中，减租减息仍是一个必要的准备阶段，即通过减租减息发动和组织农民摧毁地主的封建统治。抗日战争时期减租减息的一整套成功的经验，在以后的土地改革中，也得到广泛的运用。因此，我们可以说抗日战争时期的减租减息，为解放战争时期及其以后的土地改革，积累了经验，创造了前提和条件。

（未发表）

抗日根据地的经济建设与新民主主义经济理论的形成

为了坚持长期抗战，巩固根据地，中国共产党十分重视敌后抗日根据地的各项建设：政权建设、经济建设和文化教育建设。毛泽东指出："共产党领导的统一战线政权，便是新民主主义社会的主要标志。有些人以为只有实行十年内战时期那样的土地革命才算实现了新民主主义，这是不对的。现在各根据地的政治，是一切赞成抗日和民主的人民的统一战线的政治，其经济是基本上排除半殖民地因素和半封建因素的经济，其文化是人民大众反帝反封建的文化。因此，无论就政治、经济或文化来看，只实行减租减息的各抗日根据地和实行彻底的土地革命的陕甘宁边区，同样是新民主主义的社会。各根据地的模型推广到全国，那时全国就成了新民主主义的共和国。"① 抗日根据地经济在发展过程中，政策逐步完善，建立起有别于半封建半殖民地经济的新民主主义经济。抗日战争时期，新民主主义经济建设积累了丰富的经验，对以后解放战争时期解放区的经济建设和中华人民共和国成立后的经济建设都起过重大的历史作用。

一　抗日根据地创建初期的经济政策

在抗日战争初期，中国共产党采取了一系列有利于国共合作、

---

① 《毛泽东选集》（第二卷），人民出版社1991年版，第785页。

团结全国各族人民组成广泛的抗日统一战线，一致抗日的经济政策，改变了第二次国内革命战争时期的没收地主土地，打土豪以充财政经费、征收地主富农钱财等经济政策，实行了适应全国抗战的新形势的经济政策。1937年8月25日，毛泽东在《为动员一切力量争取抗战胜利而斗争》一文中，提出了《抗日救国十大纲领》。有关经济方面的内容是："没收日本在华财产，否认对日债务，废除与日本签订的条约，收回一切租界。""战时的财政经济政策：财政政策是：整顿和扩大国防生产，发展农村经济，保证战时生产品自给。提倡国货，改良土产。禁绝日货，取缔奸商，反对投机操纵。""改良人民生活：改良工人、职员、教员和抗日军人的待遇。优待抗日军人家属。废除苛捐杂税。减租减息。救济失业。调节粮食。赈济灾荒。"①

（一）停止没收地主土地的政策，实行减租减息政策

1937年8月25日，在中共中央政治局洛川会议上，减租减息政策被列入《抗日救国十大纲领》。减租减息政策是在抗日民族统一战线内，调节农民与地主两个阶级之间相互利益和关系的最恰当的政策。它一方面要求地主债主减租减息，减轻对农民的剥削，改善农民的生活，以调动农民抗日与生产的积极性；另一方面，又要求农民在减租减息之后，向地主债主交租交息，照顾地主的利益，保障地主的地权和财权，以争取地主阶级站在抗日一边。

减租减息政策相对于没收地主的土地分配给无地少地的土地改革，是属于改良性的政策。因为它不是取消封建剥削，废除地主土地所有制和消灭地主经济。但是这种改良，已经不是在反动统治下，维护封建土地所有制和封建统治，更不是发展地主经济的改良，而是在中国共产党和抗日政府领导下，为了减轻和限制地主对农民的封建剥削，发动和组织农民群众的力量的优势，打破旧的封建专制统治的改良，因而是一种有利于革命的改良政策。因为它在

---

① 《毛泽东选集》（第二卷），人民出版社1991年版，第356页。

当时是减轻封建剥削和削弱地主经济的最直接、最普遍的方法。

实行减租减息政策就能够减轻地主对农民的封建剥削，把广大农民发动起来，投入抗日救国斗争中去，同时又能够争取地主阶级的大多数站在抗日的一边。它有利于抗日根据地经济的发展，有利于夺取抗日战争的胜利，并为彻底解决农民的土地问题奠定基础。减租减息是对封建土地所有制的一种渐进性的改革。

（二）实行没收汉奸财产筹措经费的政策

没收汉奸的财产，没收日本帝国主义的在华财产，这是当时保障抗日根据地抗日军队的供给的重要来源之一。没收汉奸财产和向汉奸筹款，动员人民群众起来抗日，是巩固和扩大抗日根据地的重要政策。

为了扩大抗日民族统一战线，壮大抗日力量，分化汉奸，在没收汉奸财产，打击汉奸的策略上实行区别对待。1938年10月15日，张闻天在中共六届六中全会上的报告中提出对不同的汉奸采取不同的方针：消灭坚决的、死心塌地的少数汉奸，公布其罪状，没收其财产；争取动摇的与被迫的汉奸，同情抗日，帮助抗日。争取动摇的与被迫的汉奸的方法是，不没收其财产，给他们以自新的道路，这样，动摇的与被迫的就可以回头，随后再坚决处置那些铁杆汉奸，没收其财产。

（三）国防经济政策，建立不脱离生产的自卫军

1937年12月25日中国共产党发表的《中共中央对时局宣言》提出了："实行国防经济政策——首先须努力建立军事工业，加速军事交通和实行战时财政政策。"①

抗日战争初期抗日根据地比较小，几乎没有军事工业。主要是提请国民党政府去实行，支持国民党政府的国防经济政策。1938年3月25日，中共中央向国民党临时全国代表大会致电中，提出希望采纳的八条意见中的第8条就提出："组织抗战的经济基础，

---

① 《中共中央对时局宣言》，1937年12月25日。

建立国防工业,发展国防工业,改进农业。用一切方法提高工业、农业的生产,首先是国防工业的生产。鼓励海外华侨及国内富裕资产者的投资,保护与奖励工商业,发展国家资本,提倡国货,改良土产,调节粮食,推动合作运动,实行节约运动。"①

（四）建立银行,发行货币

1937年9月,陕甘宁边区政府成立,原中华苏维埃共和国国家银行西北分行改为陕甘宁边区银行。陕甘宁边区银行于1938年以"光华商店代价券"名义,先后发行了面值一分、二分至七角五分等六种代价券,信誉良好。实际上起到了本位币的作用,群众称为"光华票"。

各敌后抗日根据地也相继建立银行,发行货币。1938年8月17日毛泽东、洛甫、王稼祥、刘少奇在致聂荣臻、彭真并朱德、彭德怀的《关于晋察冀边区货币政策的指示》中指出:边区货币政策应根据以下原则：（1）边区应有比较稳定的货币,以备同日寇作持久的斗争。（2）边区的纸币数目,不应超过边区市场上需要数量。这里应该估计到边区之扩大和缩小之可能。（3）边区的纸币应有准备金。第一货物,特别是工业品。第二伪币。第三法币。（4）日寇占领城市及铁路线,我据有农村。边区工业品之来源日寇占领地,边区农业产品之出卖地,亦在日寇占领区域。因此边区应有适当的对外贸易政策,以作货币政策之后盾。（5）边区军费浩大,财政货币政策应着眼于将来军费之来源。（6）在抗战最后胜利之前,法币一定继续跌价,法币有逐渐在华北灭迹之可能。杂币更会跌落,伪币亦会有一定程度的跌落。边区纸币如数量过多,亦会跌落。问题中心在于边区纸币应维持不低于伪币之比价。②

---

① 《中共中央致国民党临时全国代表大会电》,1938年3月25日。
② 《关于晋察冀边区货币政策的指示》（1938年8月17日毛泽东、洛甫、王稼祥、刘少奇致聂荣臻、彭真并朱德、彭德怀）,载中央档案馆《中共中央文件选集》（1936—1938）,中共中央党校出版社1984年版,第564—565页。

（五）开源节流，克服财政经济困难

解决财政经济问题，一条是发展生产，即"开源"，另一条是节省支出，即"节流"。为了节流，除发扬艰苦奋斗的作风外，还需要有制度上的保证。1939年6月5日，中共中央书记处发出《中央关于严格建立财政经济制度的决定》①，严格统一收支，严格建立预决算制度，建立会计审计制，厉行节省。"开源"就是发展经济，开展生产运动，只有生产提高了，经济发展了，财政才有可靠的来源。毛泽东1939年6月10日在延安高级干部会议上的报告及结论《反投降提纲》提出当前的任务之一，就是开展生产运动。

（六）实行鼓励私人投资、鼓励私人资本主义发展的政策

毛泽东1939年5月4日在延安青年群众的五四运动20周年的纪念会上，作了题为"青年运动的方向"的讲演中，提出："我们现在干的是资产阶级性的民主主义的革命，我们所做的一切，不超过资产阶级民主革命的范围。现在还不应该破坏一般资产阶级的私有财产制，要破坏的是帝国主义和封建主义，这就叫做资产阶级性的民主主义的革命。""目的就是打倒帝国主义和封建主义，建立一个民主主义的共和国。"②

二 抗日根据地经济政策逐步完善

（一）毛泽东系统地阐述新民主主义革命理论

在1939年10月至1940年1月间，毛泽东先后表了《〈共产党人〉发刊词》《中国革命和中国共产党》和《新民主主义论》等著作，以对中国国情的科学分析为基础，对中国革命的历史进程作了全面的论述，系统地阐述了新民主主义革命理论。

1939年12月，毛泽东在《中国革命和中国共产党》中首次创

---

① 《中共中央文件选集》（第11卷），中共中央党校出版社1986年版，第70页。
② 《毛泽东选集》（第二卷），人民出版社1991年版，第562—563页。

造性地提出"新民主主义革命"概念。中国半殖民地半封建社会的主要矛盾,是帝国主义和中华民族的矛盾、封建主义与人民大众的矛盾,前者又是最主要的矛盾。半殖民地半封建中国的社会性质决定了中国革命必须分为两个步骤:第一步是民主主义革命;第二步是社会主义革命。中国的民主主义革命在1919年五四运动以后,已经不是一般的民主主义革命,而是新民主主义革命,即是无产阶级领导的人民大众的反帝反封建的革命。新民主主义革命的政治纲领是推翻帝国主义和封建主义的压迫,在中国建立一个以无产阶级为领导的、以工农联盟为基础的各革命阶级联合专政的民主共和国。经济纲领是没收操纵国计民生的大银行、大工业、大商业,建立国营经济;没收地主土地,归农民所有,并引导农民发展合作经济;允许民族资本主义的发展和富农经济的存在。文化纲领是废除封建买办文化,发展民族的科学的大众文化。新民主主义革命的发展前途必然是社会主义。

毛泽东指出新民主主义革命"虽然按其性质,基本上依然还是资产阶级民主主义的,它的客观要求,是为资本主义的发展扫清道路,然而这种革命已经不是旧的、被资产阶级领导的、以建立资本主义的社会和资产阶级专政的国家为目的的革命,而是新的、被无产阶级领导的,以在第一阶段上建立新民主主义的社会和建立各个革命阶级联合专政为目的的革命。因此这种革命又恰是为社会主义扫清道路"。

毛泽东在1940年发表《新民主主义论》,运用马克思主义原理,总结了抗日根据地建设的经验,提出了"新民主主义的社会"的概念。这是对根据地社会性质的科学总结。

"在中国建立这样的共和国,它在政治上必须是新民主主义的,在经济上也必须是新民主主义的。""大银行、大工业、大商业,归这个共和国的国家所有。""在无产阶级领导下的新民主主义共和国的国营经济是社会主义的性质,是整个国民经济的领导力量,但这个共和国并不没收其他资本主义的私有财产,并不禁止

'不能操纵国民生计'的资本主义生产的发展,这是因为中国经济还十分落后的缘故。""这个共和国将采取某种必要的方法,没收地主的土地,分配给无地和少地的农民,实行中山先生'耕者有其田'的口号,扫除农村中的封建关系,把土地变为农民的私产。农村的富农经济,也是容许其存在的。这就是'平均地权'的方针。""在这个阶段上,一般地还不是建立社会主义的农业,但在'耕者有其田'的基础上所发展起来的各种合作经济,也具有社会主义的因素。""中国的经济,一定要走'节制资本'和'平均地权'的路,决不能是'少数人所得而私',决不能让少数资本家少数地主'操纵国计民生',决不能建立欧美式的资本主义社会,也决不能还是旧的半封建社会。""这就是革命的中国,抗日的中国应该建立和必然要建立的内部经济关系。""这样的经济,就是新民主主义的经济。"①

毛泽东总结抗日根据地建设的经验,论述了抗日根据地社会性质是新民主主义的社会。

(二) 新民主主义经济建设理论的形成和根据地经济政策的完善

新民主主义革命理论的提出为抗日根据地经济建设理论的形成奠定了基础。首先是在抗日根据地的经济建设中强调要发展资本主义经济。

1940 年 12 月 25 日,毛泽东为中共中央起草的《论政策》的党内指示,阐述了必须避免过"左"、保护资本主义经济发展的政策。关于劳动政策。必须改良工人的生活,才能发动工人的抗日积极性,但是切忌过"左",加薪减时,均不应过多。劳资间在订立契约后,工人必须遵守劳动纪律,必须使资本家有利可图,否则工厂关门,对抗日不利,也害了工人自己。至少乡村工人的生活和待遇的改良,更不应提得过高,否则就会引起农民反对,工人的失业

---

① 《毛泽东选集》(第二卷),人民出版社 1991 年版,第 662—679 页。

和生产的缩小。关于税收政策。必须按收入多少规定纳税多少。一切有收入的人民，除对最贫苦者应该规定免征外，80%以上的居民，不论工人农民，均须负担国家赋税，不应该将负担完全放在地主资本家身上。关于经济政策。应该积极发展工业农业和商品流通。应该吸引愿意来的外地资本家到我抗日根据地开办实业。应该奖励民营企业，而把政府经营的国营企业只当作整个企业的一部分。凡此都是为了达到自给自足的目的。应该避免对任何有益企业的破坏。关税政策和货币政策，应该和发展农工商业的基本方针相适合，而不是相违背。

对农村带有资本主义性质富农经济只是削弱其封建部分而奖励其资本主义部分，以奖励资本主义生产为主。为贯彻中共中央1942年1月发出的关于抗日根据地土地政策的决定，中央于2月4日下达了执行土地政策的指示中说：在经济上，目前我党的政策，"奖励资本主义生产与联合资产阶级，奖励富农生产与联合富农"，以奖励资本主义生产为主，但同时保存地主的若干权利，可以说是一个七分资本、三分封建的政策。[①]

毛泽东在调查研究总结根据地经济建设经验的基础上，在1942年12月陕甘宁边区高干会议期间写成了《经济问题与财政问题》一书，制定了根据地经济建设一系列的经济政策：（1）"发展经济，保障供给，是我们的经济工作与财政工作的总方针。"（2）公私兼顾方针。毛泽东提出："在公私关系上，就是'公私兼顾'，或叫'军民兼顾'。"（3）精兵简政，厉行节约的方针。（4）根据地经济建设的基本方针是发展经济，平衡出入口。（5）以农业为第一位的方针。毛泽东在《经济问题与财政问题》中指出：确定以农业为第一位，工业、手工业、运输业与畜牧业为第二位，商业则放在第三位。（6）发展合作事业，提倡股份制经济。（7）自己动手，解决困难。（8）统一领导，分散经营的管理

---

① 《中共中央关于如何执行土地政策的指示》，1942年2月4日。

原则。

上述方针政策在指导根据地经济建设方面起了重大的历史作用。

三 中共"七大"总结了根据地新民主主义经济建设的经验

经过抗日战争期间各抗日根据地经济建设实践和延安"整风"运动,中国共产党对于中国的国情、民主革命的性质以及中国革命的前途等问题的认识得到进一步的深化,1945年4月召开的中共"七大",标志着中国共产党理论上和政策上的成熟。在大会上毛泽东在总结抗日根据地经济建设基础上对新民主主义经济理论作了比较系统的阐述。1945年4月24日,毛泽东在"七大"会议的书面政治报告和口头政治报告中专门讲到发展资本主义经济的问题。对新民主主义的经济理论又有新的发展。

(一) 明确了新民主主义社会经济的构成

中共"七大"提出,新民主主义社会经济中包括三个组成部分:国家经营、私人经营和合作经营,要发展私人资本主义经济。

毛泽东在《论联合政府》的报告中,有关新民主主义经济理论的论述,比《新民主主义论》又有进一步的发展。他指出:"我们主张的新民主主义的经济,也是符合于孙先生的原则的。在土地问题上,孙先生主张'耕者有其田'。在工商业问题上,孙先生在上述宣言里这样说:'凡本国人及外国人之企业,或有独占的性质,或规模过大为私人之力所不能办者,如银行、铁道、航路之属,由国家经营管理之,使私有资本制度不能操纵国民生计,此则节制资本之要旨也。'在现阶段上,对于经济问题,我们完全同意孙先生的这些主张。""有些人怀疑中国共产党人不赞成发展个性,不赞成发展私人资本主义,不赞成保护私有财产,其实是不对的。民族压迫和封建压迫残酷地束缚着中国人民的个性发展,束缚着私人资本主义的发展和破坏着广大人民的财产。我们主张的新民主主义制度的任务,则正是解除这些束缚和停止这种破坏,保障广大人民能够自由发展其在共同生活中的个性,能够自由发展那些不是'操纵国计民生'而有益于国计民生的私人资本主义经济,保障一切正当的私有财产。""按照孙先生的原则和中国革命的经验,在现阶段上,中国的经济,必须是由国家经营、私人经营和合作社经营三者组成的。而这个国家经营的所谓国家,一定要不是'少数人所得而私'的国家,一定要是在无产阶级领导下而'为一般平民所共有'的新民主主义的国家。"

在具体纲领中,又有较深入的阐述。在谈到土地问题时,他说:"为着消灭日本侵略者和建设新中国,必须实行土地制度的改革,解放农民。孙中山先生的'耕者有其田'的主张,是目前资产阶级民主主义性质的革命时代的正确的主张。""为什么把目前时代的革命叫作'资产阶级民主主义性质的革命'?这就是说,这个革命的对象不是一般的资产阶级,而是民族压迫和封建压迫;这个革命的措施,不是一般地废除私有财产,而是一般地保护私有财产;这个革命的结果,将是使工人阶级有可能聚集力量因而引导中国向社会主义方向发展,但在一个相当长的时期内仍将使资本主义获得适当的发展。'耕者有其田',是把土地从封建剥削者手里转移到农民手里,把封建地主的私有财产变为农民的私有财产,使农民从封建的土地关系中获得解放,从而造成将农业国转变为工业国的可能性。因此,'耕者有其田'的主张,是一种资产阶级民主主义性质的主张,并不是无产阶级社会主义性质的主张,是一切革命民主派的主张,并不单是我们共产党人的主张。所不同的,在中国条件下,只有我们共产党人把这项主张看得特别认真,不但口讲,而且实做。""抗战期间,中国共产党让了一大步,将'耕者有其田'的政策,改为减租减息政策。这个让步是正确的,推动了国民党参加抗日,又使解放区的地主减少其对我们发动农民抗日的阻力。这个政策,如果没有特殊阻碍,我们在战后继续实行下去,首先在全国范围内实现减租减息,然后采取适当方法,有步骤地达到'耕者有其田'。""但是背叛孙先生的人们不但反对'耕者有其田',连减租减息也反对。国民党政府自己颁布的'二五减租'一类的法令,自己不实行,仅仅我们在解放区实行了,因此也就成立了罪状:名之曰'奸区'。""在抗日期间,减租减息及其他一切民主改革是为着抗日的。为了减少地主对于抗日的阻力,只实行减租减息,不取消地主的土地所有权,同时又奖励地主的资财向工业方面转移,并使开明士绅和其他人民的代表一道参加抗日的社会工作和政府工作。对于富农,则鼓励其发展生产。所有这些,是在坚决执行农村民主改革的路线里包含着的,是完全必要的。""两条路线:或者坚决反对中国农民解决民主民生问题,而使自己腐败无能、无力抗日;或者坚决赞助中国农民解决民主民生问题,而使自己获得占全国百分之八十的最伟大的同盟军,借以组织雄厚的战斗力量。前者就是国民党政府的路线,后者就是中国解放区的路线。""农民——这是中国工人的前身。将来还要有几千万农民进入城市,进入工厂。如果中国需要建设强大的民族工业,建设很多的近代大城市,就要有一个变农村人口为城市人口的长过程。""农民——这是中国工业市场的主体。只有他们能够供给最丰富的粮食和原料,并吸引最大量的工业品。""农民——这是中国军队的来源。士兵就是穿起军服的农民,他们是日本侵略者的死敌。""农民——这是现阶段中国民主政治的主要力量。中国的民主主义者如不依靠三亿六千万农民群众的援助,他们就将一事无成。""农民——这是现阶段中国文化运动的主要对象。所谓扫除文盲,所谓普及教育,所谓大众文艺,所谓国民卫生,离开了三亿六千万农民,岂非大半成了空话?"

在谈到工业问题时,他说:"为着打败日本侵略者和建设新中国,必须发展工业。""没有独立、自由、民主和统一,不可能建设真正大规模的工业。没有工业,便没有巩固的国防,便没有人民的福利,便没有国家的富强。""在新民主主义的政治条件获得之后，中国人民及其政府必须采取切实的步骤，在若干年内逐步建立重工业和轻工业，使中国由农业国变为工业国。""中国人民在抗日战争中学得了许多东西，知道在日本侵略者被打败以后，有建立一个新民主主义的独立、自由、民主、统一、富强的中国之必要，而这些条件是互相关联的，不可缺一的。""在新民主主义的政治条件获得之后，中国人民及其政府必须采取切实的步骤，在若干年内逐步地建立重工业和轻工业，使中国由农业国变为工业国。新民主主义的国家如无巩固的经济做它的基础，如无进步的比较现时发达得多的农业，如无大规模的在全国经济比重上占极大优势的工业以及与此相适应的交通、贸易、金融等事业做它的基础，是不能巩固的。""在新民主主义的国家制度下，将采取调节劳资间利害关系的政策。一方面，保护工人利益，根据情况的不同，实行八小时到十小时的工作制以及适当的失业救济和社会保险，保障工会的权利；另一方面，保证国家企业、私人企业和合作社企业在合理经营下的正当的赢利；使公私、劳资双方共同为发展工业生产而努力。"

在谈到"中国解放区的任务"中，提出："为了提高工农劳动群众在抗日和生产中的积极性，减租减息和改善工人、职员待遇的政策必须充分地执行。解放区的工作人员，必须努力学会做经济工作。必须动员一切可能的力量，大规模地发展解放区的农业、工业和贸易，改善军民生活。为此目的，必须实行劳动竞赛，奖励劳动英雄和模范工作者。在城市驱逐日本侵略者以后，我们的工作人员，必须迅速学会做城市的经济工作。"①

（二）论述了三种资本主义的区别

中共"七大"提出，"我们提倡的是新民主主义的资本主义"，"它的性质是帮助社会主义的"，"有利于社会主义发展的"。

---

① 毛泽东：《论联合政府》（1945年2月24日），载《毛泽东选集》（第三卷），人民出版社1991年版，第1057—1091页。

1945年5月31日,毛泽东在大会上作结论时论述了三种资本主义的区别:"资本主义是向下的。经过第二次世界大战,欧洲大陆的资本主义下降了,日本的资本主义下降了,英国的资本主义也下降了。只有美国的资本主义是向上的,它的生产在战争中是它历史上未曾见过的大发展,超过它战前生产的一倍半到两倍。一九二八年繁荣期间,美国的生产总值为六百万万美元,现在有人说是二千万万,有人说是一千八百万万,美国国务卿斯退丁纽斯说是一千五百万万到二千万万……它的生产有这样大的发展,所以说美国资本主义是向上的。""中国也要发展资本主义。中国的资本主义是什么性质?前边说过,世界上的资本主义有两部分,一部分是反动的法西斯资本主义,一部分是民主的资本主义。反动的法西斯资本主义主要的已经垮了。民主的资本主义比法西斯资本主义进步些,但它仍然是压迫殖民地,压迫本国人民,仍然是帝国主义。它一方面打德国,一方面又压迫人民,打法西斯是好的,压迫人民是不好的,在他还打日本的时候,我们也要忍一口气,不提打倒蒋介石。蒋介石搞的是半法西斯半封建的资本主义。我们提倡的是新民主主义的资本主义,这种资本主义有它的生命力,还有革命性。从整个世界来说,资本主义是向下的,但一部分资本主义在反法西斯时还有用,另一部分资本主义——新民主主义的资本主义将来还有用,在中国及欧洲、南美的一些农业国家中还有用,它的性质是帮助社会主义的,它是革命的、有用的,有利于社会主义发展的。"①

(三)提出了欢迎"外国投资"问题

在1945年5月2日《解放日报》发表的文稿《论联合政府》中提到"外国投资是我们所欢迎的"。他说,为着发展工业,需要大批资本。从什么地方来呢?不外两方面:主要是依靠中国人民自己积累资本,同时借助于外援。在服从中国法令,有益中国经济的

---

① 毛泽东:《在中国共产党第七次全国代表大会上的结论》(1945年5月31日),载《毛泽东文集》(第三卷),人民出版社1996年版,第383—385页。

条件之下，外国投资我们是欢迎的。对于中国人民与外国人民都是有利的事业，是中国在得到一个巩固的国内和平与国际和平，得到一个彻底的政治改革与土地改革之后，能够蓬蓬勃勃地发展大规模的轻重工业与近代化的农业。在这个基础上，外国投资的容纳量将是非常广大的。一个政治上倒退与贫困的中国，则不但对于中国人民非常不利，对于外国人民也是不利的。①

（四）提出要"广泛地发展资本主义"

毛泽东在口头政治报告中批判了民粹主义，要广泛地发展资本主义。他说："关于资本主义。在我的报告里，对资本主义问题已有所发挥，比较充分地肯定了它。这有什么好处呢？是有好处的。我是在这样的条件下肯定的，就是孙中山所说的'不能操纵国计民生'的资本主义。至于操纵国计民生的大地主、大银行家、大买办，那是不包括在里面的。""我们这样肯定要广泛地发展资本主义，是只有好处，没有坏处的。对于这个问题，在我们党内有些人相当长的时间里搞不清楚，存在一种民粹派的思想。这种思想，在农民出身的党员占多数的党内是会长期存在的。所谓民粹派思想，就是要直接由封建经济发展到社会主义经济，中间不经过发展资本主义的阶段。"②

他在《论联合政府》中明确地指出，一个共产党人"如果看不起这个资产阶级民主革命而对它稍有放松，稍许息工，稍许表现不忠诚，不热情，不准备付出自己的鲜血和生命，而空谈什么社会主义和共产主义，那就是有意无意地、或多或少地背叛了社会主义和共产主义，就不是一个自觉的忠诚的共产主义者。只有经过民主主义，才能达到社会主义，这是马克思主义的天经地义。而在中国，为民主主义奋斗的时间还是长期的。没有一个新民主主义的联

---

① 《解放日报》1945年5月2日第5版。这一段话在出版的《毛泽东选集》中已删除。

② 毛泽东：《在中国共产党第七次全国代表大会的口头政治报告》，载《毛泽东文集》（第三卷），人民出版社1996年版，第322—323页。

合统一的国家,没有新民主主义的国家经济的发展,没有私人资本主义经济和合作社经济的发展,没有民族的科学的大众的文化即新民主主义文化的发展,没有几万万人民的个性的发展,一句话,没有一个由共产党领导的新式的资产阶级性质彻底的民主革命,要想在半殖民地半封建的废墟上建立起社会主义社会来,那只是完全的空想"。强调"共产党人","不但不怕资本主义,反而在一定条件下提倡它的发展"。"拿资本主义某种发展去代替外国帝国主义和本国封建主义的压迫,不但是一个进步,而且是一个不可避免的过程,它不但有利于资产阶级,同时也有利于无产阶级,或者说更有利于无产阶级。现在的中国是多了一个外国的帝国主义和一个本国的封建主义,而不是多了一个本国的资本主义,相反地,我们的资本主义是太少了。说也奇怪,有些中国资产阶级代言人不敢正面地提出发展资本主义的主张,而要转弯抹角地来说这个问题。另外有一些人,则甚至一口否认中国应该让资本主义有一个必要的发展,而说什么一下就可以到达社会主义,什么要将三民主义和社会主义'毕其功于一役',很明显地,这类现象,有些是反映着中国民族资产阶级的软弱性,有些则是大地主大资产阶级对于民众的欺骗手段。我们共产党人根据自己对于马克思主义的社会发展规律的认识,明确地知道,在中国的条件下,在新民主主义的国家制度下,除了国家自己的经济、劳动人民的个体经济和合作社经济之外,一定要让私人资本主义经济在不能操纵国计生计的范围内获得发展的便利,才能有益于社会的向前发展。"①

毛泽东在中国共产党第七次全国代表大会上有关新民主主义经济理论的论述,是在运用马克思主义的基本原理,深刻总结抗日根据地经济建设实践经验的基础上的伟大创造。

---

① 《毛泽东选集》(第三卷),人民出版社1991年版,第1060—1061页。

四 根据地经济的新民主主义性质及其影响

抗日根据地经济是新民主主义经济，是介于半殖民地半封建经济与社会主义经济之间的一种过渡型经济。随着抗日战争的发展，根据地的建立、巩固和扩大，新民主主义经济不断发展壮大。中国共产党和抗日根据地政府实行发展经济，保障供给的总方针，以及减租减息、互助合作、公私兼顾、劳资两利等一系列方针政策。抗日根据地的新民主主义经济有了较大的发展，具有以下一些特征。

第一，从消灭封建剥削的土地革命政策转变为减轻封建剥削的减租减息政策。通过减租减息，发动了农民群众，建立起农民群众的政治优势，大大提高了农民群众发展生产和参加抗日斗争的积极性。农民所受封建剥削和农业税负担减轻，农民经济状况得到明显的改善，并出现了新的富农经济。

第二，在根据地经济发展中贯彻执行以农业为第一位的方针。对旧的富农经济只削弱其封建部分而奖励其资本主义部分。并在农村经济发展的实践中，总结出了吴满有方向，如邓小平所指出的："吴满有方向就是中共中央土地政策的具体表现"；并将其精辟地概括为三个环节："首先一个就是扶助贫农、中农上升，第二个是奖励富农经济，第三是削弱封建"；"实行彻底减租、扶助贫农生产、组织起来、劳动互助、公私兼顾、精耕细作、多耕多锄、多上粪，就是吴满有方向，就是在实行贫的变富，富的更富的方向"。

第三，为了抗日战争军事斗争的需要和克服财政经济的困难，各根据地建立和发展了各种公营经济。公营经济包括根据地政府经营的工业（包括为支援抗日军事斗争的军事工业、盐业、食品加工业、日用品工业）、商业、交通运输业和银行；军队经营的农场、工业、商业和运输业；党政机关、学校经营的自给性农工商业。毛泽东在《经济问题与财政问题》中称根据地的公营经济是"新式的国家经济的模型"，"这种模型之所以为新式，就是说，它不是俾斯麦式的旧型的国家经济,也不是苏联式的最新型的国家经济,而是新民主主义的或三民主义的国家经济"。对公营经济实行"统一领导,分散经营"的管理原则。

第四,抗日根据地经济发展中提出了"发展合作事业,提倡股份经济"的政策。根据地合作社经济得到较快发展,在农业生产中发展了农业生产互助组(包括临时互助和常年互助组)和以土地入股为特征的农业生产合作社。在流通领域发展了供销合作社和信用合作社;在手工业中发展手工业合作社。关于合作社的性质,毛泽东指出它是建立在个体经济基础上(私有财产基础上)的集体劳动组织。一方面它不破坏个体的私有财产基础,以个体经济为基础;另一方面它是劳动群众自愿结成的组织,是许多劳动者共同的财产,集体互助没有剥削关系。

第五,对私人资本主义经济实行保护和鼓励的政策,私营工商业得到恢复和发展。各根据地先后提出:"奖励民营企业""扶助私人资本""奖励私人企业""承认资本主义生产方式的存在""奖励和保护民族资本主义的发展""保护私人工商业的自由营业"等政策,都是要保护和奖励私人资本主义的发展。毛泽东指出:"国营经济和合作社经济是应该发展的,但在目前的农村根据地内,主要的经济成分,还不是国营的,而是私营的,而是让自由资本主义经济得着发展的机会,用以反对日本帝国主义和半封建制度。这是目前中国的最革命的政策,反对和阻碍这个政策的施行,无疑义地是错误的。"① 这就是说,把自由的资本主义经济发展,看得比公营经济和合作社经济还要重要的"主要经济成分"。

第六,在公私经济发展中提出了"公私兼顾"和"军民兼顾"的方针。在公营经济的发展中,曾一度出现垄断统治与民争利的现象,即时得到纠正。公营经济必须大力发展,但发展经济的重心,

---

① 毛泽东:《农村调查》序言和跋(1941年4月19日),载《毛泽东选集》(第三卷),人民出版社1991年版,第793页。

是促进个体经济、私人资本主义经济和合作经济等民营经济的发展。任何公营的工农商业的发展，绝不是垄断统治的与民争利的，公营经济与民营经济密切联系，指导和帮助民营经济的发展，同时限制民营经济中的不良现象，以领导和推动抗日根据地经济的发展。在公私兼顾的方针下，各根据地在战争环境下创造了公私合营工业、公私合营商业等新的经济形式，在促进根据地经济的发展中起了重大的作用。

第七，根据地经济发展中财政税收政策不断完善和丰富。抗日根据地实行"发展经济，保障供给"的财政工作总方针。在税收政策上，废除旧的苛捐杂税，利用和改良旧的税制、建立新税制，实行合理负担政策，逐步实行统一累进税，为新民主主义经济的财政税收建设创立了良好的基础。

第八，抗日根据地的金融业得到发展。各抗日根据地建立银行，发行货币，开展对敌伪的货币斗争。各抗日根据地经历了整理货币市场，排挤、肃清敌伪货币，肃清各种杂钞，建立统一本位币市场。根据地银行开展储蓄、贷款和汇兑业务，扶持生产，发展贸易，繁荣市场，促进了根据地经济发展。

第九，抗日根据地经济开始形成了比较完整的新民主主义经济形态。主要由公营经济、私人资本主义经济、合作社经济、个体经济以及公私合营经济所构成。公营经济主要包括工业、商业、银行、交通运输业等企业。公营经济具有社会主义性质，是新民主主义经济的领导成分。抗日根据地政府积极发展公营经济，在创办公营经济过程中，积累了较为丰富的管理企业的经验。

抗日根据地新民主主义的经济结构是中国共产党领导中国人民改造半殖民地半封建经济和经济建设实践的产物，是在探索中国经济发展道路的过程中反复实践不断总结正反两方面经验的产物，是中国共产党和人民群众智慧的结晶。抗日根据地经济建设的发展，一是为抗日战争的胜利奠定了可靠的物质基础；二是改善了以农民为主体的人民群众的生活，巩固了工农联盟，保证了无产阶级对农民的领导；三是根据地在经济建设中建立和壮大了公营经济，实现了公营经济对私营经济和个体经济的领导；四是积累了领导经济工作、财政工作和管理工商业的经验，造就了一大批经济建设干部，为解放战争时期解放区经济建设和中华人民共和国成立后的经济建设创造了条件。抗日根据地的新民主主义经济建设还向中国人民展示了一条新民主主义经济现代化的道路。这就是开展新民主主义革命，建立新民主主义社会，在此条件下大力发展社会主义性质的国营经济，发展有利于国计民生的私营经济，并引导个体经济向现代经济的方向转化；同时积极发展合作社经济，以促成经济的发展和社会的进步。抗日根据地新民主主义经济的发展，为解放战争时期解放区经济建设和中华人民共和国成立后的经济建设积累了丰富的经验。

（原载陈廷煊《抗日根据地经济史》，社会科学文献出版社2007年版）

建国初期新解放区农村的清匪反霸减租退押斗争

一 清匪反霸、减租退押是新区土地改革的必要准备

新解放区系指1949年4月以后,中国人民解放军进军华东、中南、西北、西南新解放的广大尚未实行土地制度改革的地区。这些地区,当时具有以下几个特点。

第一,社会秩序混乱、环境很不安定。

国民党反动派是不甘心他们在大陆的失败的。在全国解放前夕,国民党行政院提出所谓"战时施政方针":"实行军政配合,加强省县职权、发展民众武装,进行敌后游击、贯彻总体战"。他们的所谓"民众武装"就是政治土匪,所谓"敌后游击"就是在解放区进行骚扰破坏;所谓"军政配合""贯彻总体战",就是要使这种特务性的土匪武装与残留的地方反动政权及各种反动势力勾结起来,进行祸国殃民的罪恶活动。国民党军队在溃败中,即有计划地潜藏大批武装特务,与各地土匪相结合,进行反革命破坏活动。在西南地区解放前夕,蒋介石曾亲自来部署"应变计划",在成都陆军军官学校和贵阳市开办"游击干部研究班"训练武装特务,土匪骨干分子,共达4700余人,分发枪支秘密派遣各地,网罗土匪、恶霸、逃亡地主、兵痞、流氓,利用封建迷信团体,胁迫落后群众,举行武装暴动,妄图伺机配合逃至台湾的国民党残余军队反攻大陆。据1950年年初统计,经过1949年的剿匪斗争以后,

全国仍有土匪武装 100 万人以上，其中，华东区 5.9 万多人，中南区 28.8 万多人，西北区 4.2 万多人，西南区 65.5 万多人，华北区 2 万多人①。中华人民共和国成立初期，这些土匪十分猖獗，危害极大，主要进行以下破坏活动：①袭击新生的人民政府机关，杀害干部和农民积极分子。②破坏交通道路，袭击车辆和船只，抢劫运输物资。③袭击、抓捕和杀害解放军零星外出人员，骚扰与阻止人民解放军的作战行动。④扰乱社会治安，绑架勒索群众财物，奸淫妇女，制造恐怖气氛、威慑群众。⑤制造谣言、欺骗群众，组织迷信团体，煽动群众，组织武装暴乱。土匪的骚扰破坏，使新解放区社会环境极不安定。

第二，广大农村基层政权尚来不及改造。许多基层政权仍为地主阶级操纵控制。在土匪横行的地区，地主阶级当权派与土匪有或明或暗的勾结，土匪依靠恶霸地主作掩护，恶霸地主则利用土匪当爪牙、打手，作为统治农民的工具。在边远山区，恶霸地主与土匪公开勾结，与人民为敌。在人民解放军和人民政府军事政治力量的控制区域，未经改造的政权，虽然在表面上不得不接受县、区人民政府的领导，不得不执行人民政府征收公粮、筹款、派差的任务。但是，其中绝大多数仍为地主所控制，对人民政府的政令和下达的应完成的任务，采取敷衍、拖延的对策。广大人民仍处于被统治的无权地位。

第三，新解放区广大农民尚未组织起来。由于国民党政府的长期反动统治和欺骗宣传，广大群众对中国共产党、人民解放军，存在着不同程度的疑惧，农民阶级觉悟比较低。加上，农村社会环境不安定，农村基层政权尚未改造，农民尚处于被统治无权地位，存在着很多的顾虑，还不敢起来为改变自己的地位，摆脱封建统治而斗争。更谈不上具有为了获得土地、没收和分配地主阶级的土地、消灭封建的土地制度而斗争的阶级觉悟。

---

① 石玉山：《剿灭土匪，巩固新生的人民政权》，《党的文献》1990 年第 6 期。

第四，新解放区农村干部缺乏。新解放区面积广大，人口众多，远远超过原来的老解放区，从老解放区不可能抽调很多农村干部到新解放区，而且老区干部对新区的社会、政治、经济和历史情况比较生疏，需要调查研究，熟悉新区情况，并与当地的农村干部相结合，才能担负起领导新区农民起来改造原来的基层政权，建立农民自己的组织——农民协会，并使农民摆脱封建剥削和压迫的严重任务。新区农村干部的发现和培养，也需要经历一个较长时期的农民群众斗争才有可能完成。

早在解放战争时期，1948年5月25日中共中央总结了解放区土地改革的经验，提出只有具备以下三项条件的地区，才能划入土地改革的范围：第一，当地一切敌人武装力量已经全部消灭，环境已经安定，而非动荡不定的游击区域；第二，当地基本群众（雇农、贫农、中农）的绝大多数已经有了分配土地的要求，而不只是少数人有此要求；第三，党的工作干部在数量上和质量上，确能掌握当地的土地改革工作，而非听任群众的自发活动。如果某一地区，在上述三个条件中，有任何一个条件不具备，即不应被列入当年土地改革的范围。

1949年3月5日毛泽东在中共七届二中全会上针对即将解放的广大南方新解放区的情况指出："南方和北方的情况是不同的，党的工作任务也必须有所区别，在这里党和人民解放军的任务是在城市和乡村中消灭国民党的反动武装力量，建立党组织，建立政权，发动民众建立工会、农会和其他民众团体，建立人民武装力量，肃清国民党残余势力，恢复和发展生产事业。在乡村中，则是首先有步骤地展开清剿土匪和反对恶霸即地主阶级当权派的斗争，完成减租减息的准备工作，以便在人民解放军到达那个地区大约一年或者两年以后，就能实现减租减息的任务，造成分配土地的先决条件；同时必须注意尽可能地维持农业生产的现有水平不使降低。"这就为南方新解放区如何创造土地改革的条件，提出了切合实际的方针和策略步骤。

新区的土地改革为什么必须具备以上三个条件？为什么必须先经过清匪反霸、减租退押斗争的过渡步骤？是有深刻的原因的。

土地改革是一场推翻封建地主阶级的政治统治，废除封建土地制度的深刻的社会变革。第一，需要有一个安定的农村社会环境。为此就必须消灭国民党的残余武装力量和土匪，以消除造成农村社会环境不安的根源。第二，实行土地改革需要唤起广大农民群众（包括雇农、贫农和中农）的阶级觉悟，组织起农民基本群众的队伍。来完成这一深刻的社会变革，使土地改革真正成为农民群众的自觉行动，而不致成为少数勇敢分子脱离广大农民群众的盲目行动。而广大农民群众能否积极起来参加土地改革，又取决于国民党残余武装力量和土匪是否消灭，社会环境是否安定。土匪不消灭社会不安定，农民的顾虑不可能消除。第三，实行土地制度的改革，需要有正确的没收和分配土地的政策和策略指导，为此，就要有一支能够熟悉当地农村情况，正确贯彻实行政策和策略的农民干部队伍，以保证土地改革的顺利实现，排除各种错误倾向的干扰。

上述三个条件不可能自发地出现，需要中国共产党依靠和发动广大农民群众在斗争中创造出来，第一，需要集中力量消灭国民党残余武装力量——土匪特务，并结合反霸斗争肃清各地潜藏的武装匪徒，以创造出安定的社会环境。第二，通过反霸斗争，初步改造农村基层政权，反对恶霸即反对地主阶级当权派，推翻地主阶级的政治统治，使广大农民在政治上翻身，当家做主，从而启发广大农民的阶级觉悟，调动起广大农民的反封建的积极性，并在斗争中建立起农民自己的组织——农民协会。第三，在清匪反霸斗争中，发现和培养农民积极分子，使他们在斗争中经受考验，从中选拔农村基层干部，为初步改造农村基层政权创造干部条件。

总之，通过清匪反霸斗争，可以安定社会环境，初步提高农民的阶级觉悟，选拔和培养农民干部，初步改造农村基层政权，为下一步发动农民减租退押斗争做好准备。

如果说，反霸斗争是反对地主阶级当权派斗争，那么减租退押斗争就是组织农民向整个地主阶级的剥削作斗争。减租退押斗争，虽然还不是完全取消封建剥削，消灭地主经济，但是，它明确宣布地租剥削要减轻，租地押金不合理、不合法要退还农民，这就是对地主地租剥削的动摇和否定。抗日战争时期和解放战争时期的经验证明，通过减租退押斗争可以进一步启发农民群众的阶级觉悟。在减租退押斗争中，通过揭露地主剥削农民的种种行径，用农民终年劳累不得温饱的切身痛苦，对比地主不劳而获的寄生腐朽生活，开展算封建剥削账，诉阶级压迫苦，使广大农民认识到他们受剥削、受压迫的根源，是封建的土地制度。而减租退押斗争的胜利，使农民获得实际的经济利益，从而调动起农民为进一步获得土地，根本废除地主土地所有制而斗争的积极性。

经验还表明，通过减租退押斗争，可以进一步把农民组织起来，以确立贫农、雇农和中农基本群众在农村中的政治优势，根本改变过去地主与农民之间的统治与被统治的关系，进一步改造农村基层政权，废除旧的保甲制度。

通过减租退押斗争，可以进一步培养和选拔一批立场坚定、办事公道的农民干部，并让他们在实际斗争中学习本领、增长才干，使其成为懂政策、有能力、密切联系群众的农村基层干部。这样一批扎根于农民群众中的农村干部队伍的形成，就为进一步实行没收和分配地主的土地，彻底废除封建土地制度，准备了干部条件。

因此，清匪反霸斗争和减租退押斗争，是在新区实行土地制度的改革，必须经过的过渡步骤。搞好了清匪反霸斗争和减租退押斗争，没收和分配地主的土地就比较容易实现。

二 清匪反霸斗争在新区的开展

（一）清匪反霸斗争的任务和目的

如前所述，在新解放区存在着国民党残余武装特务和占山为王的惯匪，达100万人以上。他们与新生的人民政府为敌，袭击人民解放军外出人员、杀害干部和群众积极分子，绑架勒索群众，破坏交通，抢劫财物、制造谣言、煽动群众、组织暴乱。尤其是在朝鲜战争爆发以后，这些土匪特务的破坏活动更加猖獗，它们勾结各地的恶霸、地主、流氓，采取土匪游击战争的方式，妄图配合窃踞台湾的国民党残余军队反攻大陆。在土匪控制的地区，人民政府的政令无法推行，旧的反动政权不能改造、人民的负担很难减轻和公平、救灾治水等工作无法展开，城乡交流中断，市场萧条、生产无法恢复。土匪成为当时人民的最凶恶的敌人。毛泽东1950年6月6日在中共七届三中全会上指出，国民党反动派在大陆若干地区内采取了土匪游击战争的方式，煽动了一部分落后分子，和人民政府作斗争。国民党反动派又组织许多秘密的特务分子和间谍分子反对人民政府，在人民中散布谣言，企图破坏共产党和人民政府的威信，企图离间各民族，各民主阶级、各民主党派，各人民团体的团结和合作。特务和间谍们又进行了破坏人民经济事业的活动。对于共产党和人民政府的工作人员采取暗杀手段，为帝国主义和国民党反动派收集情报。他提出，必须坚决地肃清一切危害人民的土匪、特务、恶霸及其他反革命分子。

土匪是国民党的残余武装，它与恶霸、反革命分子构成三位一体的反动统治势力。在一些边远山区匪患严重的地区，土匪是三位一体反动统治势力中的主体。因此清匪反霸的首要任务是以军事力量剿灭股匪，消灭国民党残余武装力量，以安定社会环境。

消灭股匪之后，还要进一步肃清遣散的土匪，尤其要捉拿或镇压潜藏的匪首，防止他们重新纠集继续危害人民，破坏社会治安。在匪患严重的地区，潜藏的土匪大多与当地的恶霸即地主阶级当权派相勾结，或为恶霸所掩护，或成为恶霸统治人民的工具。因此，肃清散匪要与反对恶霸即地主阶级当权派的斗争相结合。

反霸斗争就是反对地主阶级的当权派的斗争。通过反霸斗争打倒地主阶级的政治统治，摧毁旧的封建性的保甲制度，将地主阶级当权派统治的旧的基层政权，改造为农民群众当家做主的人民民主政权。因此,初步改造旧的农村基层政权就成为清匪反霸斗争的重要任务。

反霸斗争,打倒地主阶级当权派的统治,改造农村基层政权,是一场深刻的农村社会变革。实现这一变革,必须唤起贫农、雇农、中农的阶级觉悟,调动起广大农民群众的积极性,把广大农民组织起来,成立农民协会,以形成农民群众的优势,根本改变过去地主与农民之间的统治与被统治的关系,同时通过反霸斗争,打倒地主阶级当权,才能促使农民的觉醒,使农民亲眼看到,这些昔日当权人物,不过是"纸老虎",亲自体验到农民群众团结起来的力量,提高斗争信心和勇气。在斗争中发现和培养农民积极分子,并从中选拔阶级觉悟高,组织纪律性强,办事公道,密切联系群众的农村基层干部。

总之,清匪反霸斗争的目的在于:安定农村社会环境,提高农民的阶级觉悟,培养选拔农村基层干部,初步改造农村基层政权,为下一步发动农民进行减租退押斗争准备条件。

(二) 清匪斗争的政策及实施

对于新解放区的严重匪患和清匪斗争,中共中央早有预见和部署。早在1949年3月中共七届二中全会上毛泽东就指出:"在农村中则是首先有步骤地展开清剿土匪和反对恶霸即地主阶级当权派的斗争,完成减租减息的准备工作。"中共中央华东局1949年4月1日发出的关于江南新区农村工作的指示中提出要"采取政治军事双管齐下的办法,坚决地消灭国民党和地主阶级的反动武装力量,和有步骤有方法地肃清匪患。"

为了正确地指导清剿土匪的斗争,中共中央及时地制定了清剿土匪的方针和政策。关于清剿土匪的基本方针是:"军事打击、政治争取与发动群众相结合。"这一方针在不同的地区,即匪情严重程度不同的地区,军事打击、政治争取与发动群众三者之间,各有不同的侧重点。例如,在匪情严重的地区,要以军事打击为主,政治争取为辅,军事政治双管齐下,在一般情况下,则以政治争取为主,军事打击为辅;在实行军事打击和政治争取的同时,均应充分发动群众。尤其是在那些群众被土匪裹胁较严重的地区,必须首先重视对群众的教育和发动。只有教育和发动了群众,使广大群众提高了阶级觉悟,与匪首和惯匪划清了界限,并起来投入清匪斗争,才能从根本上清除土匪生存和活动的条件。

关于清匪反霸的政策,中共中央规定:"实行镇压与宽大相结合的政策,即首恶者必办,胁从者不问,立功者受奖的政策。"各地根据上述政策,制定了具体的条例和办法。1949年9月6日,华东军区制定的《惩治土匪暂行条例》规定:"凡以武装反抗人民政府,危害人民利益,扰乱社会治安者,概以匪论",对"为首组织及率领土匪武装,进行武装暴动"及其他罪行造成"重大损失者""处死刑"。被胁迫犯罪者。"得按其情节轻重及悔悟程度,予以减刑或免刑。""率领同伙来归,或交出武器,向人民政府自首悔过者,得按情节轻重及悔悟程度,减刑或免刑。""自首立功者可将功折罪,并可按其立功大小予以奖励","劝说瓦解匪特来归向人民政府悔过自新者受奖"。

1950年3月18日中共中央关于剿匪的指示中对剿匪政策作了以下规定:"对于一切手持武器聚众对抗,向我公安机关和干部进攻,抢劫物资之匪众,必须给以坚决的镇压和剿灭","在捕获这些匪众后必须严加追问,以便捕获其首要和组织者处以极刑"。"进行反革命活动和组织有确实证据者,须处以极刑或长期徒刑。为了反革命目的而杀害我们的干部,破坏工厂、仓库、铁路、轮船及其他公共财产者,一般应处以死刑。""对于土匪过去的犯罪行为,只要他们投降改邪归正,一般是可以既往不咎的,但对于继续抵抗的土匪首领,有政治背景的土匪分子,窝藏与勾结土匪的豪绅地主,继续抵抗不愿改邪归正的惯匪,应加以严厉处罚,处以长期徒刑或死刑。"

在一些边远山区大多数群众被土匪裹胁的地区,在清匪政策上,首先要分清匪、民。把那些被迫替土匪扛枪、做工、站岗放哨的群众解脱出来，摘去土匪的"帽子"，通过教育，启发群众觉悟，起来揭发土匪罪行。其次，分清主、从。争取胁从，孤立罪首，首恶必办。以达到争取多数，打击少数，利用矛盾，各个击破，彻底清除的目的。

新解放区清剿土匪的斗争，以人民解放军1949年4月21日渡江作战，追灭国民党残余军队，解放广大江南新区为起点。人民解放军在进军途中，就抽调一部分军队执行新区的清剿土匪任务。当时初到新区，主要以军事打击为主，截至1950年5月一年多时间内，人民解放军在消灭了183万国民党反动派的军队的同时，就消灭了98万土匪游击队。

朝鲜战争爆发以后，特别是美帝国主义在朝鲜仁川登陆以后，各地土匪特务反革命分子的破坏活动更为猖獗。加上前一时期在清匪政策的执行上过于宽大，有的被俘释放匪首，又重新纠集匪徒，危害人民。广西桂北地区匪首李基被俘释放后，重聚匪众，不到一个月，就杀害群众数百人，烧毁民房千余间。"宽大无边"、助匪凶焰，群众不满，引起中共中央的高度重视。根据抗美援朝以后匪情发展，以及蒋介石残余军队可能登陆进犯，毛泽东亲自起草电文，分别对中南、华东的剿匪斗争发出指示。1950年11月4日在关于肃清广西匪患和增强广东兵力致叶剑英等的电报中指出，要端正政策，改善干部工作作风，希望六个月内能够肃清主要匪患。同月17日在关于加强华东军区领导和做好剿匪工作致陈毅、饶漱石的电报中指出："闽浙两省剿匪工作极为重要，特别是福建匪患必须使用四五个主力师用全力穷追猛打、限期肃清。"1951年1月28日，毛泽东对西南军区剿匪工作发出嘉奖电，指出"路线正确、方法适当"，"成绩极大"。各地根据毛泽东的指示加强了清剿土匪工作的领导，展开了轰轰烈烈大规模的剿灭土匪的斗争。这一斗争在各地大致经历了以下三个阶段。

1. 集中兵力，重点进剿。在匪情严重的地区，经过周密侦察以后，对大股土匪采取奔袭、追击等手段，给以歼灭性打击，使其失去集中活动的能力。广西根据毛泽东限期肃清的指示以"集中对集中"的办法，对十万大山、六万大山、大容山、大瑶山等地区的股匪进行了重点进剿，70天内歼匪55891人。其中对大瑶山地区土匪的重点进剿是有代表性的一仗。当时这一地区聚集股匪2万余人。而且还有许多匪首聚集在此。由广西军区副司令员李天佑、省委副书记何伟统一指挥14个半团的兵力，在地方武装、民兵和广大群众的配合下，对匪区构成了一道周长500公里的大包围圈。然后实行分割包抄，拉网扫荡，经十多天的战斗一举歼灭土匪军长以下13000多人，"广西游击联军"总司令黄品琼等顽固匪首困死在深山中。其他地区在重点进剿阶段也都取得了重大的胜利。这一阶段，各地消灭了集股活动的土匪数十万人，使其失去集中活动的能力，消除了严重的匪患，有力地支援了抗美援朝战争的胜利进行。

2. 分区驻剿。大股土匪被歼灭和击溃以后，人民解放军针对匪情的变化，改重点进剿为分区驻剿，以分片包干的办法，加强对面的控制，使分散活动的土匪无法集股再起，使胆敢再行暴乱的土匪得以及时平息。同时深入发动群众，开展强大的政治攻势，以争取零星股匪投诚。在平原地区发动群众开展村与村、乡与乡、区与区之间的民兵联防，使零星散匪无处躲藏。西南、中南和华东地区驻剿部队根据当地山多林密，少数民族众多，土匪多利用各省区交界处集结活动的特点，在当地党委统一领导下，组成军队、地方联合剿匪指挥机构，实行点面结合、小型合击等办法进行反复会剿，以连排班为单位划分地段分散驻剿，同时展开政治攻势、宣传镇压与宽大相结合的政策，促使土匪投降自新。经过以上斗争，歼灭了许多小股土匪，促使一些土匪投诚。即使一些顽固匪首妄图集股发动暴乱的也能很快平息。1951年1月川西靖化（今金川）懋功地区的匪特，及川康甘青四省逃窜到这里的恶霸地主与惯匪互相勾结，发动暴乱。川西军区迅速调集部队很快平息，歼灭"反共联盟军"副总司令刘野樵以下土匪3000多人。

3. 结合反霸斗争，清除潜散的土匪。经过重点进剿和分区驻剿之后，残存的土匪特务多属漏网匪首、隐散的特务等顽固不化的反革命分子。他们转入隐蔽活动，有的潜入深山密林，有的藏入地洞，有的逃往别处隐伏。彻底清查这些潜藏的土匪，清除隐患，必须与反霸即反地主当权派的斗争密切结合。在有土匪活动和潜藏的地区，土匪往往与当地恶霸相互勾结，不反对恶霸，群众不易发动起来，只有除掉了恶霸，才能使土匪失去赖以生存和活动的社会条件，从而摧毁土匪滋生存在的社会基础。在反霸斗争中，废除旧的乡保政权组织，旧乡、保人员集中管训，分别处理。旧乡保武装缴械集训，彻底改编。西南区在县区乡三级建有党外民主人士参加的清匪委员会，村有清匪小组，区有捕捉队。各地建立清匪情报站和检查站。与此同时各地开展捕捉匪首与镇压匪首运动，在清剿中严密搜捕，盘查行人，依靠群众及投降自新的匪众检举指认，发动群众积极参加侦察匪踪、捕捉匪首。还普遍组织便衣捕捉队，掌握有关匪首的各种材料，熟悉匪首相貌特征，为专门捕捉某一匪首，不受地区、时间的限制，对逃到外县外省的匪首，穷追到底，直到捉拿归案绳之以法为止。通过以上斗争最终根绝了匪患。

到1952年年底大规模清剿土匪的斗争基本结束，全国共歼灭土匪261.59万余人，其中西北区9.09万人，西南区116万余人，中南区115万余人，华东区24.6万余人，华北区2.9万人。这样，不仅消灭了国民党残余武装特务土匪，同时清除了历史上长期以来危害人民的惯匪。从而，巩固了新生的人民民主专政的政权。

（三）反对恶霸斗争的政策及其实施

如前所述，在有土匪活动和隐藏的地区，在清匪斗争的后期就开展了反对恶霸的斗争。那时的反霸斗争是作为深入清匪斗争的一个阶段，同时也就是清匪斗争的继续和发展。

中央人民政府政务院关于划分农村阶级成分的决定中指出："凡称恶霸，是指依靠或组成一种反动势力，称霸一方，为了私人的利益经常用暴力和权势去欺压与掠夺人民，造成人民生命财产之重大损失,查有实据者。"一般来说,恶霸即是地主阶级的当权派。但是,地主当权派不一定都是恶霸,或者因为他当权不久,"尚未造成人民生命财产之重大损失",或因为地主当权派中的派系斗争,为笼络群众以伪善面目出现,尚未能"称霸一方"。同时,也有一些并不是当权派的恶霸地主,他虽不是乡长、保长,但他拥有自己的武装。或者是过去的当权派,现在的在野派,仍然骑在农民头上作威作福,欺压农民,为农民所痛恨。

反恶霸斗争的发动和开展,关键是提高农民群众的觉悟和组织程度,激发贫苦农民的阶级仇恨,实行正确的政策和策略,使斗争沿着正确的轨道发展。

首先,要正确区分恶霸与非恶霸的界限,防止扩大打击面。严格区分经常用暴力和权势去欺压与掠夺人民的恶霸罪行与流氓、狗腿子依仗恶霸势力对群众的欺骗、敲诈勒索行为。将可以争取教育的流氓、狗腿子与恶霸区别开来。还要区别恶霸分子与一般的地主分子。据各地调查,恶霸地主一般只占地主分子的10%。

其次,对不同的恶霸分子实行不同的处置办法。主要根据恶霸分子的罪恶大小及其所犯罪行的危害程度,受害群众的广度和深度、群众痛恨程度,在经过群众检举揭发批判斗争之后,由人民法庭分别判处死刑或有期徒刑,或在区、乡集中管训,或交群众管制。毛泽东1951年2月22日致中南局电中指出:凡与剿匪有关的一切恶霸(即通匪恶霸——引者注)均可由军区、军分区的军事法庭判处死刑。乡村中普通恶霸及不法地主情节较轻者,可暂由农民斗争监视,及由人民法庭判处一定徒刑。罪大恶极,不杀不足以平民愤的大恶霸,经过农民群众检举揭发斗争之后,由人民法庭判处死刑。通匪窝匪或直接掌握策动土匪的恶霸,应坚决斗争,从严处理,罪行严重的由人民法庭判处死刑。罪行严重,民愤较大的恶霸分子,经过群众斗争以后由人民法庭判处有期徒刑。一般恶霸分子,罪恶不大,经过群众斗争,低头认罪,并赔偿受害群众经济损失之后,交由区乡集中管训或群众管制、监督劳动,给予生产自新之路。

反恶霸斗争是对地主阶级政治统治的斗争，其目的在于从政治上打倒国民党反动统治的基层政权，废除旧的保甲制度，通过斗争改造旧的政权，建立新的以农民基本占优势的人民民主政权。因此在反霸斗争中，除收缴恶霸枪支外，将旧乡保人员集中管训，分别处理；对旧乡保武装缴械集训，彻底改编，并在斗争中建立和发展农民协会、妇女会、青年及少年儿童组织，建立民兵组织和地方武装力量。

在反恶霸斗争中，对恶霸的土地财产的处理，实行区别对待的政策。1950年4月27日华东新解放区农村减租条例规定："凡豪绅恶霸恃强霸占农民的土地及财产，经农民告发，当地农民协会证明，区人民政府调查属实，报请县人民政府批准者，得由原主无代价收回。"对罪大恶极被判处死刑或有期徒刑的恶霸地主，经县人民政府批准，没收其土地财产，但是须留下其家属维持生活的必需的土地财产。一般恶霸地主的土地财产在土地改革以前暂不没收，但对其依仗权势抢占掠夺和敲诈勒索农民的土地和财物，进行清算斗争，如数退还给受害农民；没收其贪污的公共财物。非地主成分的一般恶霸分子，经过群众斗争，低头认罪以后，不没收其土地财产，但须退出侵吞的赃款、赃物，赔偿给受害农民。

没收恶霸分子的土地和财产分配办法如下：恶霸的土地没收以后，在土地改革以前仍归原佃户耕种，如系恶霸自己经营的土地，则分给无地农民耕种，如系恶霸掠夺受害农民的土地，则退还原主。没收恶霸的财物，除了其中直接掠夺侵占受害农民的财物退还原主之外，主要用于帮助贫苦农民解决生产中的困难，缺多补多，缺少补少，用于发展生产。

反恶霸斗争的策略总的是，最大限度地孤立恶霸分子，团结一切可以团结的力量，建立广泛的反恶霸的统一战线。在斗争中依靠贫农、雇民、团结中农和一切可以团结的力量包括地主阶级中的开明绅士在内。1949年4月1日，中共华东局关于江南新区农村工作的指示中指出："对农村中的开明绅士和比较进步的知识分子，他们在全国胜利的形势下，可能要求靠近我们，我们不应拒绝同他们合作，……因为这些分子往往是地方的在野派，与他们的合作，既能分化地主阶级，又能在反对地主阶级当权派的斗争中，起其一定的作用。"吸收地主阶级中的开明士绅参加反霸斗争，有利于最大限度地孤立恶霸分子，团结一切可以团结的力量。反恶霸最先的打击对象，一般集中在那些罪大恶极、民愤极大、危害范围最广的在全乡、全区甚至全县有重大影响的统治人物，或者拥有武装，对抗人民政府，继续欺压人民的恶霸分子，暂时麻痹或中立那些尚未公开抵抗和继续作恶的分子，或者是过去的当权人物。这样，有利于分化瓦解，各个击破。

在新区开展反霸斗争，先集中干部力量，突破一点，取得经验，再逐步推广。一般做法是，干部深入农民中，从调查恶霸的罪行入手，通过访贫问苦个别发动，逐步串联，把贫农、雇农以及受恶霸之害的农民组织起来，开展诉苦教育，启发农民的阶级觉悟。必要时对查有实据的罪大恶极的恶霸分子，由人民政府拘捕，再有组织有准备地召开群众大会斗争恶霸分子。根据恶霸罪行及其危害的大小，斗争大会由村农民协会主持召开或由联村农民协会共同召开。由受害农民苦主上台面对面地检举揭发控诉恶霸的罪行。通过会上苦主们的控诉，以苦引苦，激发农民对恶霸罪行的仇恨，使世世代代被奴役被欺压的贫苦农民，扬眉吐气地上台与恶霸分子开展面对面的说理斗争。昔日在农民头上作威作福的恶霸分子在大量人证物证面前不得不低头认罪，威风扫地。

有的地区为了推动反恶霸斗争的开展，在重点试验村斗争恶霸分子的群众大会上，对查有实据的罪大恶极、不杀不足以平民愤的恶霸分子，在经过群众面对面的斗争之后，由人民法庭在群众大会上当场对恶霸分子实行公审，公开宣布判处死刑，立即执行。使广大农民扬眉吐气，拍手称快。

反恶霸斗争中在少数地区曾一度发生扩大打击面和斗争方式过

火的偏向。把斗争恶霸分子变成普遍斗争地主和富农，把清算少数恶霸分子的斗争变成清算地主剥削的斗争。有的地方斗争方式简单生硬，不注重说理，滥施体罚和人身侮辱，甚至在个别地区发生将恶霸分子在斗争会上打死的现象。这些偏差各地人民政府发现后即及时纠正，使整个反霸斗争沿着正确轨道发展。

反霸斗争斗倒了恶霸，打倒了地主阶级当权派的反动统治，镇压了一批罪大恶极、血债累累的恶霸分子。对罪行严重的恶霸分子判处了有期徒刑，一般恶霸分子经过群众斗争，低头认罪以后，交由群众管制。

经过反霸斗争，分清了敌我，农民内部空前团结，形成"天下农民是一家，团结起来力量大"。特别是在那些长期存在着宗族矛盾，发生械斗的地区，由于斗倒了恶霸地主，挖掉了制造和扩大宗族矛盾、滋生械斗的根子，加强了劳动农民的内部团结。经过斗争初步改造了基层政权，建立贫农、雇农、中农基本群众的政治优势，建立了以农民基本群众为主体的人民民主政权。建立和巩固了反恶霸反封建统治的统一战线，从而为下一步减租退押斗争准备了前提条件。

三 减租退押运动在新区的开展

（一）减租退押斗争的任务和目的

减租是在土地改革以前，减少农民交给地主的地租数额。退押则是根据江南新解放区土地租佃关系广泛存在着押租制而提出来的。押租制是佃农租佃地主土地时，必须预先向地主交纳押租金。押租金本来是佃农可以用于投入农业生产的资金，被地主索去用于寄生性消费或用作兼并土地和经管商业、高利贷的资本，成为进一步榨取农民的手段，是对农业生产力发展的一种障碍。许多佃农无力支付押租金，不得不向地主借贷而又承受高利盘剥。押租是佃农的沉重负担，在土地改革以前发动农民向地主索要退还押租金，可以增加农民投入农业生产的资金。因此,减租退押斗争的主要任务是减轻农民所受地主的地租剥削,使农民通过减租退押,向地主索回押租金,用于发展农业生产和改善生活,从而提高了农民发展农业生产的积极性,使长期受封建土地制度束缚和战争破坏的农业生产得以较快地恢复和发展。

开展减租退押斗争,可以进一步启发广大农民的阶级觉悟,破除农民思想上长期形成的地租剥削合理合法、农民受苦贫穷是命中注定的陈旧观念。可使农民认清:地主不劳动,凭借对土地的占有,无偿剥夺农民的劳动果实——地租,过着荒淫无耻的寄生生活,而广大农民终年劳累却不得温饱,不是地主养活了农民,而是农民养活了地主,农民贫穷的根源是极不合理的封建土地制度,要挖掉贫穷落后的根源,必须废除地主土地所有制,实行农民土地所有制,通过减租退押斗争,还可以进一步破除农民由于长期的封建剥削和压迫养成的自卑心理和种种思想顾虑,并使农民得到经济果实,从而调动农民为进一步获得土地,废除封建土地制度而斗争的积极性。

开展减租退押斗争的目的还在于进一步削弱封建势力,扩大农民协会组织,培养出一大批农民反封建积极分子,进一步增强贫农、雇农和中农等基本农民群众力量的优势。进而选拔和培养农民基层干部,建立起农民协会组织和乡、村基层政权组织的领导骨干和核心,从而为进行土地制度的改革准备好前提条件。

(二)减租退押政策

新解放区减租政策最早见于1949年9月15日中共中央华东局制定的《华东新区农村减租暂行条例(草案)》。其主要内容如下:(1)关于减租:凡地主旧式富农及一切机关学校、祠堂、庙宇、教会等所出租之土地的地租,应按照原租额减低25%—30%。如因不可抗拒的灾害而致歉收或全部被毁时,应酌情减交或免交地租。解放以前农民对地主富农的欠租一律免交。出租土地者均不得预收地租或地租以外的任何变相剥削。减租后应确实保障佃权,地主不得收回土地转租、出典或出卖。凡战争罪犯及反革命首要分子，没收其土地。凡豪绅恶霸恃强霸占农民的土地财产，经农民告发，农会证明，政府调查属实者，得由农民无代价收回。（2）关于债务清理：凡战争罪犯及罪大恶极的恶霸分子，其债权一律废除。过去农民向地主及旧式富农所借的债务，如属高利贷性质者，一律停利还本，低息债务照常还本付息。地主富农借工商业中的债权、债务不在停息之列，今后借贷利息则由双方自由议定，并须有借有还。此条例于1949年10月10日公布，作为中共中央华东局向华东各地人民政府、各界人民代表会议的建议，供各地讨论采纳。中共中央1949年11月24日转发华东局关于减租问题的指示中说，华东局公布新区减租条例时，考虑到新区群众觉悟与组织程度及党的主观领导条件，对若干问题曾有意识地未予提出，以免策略步骤上陷入被动。例如，债务问题，如江南借贷关系复杂，对利率未作硬性规定，以免窒息借贷关系的危险。雇工工资待遇问题亦未作具体规定，免使雇工受解雇及失业威胁，影响农业生产。未提退还押租问题，因为退押租，易发展为普遍的算旧账，难于掌握。未提调剂土地，因若不谨慎，易造成无准备无计划的直接分配土地的行动。在群众真正发动起来及党的领导条件尚无保证之前，除减租外，以上各项都希望暂缓进行，以免妨碍生产。以上问题在以前老解放区的减租减息政策中均有具体的规定，这可以说是解放初期新解放区减租政策的一个重要特点。

1950年2月28日，中央人民政府政务院发出《关于新解放区土地改革及征收公粮的指示》，决定全国所有的新解放区在1950年秋收之前，一律不实行分配土地的改革，应一律实行减租。在实行分配土地以前，地主依法实行减租后，向农民收租，仍认为是合法的，农民仍应向地主交租，而地主之土地仍归地主所有。根据这一指示，华东军政委员会修订了《华东新区农村减租暂行条例（草案）》并经国务院批准于1950年4月27日作为正式《华东新区农村减租暂行条例》（以下简称《条例》）公布施行。修订后的《条例》，将原来提出的地租"应按原租减低25%—30%"，作了更具体的规定："原租额占土地正产物50%以上者，其租额按原租减去30%，原租额占土地正产物不足50%者，其租额按原租额减去25%。""减租后，租额最高不得超过土地正产物35%。超过者应减低至35%。地租以外的额外剥削一概取消。"同时，删去了有关债务的条例规定，以防止普遍算旧账和窒息农村借贷关系等偏向的发生。其他地区也发布了减租政策。

经过1949年冬和1950年春各地的农民减租斗争，在有些农民发动起来的地区，曾发生农民不交租的偏向。加上1950年6月8日中央人民政府公布了《中华人民共和国土地改革法》，明确宣布"废除地主阶级封建剥削的土地所有制。实行农民的土地所有制"。具体规定"没收地主的土地、耕畜、农具、多余的粮食及其在农村中多余的房屋"。有的地方人民政府据此提出"农民一律不交租"，并准备将这一口号载入地方政府有关法令中。中共中央发现以后及时加以纠正。1950年8月10日在关于农民给地主交租的问题的指示中指出，"决定一律不交租""是不策略的，因为这与中央政府过去发布的法令不符"，"因地主多数自己不种地，农民不交租，他们就无粮食，故在政府法令上仍以照过去所规定的减租办法规定为宜"。根据这一指示，西北和中南军政委员会分别于8月16日和9月7日发布减租办法和减租条例，西南军政委员会9月1日发布《西南区退押实施条例》。上述条例的主要内容如下。

1. 关于减租：一般租地不论定租、活租制均规定减租25%，对伙种地即地主除出租土地以外还供给佃户一部分或大部分耕牛、农具、肥料、种子等生产资料的租佃关系，西北区减租办法规定按原租额减10%—20%，最高租额不得超过40%；中南区减租条例规定应低于二五减租原则。西北区对当地较普遍存在的"安庄稼"又称"招门客"的租佃形式（即地主除出租土地还提供全部耕畜、农具、肥料，并供给佃户口粮和住屋）规定照原租额减10%—20%，出租人所得最多不得超过收获量的50%。土地副产物随正产物按成分分配。出租人对所借粮食及窑房不得收取利息及租金。

各地减租条例和办法还规定：取消地租以外的额外剥削；地租一律于农产品收获后交纳，不得预收。农民在解放前的欠租，一律免交；减租后切实保障佃户的佃权，严禁地主夺佃或变相夺佃；减租时限一般规定从当地解放时或颁布减租条例时算起。

2. 关于退押：在1950年7月以前，各地减租条例中均未规定退押的办法，但在实际的减租斗争中，有些有押租制的地区，进行了退押斗争，因无具体政策规定和办法，曾在少数地区出现退押对地主追逼过甚的偏向。中共中央4月曾发出指示停止退押。1950年7月15日中共中央发出关于在土改中退还押金和债务问题的指示中，对退押问题作了原则的规定。"在原则上地主应将押金退还给农民，但只将农民最后所交给地主之押金退还，不应翻老账，亦不应计算利息。""在最近几年内，地主向城市及工商业中亦逃避了不少财产，有些地主对农民的押金是能够退得出的，有些亦能退出一部分，但应估计到一定还有一部分地主，特别是小地主是退不出押金的，对于那些退得出或能退一部分押金的地主，要他们退给农民是有好处的。"中央认为，在适当的限度内，在土地改革前或土地改革中要地主向农民退还押金，是可以做的。但领导上必须很好地掌握，必须做得很适当，才能一方面既有成果，另一方面又不致发生乱捕乱打等混乱现象。在各地的减租条例和退押实施办法中，根据中央指示，明确规定"废除押金制度"，如有非法勒索押金者以违法论处。地主已收之押金，原则上应全部退还佃户。对退押确有困难的，西南区规定，经农民协会及佃户本人同意，得采取下列三种办法予以照顾：（1）无力一次全退者，分期退还；（2）无力全退者，退还一部分；（3）无力退还者，免予退还。中南区则规定一般可折半清理；在折半清理中如地主因一时困难，不能一次退清者，可分期退还，不能全部退还者可只退一部分，实在无力退还者，可全部免退。减免标准，由乡农民代表会议民主评定规定，报区人民政府和区农民协会批准。

退押实施办法中还规定：所退押金均不计利息，但应依照原约定数目按保本保值的原则计算：原交银洋者照银洋现在价格退还，原交实物者，即退实物，或照实物现价退还，原交纸币者照当时纸币实际价格退还。凡在土地改革法中规定应予没收分配之财产和地主所有之工商业不得抵还押金，以免破坏农业生产和工商业。凡佃户所收回之押金，原则上归原佃户，在照顾原佃户的基础上适当加以调剂，照顾其他贫苦农民，以利生产。但对佃中农（包括富裕中农）佃贫农所得押金，应全部归佃中农、贫农所有，不得用于调剂。

3. 关于债务问题：解放初期的减租政策规定中曾有意识地不提出债务问题。但是，农村债务纠纷在土地改革中必然发生，而不会不发生。中共中央1950年7月15日关于在土改中退还押金和债务问题的指示中就明确指出这一问题，必须准备妥善的办法加以处理，并提出处理原则："农民欠地主的旧债废除，从当地解放以后所欠的新债不废，以后借贷自由，利息亦不加限制。"中央人民政府政务院在1950年10月20日通过了《新区农村债务纠纷处理办法》，主要内容如下：（1）解放前农民及其他劳动人民所欠地主的债务，一律废除。（2）解放前农民及其他劳动人民所欠富农的债务，发生纠纷时，依下列规定处理：利倍于本（例如借本百元已付利息百元者），停利还本；利2倍于本者（例如借本百元已付利息二百元者），本利停付；付利不足本之1倍者，应承认富农的债权继续有效；付利已达本之1倍以上而不足2倍者，得于付利满2倍后，解除债务关系，付利已达2倍以上者，其超过部分亦不再退回。（3）解放前的义仓积谷无论借给何人，均应依原约定本利归还。（4）凡货物买卖及工商业往来欠账（包括地主、富农兼营的工商业之货物买卖与往来欠账在内），仍依双方原约定处理。（5）解放前农民所欠农民的债务及其他一般借贷关系均继续有效。（6）解放后成立的一切借贷关系，包括地主借出者在内，其由双方自由议定的契约，均继续有效。今后借贷自由，利息由双方议定，政府不加干涉。

在债务问题上，严格区别解放前与解放后的借贷关系，实行不同的处理原则，既可以达到减轻农民因解放前所受封建剥削造成的沉重的债务负担，又可以不至于因清理债务影响当时农村借贷关系，并进而影响农村商品经济的发展，从而有利于促进农业生产的恢复和发展。在对解放前债务的清理中，又严格区别农民对地主和农民对富农的债务，实行不同的处理原则，体现了对因封建剥削造成的农民债务负担和因受资本主义剥削及其他原因造成农民债务负担在政策上的原则区别。

关于少数民族地区的减租，中共中央1951年10月20日在对新疆开展减租反霸运动的指示中指出，少数民族地区复杂而严重的民族问题和宗教问题，在开展减租反恶霸运动中，必须特别注意以下事项：（1）开好县、区、乡农民代表会议和县的人民代表会议，使全体干部、农村积极分子和各方面的代表人物都能充分明了政策和工作方法，积极参加到运动中去，使减租反恶霸运动真正成为当地人民自觉的群众运动。（2）要吸收大量的当地民族干部参加群众运动，又必须实行党的坚强领导，必须由有相当经验的老干部去担负实际领导责任，而领导骨干的任务，最主要的就是在实际工作中培养当地民族干部，团结他们，教给方法，由他们出面办事，帮助总结经验等，培养出一大批坚强的当地民族干部，任何包办代替的做法都是不对的。（3）在发展群众运动中，应积极地、有准备地推行民族区域自治。

（三）新区减租退押运动的开展

新区的减租退押运动是随着清匪反霸斗争取得胜利之后，逐步开展的。整个运动的发展，大体上可分为以下两个阶段。

第一阶段是从1949年冬季到1950年6月，《中华人民共和国土地改革法》公布以前，在比华东、中南以及华北晚解放的绥远省开展的减租运动。这一阶段的减租运动具有以下两个重要特点：一是在政策上有意识地不提出退押和清债等内容，在有些有押租制的地区，曾经自发地开展了退押斗争，但是，由于当时群众发动不充分和党的领导力量尚不够强，或者由于清匪反霸斗争不彻底，土匪恶霸仍在暗中活动，威胁着农民不敢起来斗争，因而在许多地区的退押陷入僵持的局面。而在有些地区则发生农民对地主逼迫过甚的偏向。为此，中共中央在1950年4月指示各地停止退押。已经开展了退押斗争的中南区，则规定只限制于十分反动的大地主。二是减租斗争与农村救灾工作紧密结合。由于1949年许多新解放区遭受了严重的水灾，面临着救灾的繁重任务，因此减租运动密切结合各地的救灾工作。通过减租运动，使农民获取减租退押的经济利益，以缓解受灾农民口粮不足和生产自救中的资金缺乏的困难，促进了灾区农业生产恢复。

第二阶段是从《中华人民共和国土地改革法》公布以后，1950年冬开始的减租退押运动。这一阶段的减租退押运动，明显是作为土地改革运动准备阶段进行的。由于各个地区的土地改革是分期分批有计划有准备地进行的，各地的减租退押运动是根据土地改革总的部署有计划有准备地分期分批开展的。同时，各个地区已经制定了比较完善的减租退押斗争的政策和法令。政务院也通过了《新区农村债务纠纷处理办法》。这就使这一阶段的减租退押运动，包括了减租、退押和清理债务等方面的内容，具有清算地主阶级封建剥削的性质，其直接目的是为土地改革准备先决条件。

在一个地区发动减租退押运动，一般是先召开省、县级各界人民代表会议，制定和通过减租退押补充条例和实施办法。各省、县开办减租退押训练班，培训领导减租退押运动的干部和农民积极分子，掌握政策和策略。然后再分级召开省、县、区、乡各级农民代表会议，传达讨论本地区的减租退押的任务和政策。新区的减租退押运动的开展，均经过典型试验，取得经验，逐步推广的过程。在一个村开展减租退押，干部和农民积极分子一般都深入群众，与当地农民实行"三同"（同吃、同住、同劳动），在农民中访贫问苦，调查当地的土地租佃关系包括租佃形式、地租率以及租以外的额外剥削形式等。以当地地主残酷剥削压迫农民的具体事实，通过诉苦、算账（算地主剥削账）教育启发农民的阶级觉悟。同时召开佃户会、贫雇农会、全体农民会，宣传党和政府的减租退押政策。通过访贫问苦，发现农民积极分子，组织或改选农民协会，由农民协会领导减租退押运动。农民协会根据减租退押政策和条例，制定本村减租退押的办法和方案，确定本地土地出租人应减地租和应退押金的具体数额，并经过村民代表大会讨论通过。由农民协会出面召开地主会议，向他们宣讲减租退押政策，争取地主中的多数能遵守政府法令减租退押。组织佃户向地主谈判，提出要求减租退押的具体数额。如发生纠纷和争执，由农民协会出面根据政策进行调解和说服。经过以上工作，达成协议，就要求地主按协议实行减租退押。如果地主继续抵抗，就属无理违法，就需要开展说理斗争。说理斗争首先是选择对农民剥削最重、压迫最狠、民愤最大的顽固地主，以"斗一儆百"。说理斗争会坚持说理（即说清道理）斗法（以减租退押法令为依据），发动农民在斗争会上，充分揭露顽固地主剥削压迫农民的事实和对抗减租退押的违法行径，揭露其伪善顽固面目。如属于恶霸地主，则要揭发恶霸罪行，实行清算斗争，给予必要处罚。总之，要使被斗争地主低头认错，接受农民的减租退押的要求为止。如果再顽抗，引起公愤，则上诉人民法庭，由法庭判决，强令执行。

各地减租退押运动的实践证明，真正能够主动按政府法令减租退押的开明地主，在地主中只占少数，据川西温江县调查，开明地主约占地主的10%。大多数地主开始都不肯减租退押，抱有侥幸心理，或软拖抵赖，甚至有的施展各种鬼蜮伎俩，对抗减租退押。只是充分发动农民群众，开展了必要的说理斗争之后，才不得不遵守法令减租退押。地主抵抗减租退押的行径，据各地报道，大致有以下数种：

1. 比较普遍地发生地主埋藏金银、粮食及其他财物，或转移分散给亲戚、朋友、邻居的情况。财物埋藏转移之后，地主装穷叫苦，穿破衣、吃粗粮稀饭给农民看，晚上偷着打牙祭。湖北远安白鹤村地主彭洪屋内藏稻谷30石，却说自己没有粮吃，到街上买粮食，结果被农会查出。

2. 施展小恩小惠，软化佃户，如请佃户吃饭、送礼、修改租佃契约。湖北宜昌九区六保地主林发银兄弟4个请8个佃户吃酒席，地主在席上提出，政府要退庄（押）你们不退或少退，佃户吃了地主的饭，被软化了，给地主换佃契。

3. 施展"美人计"。地主将女儿或丫鬟许配给干部和农民，川南资中县三区十分会一地主将丫鬟嫁给佃户，要佃户承认一只银碟合500斤糖作抵押，实际不值100斤。

4. 假意开明，欺骗佃农。湖北宜昌有的地主私自召集佃户，拿出部分粮食，分给佃户，企图以此表明他遵守了政府法令退了押。实际是以少数粮食诱骗佃户，不按法令减租退押，宜昌县约有5个区农民都受了地主的骗，吃亏不小，地主大占便宜。

5. 卖地换佃，制造农民之间的矛盾和斗争。湖北宜都景家桥地主刘云章将佃户袁德金种的二斗田暗地里卖给贫农龚必达，当龚去种田时，佃户袁尚不知田已为龚所买，龚要种田，袁不给，发生争执，袁丧失了佃权，去见地主刘云章，刘说田我卖了，与我无关。结果是地主卖田得了钱、退了佃在一旁看笑话，制造矛盾，作弄老实农民。

6. 少数顽固地主组织假农会或篡夺农民领导权，对抗减租退押。湖北宜都县王家畈曾发现三个假农会，是农民代表到县里开会时，地主趁机组织的。有的假农会，地主自任会长，继续作威作福。此种假农会在长阳、兴山、当阳、秭归等地均有发现。秭归龙城六保地主吴子祥，在工作组离村后，擅自召开群众会议，改变原来所划成分，罢免农会主席，指定原乡丁、甲长鲜恩堂代理，篡夺了农会领导权。

7. 制造谣言，恫吓农民。许多地区都发生地主造谣"第三次世界大战爆发了，国民党要回来"，威胁恫吓农民说，"谁要减租非要你们的命不可"。

8. 杀人放火、行凶报复。贵州贵阳孟关乡发生地主收买农会干部,组织暗杀工作干部及农会积极分子四起;四川省冕宁地主放火烧毁农民房屋二三十间。

以上大量事实说明,地主总是要千方百计地逃避和反对减租退押的,减租退押运动中,始终存在着地主与农民之间的反复斗争。斗争的胜负归根结底取决于双方力量的对比,即是农民群众的力量占优势还是地主的力量暂时占优势。农民群众的力量能否占优势,关键又在于是否在减租退押运动中放手发动了农民群众。地主抵制对抗减租退押之所以在一些地区能够得逞,主要是由于这些地区的领导和干部忽视了减租退押斗争的艰巨性,不做深入细致的教育和发动农民群众的思想工作,或者急于求成,贪图省事,只靠少数干部和农会积极分子包办代替。这样的斗争,虽然也能取得一时的成效,但是它不是依靠农民群众团结战斗的力量取得的,农民群众的力量尚未占优势,一旦干部离开,地主的反攻倒算就容易得逞。为了纠正包办代替,许多地区开展了减租退押复查,防止地主的反攻。

在纠正了包办代替和忽视放手发动农民群众的偏向之后,有的地区曾一度发生忽视党的政策指导,出现了某些违反中共中央政策规定的错误倾向。对此中共中央和各地党委发现后及时予以纠正,主要有以下几个方面。

(1) 有些地区农民发动起来,建立了农民群众力量的优势之后,农民不向地主交租。农民说:土地改革法已公布要废除地主土地所有制,不交租符合土地改革法令。农民不交租,地主无粮吃,也不能交公粮。而在农民尚未发动起来的地区,地主趁机向农民收租后迅速将粮食分散或出卖,有的地主逃跑不交公粮。当地政府鉴于这种情况准备承认农民可以不交租,将一律不交租载入政府法令。中共中央及时发现和制止了这一做法。为了解决上述问题,湖南省委提出,由农会代地主收租并代交公粮,除给地主吃粮外,多余粮食作为退押，用于救济贫苦农民。但对小土地出租者，则仍实行减租后依法交租。中共中央1950年8月12日关于新区减租交租问题的指示中认为，以上办法在农民组织健全，乡村政权已经改造的地区，是可行的。但在农会组织不健全的地区则很难办到或办好，仍以依法减租交租，农会不加控制为宜。农民不交租的偏向及时得到纠正。

（2）有的地区在减租退押中对不同的地主未实行区别对待：不分恶霸与非恶霸，不分开明与顽固，不分守法与违法，不分大小，不论有无困难，一律实行急退（押）全退（押）。有的甚至以能急退全退的地主为开明，否则就是顽固。无限度的清算，退租不按年限，笼统算剥削账，追挖地财，因此发生打击面过宽，少数地区甚至出现对所有地主一律斗争，斗则必罚、必打，人身侮辱，变相肉刑的情况，使开明守法的地主无所适从。个别地区对富农与地主同样对待，不加区别一律打击，违反了关于中立富农的政策。

上述错误发生后，各地根据中央有关减租退押实行区别对待的政策，及时予以纠正：严格区别对待恶霸地主与一般地主，争取开明地主，缩小打击面；严格实行中立富农的政策；严禁乱斗、乱打、乱罚和变相肉刑。

（3）在减租退押的高潮中，有的地方发生侵犯工商业的偏向。例如，中南区湖北、湖南农民进武汉市内，川东和重庆市郊农民进重庆市内，向居住在城市的工商业者兼地主追索应减租和应退的押金。有的不经过公安机关私自进城捕捉住在城市的地主以及工商业者兼地主。有的以退租退押为名，搬走工厂的原料和工具，运走商店的货物，有的甚至坐镇店铺，卖一文收一文，使有的店铺倒闭。中南区退押按折半清理后，有些有田面权的租地应退押金，仍等于该田四年的租粮收入。退租有退至十年八年的，追缴余粮有追至三四年之多的。因此有许多工商业在减租退押中全部资金被算光，因而倒闭，或者有的工商业者兼地主分散资金躲藏起来。据汉口市不完全统计该市工商业者中有60%—70%兼地主，这种清算对工商业及税收影响极大，汉口市1951年1月税收比1950年12月减少2/3。

为了纠正减租退押中侵犯工商业的错误，中共中央中南局1951年1月22日发出关于限制农民在退租退押中侵犯工商业的办法。规定：①农民要工商业者兼地主退租，只限于1949、1950年两年应减而未减的租粮。长江以北之老区则以3年为限，不得多退；②退押按折半清理，押金过重者以原田一年租粮收入为限，不得无限制清算；③解放后变卖田亩者，将所得田价退还农协处理。中共中央1951年1月27日向华东、西南、西北局批转了这个限制办法，望各地充分注意研究依照执行。2月14日中共中央发出关于土地改革地区设立城乡联络委员会的指示，推广中南区在武汉等市组织城乡联络委员会的经验，指出凡农村方面须从城市逮捕的罪犯或须向城市某些人办理减租退押者，一律经由城乡联络委员会审核后依法执行。实践证明，经过城乡联络委员会办理城市工商业者兼地主的减租退押问题，既可以保证城市工商业不受影响，又可以保证减租退押任务的完成。

（4）在减租退押经济果实的分配中，存在着侵犯中农利益的偏向。佃中农在减租退押中获得的经济利益比贫农多，有的地区为了解决贫雇农在生活上及生产上的困难，规定从佃中农的减租退押的经济果实中抽出一定的比例分给有困难的贫雇农。例如，广西就曾规定从佃中农减租退押的经济收入抽40%。还有许多地区如西南区的川南、川东也提出了这一要求。为了纠正这种偏向和不正确的要求，中共西南局于1950年12月28日发出《关于在减租退押运动中坚决保护中农利益的指示》，指出要中农拿出一部分减租退押果实分给贫雇农的意见是错误的，必须加以纠正。指示认为这实际上是一种片面的贫雇农路线的残余思想，是从满足贫雇农要求，一次解决问题的主观愿望出发的。在减租退押中，佃中农多得些果实，不论从政治上、经济上看，都是有好处的。佃中农受地主、富农的剥削，他在租入地主的土地时，拿出的押金是自己劳动所得的血汗，在退押中收回这种劳动所得是合情合理的，这不能说是意外之财，而应认为是应得的果实。保护中农这种应得的利益，就会更巩固地团结中农，使中农更加拥护党和人民政府。佃中农拿这些果实用于发展生产，对农业生产大有好处，对国家人民经济的发展也是有利的。这个指示发出，使各地侵犯中农利益的错误偏向迅速地得到制止和纠正。

上述各项错误倾向的及时纠正，保证了减租退押运动沿着中共中央和中央人民政府所规定的政策轨道发展。

新区减租退押运动完成的时间大致如下：华东区在 1950 年年底就已基本上完成了全区的减租退押运动。中南区除广东、广西两省外，其他各省在 1950 年参加减租退押运动的农业人口达 6000 多万人，共退租谷 10 亿斤以上。西北区从 1950 年冬季开始在陕西、甘肃、宁夏、青海的 100 多个县，4900 多个乡，共 1200 多万人口的地区开展了减租运动，1951 年 7 月胜利完成。西南区从 1950 年 11 月开始在全区开展减租退押运动，到 1951 年 5 月，除云南省外，全西南约在有 5000 多万农村人口地区，215 个县市，胜利完成了减租退押任务①。中南区的广东、广西从 1951 年 4 月开始开展减租退押运动，到夏收后胜利结束，广东省 63 个县 1500 万人口的农村中，农民获得减租退押果实稻谷 4.3 亿多斤②。广西仅在有 600 万人口的农村中，农民获得减租退押果实稻谷 19000 多万斤③。到 1951 年 8 月，全国新解放区除新疆等少数民族聚居区以外，减租退押运动胜利结束。新疆 1951 年 9 月开始有领导、有步骤、有秩序地分期开展了减租反霸运动，到 1952 年 5 月胜利结束。全新疆 9 个分区 58 个县 1500 多个乡，近 400 万人口的地区完成了减租反霸的任务④。

---

① 中共中央西南局：《西南农村清匪反霸减租退押运动报告》，1951 年 3 月 16 日。
② 《广东省退租退押清匪反霸运动初步总结与今后任务》，1951 年 9 月 5 日。
③ 《中共广东省委关于继续深入退租退押斗争的指示》，1951 年 8 月 18 日。
④ 《中共新疆分局减租反恶霸运动的基本总结》，1952 年 6 月 20 日。

减租退押运动的开展，使新区广大佃农获得了减租退押的经济利益，农民经济收入增加。据西南区各地统计，减租退押运动以后，有50%—70%的农户增加了经济收入①。各地减租退押中，农民获得的经济果实，缺乏比较全面的统计，据各地总结报告中的数字，归纳如下：西南区的川东农民在减租退押运动中，获得的经济果实折合稻谷达30亿斤。其中金、银、棉纱占64%，有黄金18399两、白银26985两存入川东人民银行分行②。重庆市郊区农村共退押金397.37亿元③；减租果实稻谷2058.08万斤。川西区减租果实约7亿斤大米。贵州减租果实合粮食1.5亿斤④。中南区湖北、河南、湖南、江西四省，在有6000多万农业人口地区减租果实合亿斤以上。广东15000万农业人口减租退押果实合稻谷4.3亿多斤⑤。广西600万农业人口地区减租退押果实合稻谷1.9亿多斤⑥。新疆近400万人口地区减租果实小麦1.8亿多斤⑦。

农民因减租退押所增加的经济收入，如按每人或每户平均计算：川东平均每人200—300斤稻谷。重庆市郊区农民每户平均增加收入（比减租前）两倍以上，退押金每人平均15万元（旧币）。贵州省平均每个农民得减租粮52斤，加上反霸斗争果实合粮食可达100斤。新疆平均每户增加收入合小麦300—400斤，最高的达2万斤。

另据川西行署农林厅对华阳县中兴、万安等地调查：中农在减租后比往年实际收入增加19%，每人平均增加大米124斤；退押后，总收入比以前增加了54%，每人平均增加362斤米，除生活

---

① 《中共新疆分局减租反恶霸运动的基本总结》，1952年6月20日。
② 《川东区党委关于五个月来清匪、反霸、减租退押概况及今后土地改革计划报告》，1951年4月25日。
③ 同上。
④ 《西南农村清匪反霸减租退押运动报告》，1951年3月16日。
⑤ 《广东省退租退押清匪反霸运动初步总结与今后任务》，1951年9月5日。
⑥ 《中共广西省委关于继续深入退租退押斗争的指示》，1951年8月18日。
⑦ 《减租反恶霸运动的基本总结》，1952年6月20日。

比以前提高10%，生产资料的投资比以前提高1倍以外，每人尚有余粮261斤。贫农在减租后比往年的实际收入增加了39%，每人平均增加了111斤米。退押后总收入比以前增加了45%，每人平均增加362斤米。除生活比以前提高了18%，生产资料的投资提高了3倍外，每人余粮24斤。退押收入中农每人平均280斤米，贫农平均209斤；中农每人平均比上年少交124斤（34%），贫农比上年少交米111斤（45%）①。另据贵州省财经委1951年1月对贵筑县孟关乡减租退押后603户佃户的经济情况的调查，佃农减租比上年多得稻谷53.7万斤，占往年收入的7.62%，除去上交公粮数后，每户平均比往年多提530斤②。

减租后，农村各阶级阶层收入发生了变化。据湖北省政府政策研究室1950年对黄陂县方梅区农村119个典型户调查③，农村减租后各阶级阶层收入变化如下表所示。

	地主	富农	中农	贫农
减租前每人平均收入（斗谷）	78.7	62.12	43.32	31.78
减租后每人平均收入（斗谷）	51.99	55.67	45.12	36.44
减租后为减租前的百分比（%）	66.06	89.62	104.16	114.66

可见，减租退押以后，地主收入明显下降，富农由于其封建性剥削部分的削弱，收入有所下降，中农和贫农的收入都有增加。这反映了减租退押后，封建性剥削的削弱。

减租退押运动，增加了广大中农和贫农的收入，改善了农民的生活，同时也提高了广大农民发展农业生产的积极性。他们用增加的收入，增加对农业生产的投资，购买耕牛和农具，增施肥料，兴修水利，改良土壤、开垦荒地。据广西南宁地区统计，1951年减

---

① 农业部计划司编：《两年来的中国农村经济调查汇编》，1952年版，第298页。
② 同上书，第311页。
③ 同上。

租退押后，农民开垦荒地 6.4 万多亩，仅苍梧一县就开垦荒地 6907 亩。全区兴修水利灌溉和防洪工程 58 处，可灌溉耕地面积 14 万多亩①，南宁地区减租退押果实大部分投入生产。永淳六景乡农民村村户户都订了生产计划，保证果实投入生产；各村订立了爱国公约，积极生产增施肥料；为保证增产、减少水旱灾，全乡共修大小水利项目 17 个，挖井 12 眼。横县二区苏逢村农民用果实买了 8 头牛，50 把锹；四区广郎村，买了耕牛 30 头②。另据川西行署农林厅对华阳县中兴、万安等地调查，农民减租后，对生产的投资比过去大大增加了，中农比过去增加 105%，贫农比过去增加 325%，即中农增加 1 倍，贫农增加 3 倍。其中主要是农具修补和养猪投资，仅此两项即占总生产投资的 70%。由此可见农民的生产情绪在减租后是异常高涨的③。

减租退押运动使广大农民群众受到了生动的阶级斗争教育，提高了阶级觉悟和政治觉悟，激发了他们对中国共产党和对祖国的热爱，推动了农村抗美援朝，保家卫国运动的发展，广大青年农民踊跃报名参加中国人民志愿军，农民积极参加增产节约、捐献飞机大炮的运动。

减租退押运动中，进一步增强了农民之间的团结，把过去分散的无组织的农民组织起来，充分发挥了广大青年农民和妇女的积极作用，普遍发展了农民协会，建立了新民主主义青年团和妇女联合会组织，有重点地建立和发展了农民武装力量——民兵组织。例如，新疆在减租运动中，发展了 80 多万农民参加农民协会；建立了 300 多个农村青年团支部，5000 多名农村青年加入了青年团组织；普遍建立了乡村妇联组织；有重点地建立了民兵组织。从而进一步加强了农民群众在政治上的优势。

---

① 《广西全省减租退租运动的情况报告》，1951 年 7 月 7 日。
② 中共南宁地委：《南宁专区退租退押初步总结》，1951 年 8 月 8 日。
③ 农业部计划司编：《两年来的中国农村经济调查汇编》，1953 年版，第 301—302 页。

减租退押运动中涌现出一大批农民积极分子，他们经过与违法地主进行面对面的斗争的考验，立场坚定；在斗争中，他们学会了与违法地主开展说理斗争和依据政府法令为武器斗倒违法地主的实际本领。以这批积极分子为骨干和核心的农民协会组织的战斗力得到进一步的加强。同时，减租退押斗争的胜利，鼓舞了广大农民，增强了他们对根本废除封建土地制度的信心和勇气，从而为下一步实行土地制度的改革，准备了群众条件。

经过减租退押运动，锻炼和培养了一大批农村工作干部，他们在阶级斗争的风浪中，经受了锻炼，接受了考验，立场更加坚定，政策水平和工作方法均有很大的提高和改进。在实际的斗争中，他们克服了简单急躁、脱离群众的包办代替的工作作风，树立了深入农民群众访贫问苦，调查研究，扎根串联的工作作风；学会并熟练了启发农民诉苦进行自我教育的工作方法，积累了放手发动群众加强党的政策指导相结合的实践经验。他们中的许多优秀分子被选拔充实到各级领导岗位。从而为下一步实行土地制度的改革，准备了干部条件。

总之，减租退押运动的开展和胜利完成，为土地制度的改革，没收和分配地主阶级的土地，准备了前提条件。

（原载《当代中国农业史研究》1994年第1期）

1949—1952年农业生产迅速恢复发展的基本经验

1949—1952年我国农业生产以农业总产值每年递增15.4%的速度，三年共增长53.4%，1952年主要农产品产量就已恢复或超过了抗日战争前的最高生产水平。三年间，先是国内战争尚未结束，以后又进行抗美援朝战争，这样的速度是在进行上述战争的同时取得的，举世瞩目，出人预料。全面正确地总结这一时期农业生产迅速恢复和发展的主要原因和经验，可以从中得到许多有益的启示。本文拟对此作一初步的分析。

中华人民共和国成立以前的旧中国是一个落后的农业国。1949年农村人口占全国人口的89.4%；农业总产值占工农业总产值的70%[1]，农业净产值占工农业净产值的84.5%[2]。在国民收入总构成中，农业占68.4%[3]。农村经济因受封建性的地主土地所有制的束缚和长期战争的破坏，生产凋敝，交通梗阻，贸易滞塞，物价飞涨，农民生活十分困苦。农业生产力因战争破坏而下降，农业生产中的主要动力——耕畜比抗日战争以前最高水平减少16%；主要农具减少30%；江河滨湖堤岸常年失修，森林草原植被破坏，自然灾害加重，导致农业生态环境日益恶化。战争破坏了农田水利灌溉网络，国民党政府为阻止日寇1938年在郑州附近花园口黄河大堤决口，致使河南、安徽、江苏三省大量的农田灌溉系统遭到严重

---

[1] 国家统计局：《中国统计年鉴（1983）》，中国统计出版社1983年版，第104页。
[2] 农业部政策研究室编：《中国农业经济概要》，农业出版社1982年版，第89页。
[3] 国家统计局：《中国统计年鉴（1983）》，中国统计出版社1983年版，第104页。

破坏。许多地区耕地荒芜,农业耕作粗放,施肥量减少,土地生产率下降。1949年与抗日战争前最高年产量比较,粮食生产量下降24.5%;棉花产量下降47.6%;三种主要油料作物(花生、芝麻、大豆)下降60%以上;桑蚕茧下降86%;茶叶下降82%;烤烟下降76%;畜牧业中的生猪年末存栏头数下降26.5%;羊下降32.3%;水产品产量下降30%。1949年全国人均粮食448斤,人均棉花1.64公斤,广大农民处于食不果腹、衣不蔽体的艰难之中。"农业的恢复是一切部门恢复的基础,没有饭吃,其他一切就都没有办法。"[①] 因此,迅速恢复和发展农业生产,提高农民的生产积极性,使农村经济复苏和活跃起来,成为恢复国民经济的首要任务。

一 为了促进农业生产的恢复和发展,党和政府实行了一系列符合农业经济发展规律要求的经济政策

其主要的有以下几项:

第一,中央人民政府根据中国人民政治协商会议通过的《共同纲领》,制定了《中华人民共和国土地改革法》,在新解放区农村进行了土地改革,废除了封建的土地制度,解放了农村生产力。在新解放区的土地改革中"不动富农的土地财产"保存富农经济。在土地改革的基础上,确定地权,颁布土地证,保护农民的土地所有权,由农民自由经营,自由处理,以鼓励农民发展个体经济的积极性。土地改革的目的就是废除封建的土地制度,消灭地主经济,变地主土地所有制为农民的个体所有制,促进农业生产力的发展。因此,保护和鼓励农民个体经济的发展,是巩固和发展土地改革的成果,为农业生产力的发展开辟道路。党和政府清醒地认识到:农

---

① 周恩来:《当前财经形势和新中国经济的几种关系》(1949年12月),载《周恩来选集》(下卷),人民出版社1984年版,第5页。

民在土地改革基础上发扬起来的生产积极性表现在两个方面：一方面是个体经济的积极性，另一方面是劳动互助的积极性。农民个体经济在一个相当长时期内将是大量的，作为小私有者的农民发展个体经济的积极性是不可避免的，要保护和鼓励农民发展个体经济的积极性，允许农民自由雇工和从事雇佣劳动的自由，允许富农经济的存在和发展。同时，土地改革以后，贫苦农民虽然有了土地，但是他们当中的许多人还缺乏牲畜、农具、生产资金不足，在个体经营中存在许多困难，要求实行劳动互助。因此，人民政府提倡农民"组织起来"，按照自愿和互利的原则，开展劳动互助、以解决他们在个体经营中的困难。这种劳动互助是建立在个体经济即农民私有土地和财产的基础上的。在劳动互助中特别强调不能挫伤农民个体经济的积极性，以保护和鼓励农民个体经济的发展。

第二，适应农村商品经济发展的要求，发展城乡交流，活跃农村市场，促进农业生产的发展。中华人民共和国成立初期，由于长期战争破坏，水陆交通梗阻，商品流通渠道不畅，农副土特产品购销脱节。严重影响农民发展农业生产的积极性。在交通不便的广大农村，发生谷贱伤农。农民手里的农副土特产品卖不出去，就无法购买他们所需要的生产资料，从而无法增加对农业生产的投入。因此，恢复和发展城乡商品流通渠道，发展城乡商品的交流，扩大农副土特产品购销就成为农村经济复苏和发展的决定环节之一。陈云1950年11月说，"扩大农副土特产品的购销，不仅是农村问题，而且也是目前活跃中国经济的关键"。甚至说："扩大农副土特产品的购销，是中国目前经济中的头等大事。"[①] 中央财政经济委员会把发展城乡交流列为1951年财政经济工作的第一项要点。为了恢复和发展商品流通渠道扩大农副土特产品购销业务，人民政府采取了以下几项重要措施。

[①] 陈云：《抗美援朝开始后财经工作的方针》，《陈云文选》(1949—1956)，人民出版社1984年版，第118页。

1. 恢复和改善交通运输条件，疏通和开辟商品流通渠道。三年中人民政府投资17.7亿元用于恢复和发展铁路、公路、航运等现代交通运输，新建铁路干线1263公里，建公路3846公里。1952年与1949年比较：铁路营运里程从21800公里增加到22900公里；增加1100多公里，公路里程从80700公里增加到126700公里，内河航运从73600公里增加到95000公里。货物周转量总计从1949年的255亿吨公里，增加到1952年的762亿吨公里，增长1.85倍。此外，还广泛发展木船、帆船、马车、板车、小推车以及马驮、肩挑等运输，广泛恢复和建立运输公司，使零散土特产品集中装卸运输，促进农副土特产品购销业务的发展。

2. 在普遍建立和发展国营商业体系的同时，在农村普遍建立和发展供销合作社，开展农副土特产品购销业务。为了鼓励农村供销社的建立和发展，新建社一年内免交所得税，营业税减收20%，人民银行向供销社的贷款利率低于向国营贸易贷款利率10%。三年中，农村供销合作社从无到有，到1952年年底全国基层供销合作社发展到35096个，社员14796万人，占农村人口的29.4%。供销合作社有职工100万人，拥有股金23900余万元。1952年收购农副产品金额达37亿元，约占当年国家收购农副产品总金额的60%，其中粮食占40%—50%，棉花占79%。

3. 为了扩大对农副土特产品购销，国营商业普遍设立农副土特产公司，供销合作社系统也普遍设立农副土特产品收购机构，研究和掌握大宗农副土特产品的流通规律，千方百计恢复旧的购销网络，开辟新的购销路线。国营商业和供销社与农民签订农副土产品预购合同及时供应农民农业生产资料，同时鼓励私人商业及小商小贩下乡采购和贩运农副土特产品，保障他们的合理利润。农村小商小贩走乡串户收购农副土特产品兼短途运输，在收购和推销农副土特产品中起了重要的作用。1951年私商从农村收购的土特产品24.6亿元，占全国农村土特产品收购总价值44亿元的55.4%。

4. 为了给滞销的农村土特产品打开销路，商业部门有准备有计划地召开县、省、大区级土特产品交流会议；举办以销售为主的土特产品展销会；恢复和发展农村集市、庙会和骡马大会，组织农民开展短距离的物资交流、建立贸易货栈和农民交易所，农民购销服务部，以方便农民出售土特产品。

5. 人民银行增加贸易贷款，支持商业部门、供销合作社对农副土特产品的购销。三年中，人民银行对贸易贷款占全部贷款的80%以上，普遍建立农村信用社，吸收农民信用存款，利息略高于储蓄，利用农民的资金收购农副土特产品。此外，还鼓励私营村庄贷款给私商下乡收购农副土特产品。

由于采取了上述措施，扩大了农副土特产品的购销量。三年中，农副产品采购额有了较大的增长，1952年农副产品采购总值达到129.7亿元，比1950年的80亿元增加62.1%，农民出售农副产品数量增长，增加了货币收入，提高农民对农业生产资料的购买力，促进了农业生产的恢复和发展。

第三，充分运用价值规律对农业生产的促进作用，实行符合价值规律要求的价格政策。中华人民共和国成立前，由于国民党政府长期滥发纸币造成严重的通货恶性膨胀和物价的剧烈上涨，工农业产品比价"剪刀差"进一步扩大。如以战前七年平均价格指数为100，1950年农副产品收购价格指数为201.8；农村工业品零售价格指数为265.9。如以农产品价格指数为100，工农业比价指数为131.8，"剪刀差"明显扩大。中华人民共和国成立初期，人民政府实行统一财经政策，同时采取紧缩编制、清理仓库、加强税收、发行公债、节约开支等措施收紧银根，打击投机资本，在半年多的时间内就制止了长达12年之久的恶性通货膨胀，稳定了物价。在此基础上，采取逐步较大幅度提高农副产品收购价格和适当提高工业品零售价格的办法，缩小工农业产品交换差价。1952年与1950年相比，农副产品收购价格提高21.6%，农村工业品零售价格提高9.7%。工农业产品交换差价缩小9.7%，平均每年缩小5%。中华人民共和国成立初期，由于棉、烟、麻等工业原料缺乏，轻纺工业开工不足，为了引导农民扩大棉、麻、烟等作物生产，人民政府根据各地上述作物的生产成本、规定了最低收购价格和棉粮、烟粮、麻粮合理比价适当提高棉、烟、麻等作物的收购价格，在促进这些工业原料作物生产的迅速恢复和发展方面，起了决定性的作用。

第四，实行有利于促进农业生产恢复和发展的农业税政策。中华人民共和国成立初期，中共七届三中全会上，就提出了调整税收、酌量减轻人民负担的政策，以后因抗美援朝战争的发生未能实现。为了稳定和合理负担，改变了过去的摊派办法，实行依率计征，依法减免原则。先是根据各地具体情况，不同地区实行不同的税制：老解放区实行比例税制，新解放区实行全额累进税制，取消地方附加。以后为了贯彻依率计征，做到合理负担，鼓励农民发展生产，实行查田定产，即清查土地亩数、划分土地类别、评定土地等级，订定土地常年应产量。对善于经营、勤劳耕作和改良技术而超过常年应产量者，其超过部分，不增加税收。因怠于耕作，其产量不及常年应产量者，其应交公粮不予减少。同时，根据受灾程度的不同，实行"轻灾少减，重灾多减，特轻不减，特重全免"的原则，制定了分五等减免农业税的具体办法。三年中，农业税随农业生产的增长逐年有所增加，但农业税占国家财政收入的比重却逐年下降：1950年为29.3%，1951年下降为17.6%，1952年更下降为14.9%。

第五，实行抗灾救灾政策。由于长期战争破坏，江河滨湖堤岸常年失修，农田水利灌溉网络和森林草原植被破坏，农田灌溉面积减少，抵御自然灾害的能力大大减弱。中华人民共和国成立初期，自然灾害严重。1949年全国受水灾耕地成灾面积12795万亩，受灾灾民达4549万余人。1950—1952年三年成灾面积分别为：7680万亩、5670万亩、6645万亩。人民政府在灾区及时发放救济粮、发放救济贷款，解救灾民的燃眉之急，同时实行以工代赈、扶助受灾农民生产自救。1950年政府发出社会救济粮食11亿多斤；1951

年国家社会救济事业费支出6423.4万元；1952年国家用于自然灾害救济费10600万元。人民政府的抗灾救灾政策的实施，成为灾区农民恢复和发展农业生产的关键。

二 增加对农业生产的投入

恢复时期，由于抗美援朝战争的发生，必须以巨大的人力、物力、财力支持战争和国防建设。中共中央提出"边打、边稳、边建"的方针。经济建设投资性支出，只占国家财政支出的第三位。三年中，国家财政支出中用于农业的资金，随财政经济状况的好转逐年有较大幅度的增加。1950年为2.74亿元，1951年上升为4.17亿元，1952年更上升为9.04亿元。1952年为1950年的329.9%。国家银行对农业生产贷款也逐年增加。1950年农业贷款21241万元，1951年增加为40147万元，1952年更增加到101627万元，1952年为1950年的478.4%。除了国家的财政投入，银行贷款、广大翻身农民对农业生产的投入也有了明显的增加。由于土地改革的实现，使原来的佃农免去了沉重的地租负担，他们有可能将原来交纳给地主的地租的一部分或全部投入农业生产。三年中，农民对农业生产资料的购买力逐年提高。据国家统计局编《中华人民共和国1950—1957年商业统计资料汇编》记载，1950—1952年农民实现对农业生产资料的购买力分别为：1950年72626.2万元，1951年103047.7万元，1952年140960.8万元。1952年为1950年的194%。另据黑龙江、青海、贵州、湖北、江苏五省调查统计，农民已实现对农业生产资料的购买力。如以1949年为100，1950年为131.9，1951年为188.9，1952年为262.2。分省计算，以1949年为100，1952年各省指数如下：黑龙江省369.2，青海省255.5，贵州省227.6，湖北省259，江苏省233.3。

对农业生产的投入，更具体地表现在以下几个方面：

第一，进行了我国有史以来最大规模的农田水利建设，三年中，国家财政支出中用于水利建设的经费约 7 亿元，占预算内基本建设投资的 10% 以上。同解放以前国民党统治时期相比，1950 年人民政府用在水利建设上的经费，相当于国民党统治时期水利经费支出最多一年的 18 倍，1951 年增加到 42 倍，1952 年再上升为 52 倍。① 三年中对全国 4.2 万多公里的江河堤防的绝大部分进行了整修和加固。对一些水灾比较严重的河流，如淮河、沂河、沭河、永定河、大清河、潮白河开始进行全流域的根本治理。1950 年冬第一个全流域多目标的治水工程——根治淮河工程正式开工；1951 年 9 月完成了第一期工程，紧接着开始第二期工程，为使淮河流域人民摆脱水灾的经常威胁和水利资源的全面开发打下了基础。1949—1952 年在苏北和山东，修建了长达 180 多公里的沂河新道和长达 69 公里的沭河新道，使长期水患严重的沂河、沭河流域的农业连续两年丰收。对黄河、长江也进行了一些有效的防御性工程。如黄河下游 1300 公里大堤的堤防工程、北金堤滞洪工程和山东利津县溢水堰工程。又如长江荆江大堤加固工程和荆江分洪工程，保障了长江中游水灾最严重地区人民的安全。水利工程所完成的土方达 17 亿立方以上，等于开凿十条巴拿马运河或 23 条苏伊士运河所完成的土方。农田水利灌溉事业迅速发展。全国有重点地兴修了大型农田水利灌溉工程 358 处，其中较大的如黄河的引黄灌溉济卫工程；东北的东辽河、盘山、查哈阳、郭前旗四大灌溉工程；绥远的黄杨闸工程，察哈尔的桑干河、黄河、浑河、御河等淤灌工程，山西的滹沱河、潇河及泽垣渠等灌溉工程；陕西整修扩充泾、渭、洛、汉、褒、渭等灌渠，新疆军垦农场引水灌渠，苏北灌溉总渠，等等。各地还因地制宜地举办群众性的小型渠道和蓄水塘堰共 336 万余处，新凿和修复水井 66.8 万眼。全国共增加灌溉面积达 4950 余万亩，另有 18400 万亩农田因增加和改善了水的供应而免予旱灾的威胁。据当时的粗略估计，由

---

① 傅作义：《三年来我国水利建设的伟大成就》，1952 年 9 月 19 日。

于兴修水利，防止水灾和增加灌溉面积而增产的粮食当以数百万吨计。

第二，开垦荒地，增施肥料。由于政府实行鼓励垦荒政策，农民生产积极性的提高，三年中开垦了大量的生熟荒地，从而扩大了耕地面积。总耕地面积由1949年的146822万亩，增加到1952年的161878万亩，共增加耕地15056万亩，每年递增3.3%，合计增长10.25%。在耕地面积增加的同时，农作物播种面积有了更快的增长，仅以粮食、棉花、油料作物的播种面积计算，三年共增加播种面积27468万亩，增长15.7%。在增施肥料方面，农民为增加生产，广辟肥源，多养猪、多积肥、增加绿肥种植面积，增购商品肥料。据农业部门粗略统计，1952年每亩耕地平均农家肥积肥量达到1500斤。绿肥种植面积从1950年的2600多万亩，增加到1952年的3450万亩，增长32.7%。1952年与1949年相比，全国施肥面积增加15%，总施肥量约增加30%。化肥施用量明显增多，中华人民共和国成立初期，化学肥料工业，年生产能力仅6000吨，而且品种单一，只有硫酸铵一种，使用范围仅在沿海少数地区。以后逐年发展，由1951年的13万吨，增加到1952年的29.5万吨。油饼肥用量也显著增加，1952年达到222.1万吨，比1951年施用总数多188.5%。

第三，兴办国营农场。中华人民共和国成立前，全国只有国营农场26个，职工4000人，耕地45万亩，生产粮食3200万斤，棉花5吨。中华人民共和国成立初期，中央军委即决定组织军队参加农业生产，组建农场。人民解放军15个师在新疆、甘肃、宁夏、江苏、山东等地建立第一批农场。另有两个师和一个独立团开赴华南地区开荒建设橡胶农场。与此同时，全国其他一些省区在沿海、沿江滨湖、滨河荒山及荒漠地区也都开荒建立了国营农场。到1952年年底全国共建立562个国营农场，共有职工35.9万人，耕地564万亩，橡胶种植园90万亩。当年生产粮食4.52亿斤，棉花

9.18万担，干胶35吨，饲养大小牲畜98万头。① 国营农场拥有从国外引进的现代化的农业机械，有拖拉机1176台，联合收割机276台，载重汽车2030辆。②

第四，增殖耕畜，增加农业生产动力。中华人民共和国成立初期，农业生产中主要动力——耕畜不足，据1954年23个省15000多户农家收支调查，土改结束时，每百户只有耕畜64头，其中耕牛只有43头，贫农每百户只有耕畜46.7头，其中耕牛只有32头。人民政府在保护耕畜、奖励繁殖的方针下，加强兽疫防治，改善饲料管理，选育并从国外引进优良种畜，改良耕畜品种。三年中，大牲畜从1949年的6002万头，增加到1952年的7646万头，即增长27.4%，1952年年末大牲畜存栏头数，超过了历史上最高水平7151万头的6.9%。

第五，增补旧农具，推广新式农具。据上述15000多户农家调查，土改结束时每百户农家只有旧式犁53.9部，新式犁0.06部。每百户贫农只有旧式犁41.3部，新式犁0.03部。当时不仅新农具极少，旧式农具也严重不足。人民政府大力扶助农民增补旧式农具，有重点地示范推广新农具。国家有计划地在各地新建大型农具工厂18个，小型农具工厂100余个。三年中共推广新式农具34.9万部，农用排灌机械11.75万匹马力，农用铁轮水车29.3万辆，农用拖拉机2006台。新式农具耕地深、盖土严，有利于消灭杂草、病虫，具有保持或形成土壤团粒结构，可以增进土壤肥力。同时，由于新式农具工作效率高，节省劳动力、在农忙季节不误农时，及时播种，出苗整齐，及时收割，减少损失，可以提高单位面积产量。据东北区六个农业试验场和60多个互助组的材料，使用新式农具平均增产25%左右。

---

① 《当代中国的农垦事业》，中国社会科学出版社1986年版。
② 国家统计局：《建国三十年全国农业统计资料（1949—1979年）》，1980年版。

三　农业生产技术的改良

农业生产是自然再生产和经济再生产相互交织的物质能量转化的生产，农业生产的发展是多种因素综合作用的结果。要达到农作物增产的实际效果，必须对影响和制约农业生产的诸多要素，例如土地、种子、肥料、水利、耕畜、农机具及其他生产资料，加以科学地综合利用，促进农作物的生长发育，将无机物质和太阳能转化为有机物质和化学潜能。因此，农业生产的发展，除了需要有调动农业生产劳动者的积极性的经济政策和增加资金、物资以及劳动的投入之外，还必须不断地改进农业生产技术。人民政府十分重视农业科学技术工作，中华人民共和国成立初期在各大区成立农业科学研究所，在一些省、区成立综合性的农业试验场。在高等院校的院系调整中新建和加强了农业院校，壮大了农业科研队伍。农业部为加强农业技术推广工作，相继建立从中央到大区、省、专区和县的各级农业技术推广机构，以县为单位，兼顾经济区划，以每平均15万亩耕地设立一个农业综合技术指导站。广大农业科技工作者与农业生产实践相结合，总结各地农业劳动模范的丰产经验，再以这些丰产经验，指导农业生产技术的改良。在农作物品种改良和良种推广、农作物病虫害的防治、土壤的改良以及各种作物的耕作技术和栽培技术的改良，都取得了一定的成效，促进了农业生产的发展。

第一，农作物品种改良和良种推广。

种子是农作物有生命的基本生产资料，选育推广农作物优良品种是应用农业科学技术成果迅速提高农作物产量的关键措施之一。农业部1949年12月召开的农业工作会议上确定以推广良种作为增产粮食和棉花的重要措施。1950年2月在农业部召开的华北农业技术工作会议上制订了《五年良种普及计划（草案）》。8月召开全国种子会议，决定广泛开展群众性的选种活动，发掘农家优良品种。由专区和县示范农场组织当地乡、村地方品种的评选，然后对初选品种进行示范和对比试验，选出适合当地生产的良种，就地繁殖，就地推广，并组织地区间的换种。同时各大区及省级农业试验研究单位，开展了水稻、小麦、玉米、棉花等主要作物的品种的区域试验，培育优良品种。这样就建立起了发动农民普遍选种、育种、换种，与农业科技人员用先进的科学技术方法培育、繁殖优良品种相结合的一整套良种繁殖推广制度，加速了良种的推广。到1952年，全国良种种植面积达到813.3万公顷，比中华人民共和国成立前扩大了11倍。几种主要农作物品种改良和良种推广情况如下。

1. 水稻

中华人民共和国成立前水稻品种严重混杂退化，如按常规育种，很难适应发展生产的需要。农业部组织广大农业科技人员从1950年开始在全国范围内广泛开展了地方品种的评选、鉴定和推广。水稻科技人员深入稻产区农村与广大农民一起调查水稻品种的来历、名称、特征、适应地区和栽培要点，从多方面予以比较评选。在各产稻区都选出一批优良品种，如广东的塘埔矮、石脚矮，福建的陆财号、三冬号，湖南的胜利籼、万利籼，江苏的老来青，浙江的浙场三号，江西的南特16号，安徽的五十子，四川的中农4号，等等。仅胜利籼品种就在长江中下游推广种植面积达133.33万公顷。上述良种一般比原来的农家品种平均每亩增产稻谷50斤左右。

2. 小麦

中华人民共和国成立初期，针对小麦锈病危害严重，1950年农业科技人员主要是评选各小麦区抗锈病良种系统选育出一批抗病虫害良种，如北方冬麦区推广面积较大的蚰子麦和徐州438、平原50、蚂蚱麦等。在评选和推广地方良种的同时，还推广了早期杂交育成的品种和从国外引进的及其系统选育的品种。如碧蚂一号，在区域试验和示范中表示优异：茎秆粗壮，穗大粒多，耐肥抗倒伏、抗条锈病强、早熟、品质好，1949年种植面积不到300亩，到1953年迅速扩大到700多万亩。又如南大2419，在长江流域进行区域试验，表现适应性广，较早熟，抗条锈病和吸浆虫强，穗大、粒多，也得到了较迅速的推广。

3. 玉米

1950年2月，农业部召开全国玉米工作会议，制定了《全国玉米改良计划》，提出以选用优良农家品种为主，同时开展品种间杂交和双交种的选育和应用。而在近期内则推广简便易行的人工辅助授粉和去雄选种等措施，选育和推广品种间杂交种。各玉米产区推广了金皇后、金顶子、白马牙、英粒子等优良品种，仅在北方各省即推广种植1000万亩以上。农业科技工作者在评选农家优良品种的基础上，开始选育和应用玉米品种间杂交种。1950年陈启文教授在山东主持选育的品种间杂交种：坊杂2号、坊杂4号，最先在生产上应用，到1953年，山东推广面积达200多万亩。

4. 棉花

中华人民共和国成立前，棉花品种已严重混杂退化，产量低（每亩21斤皮棉），质量下降。为了迅速提高棉花产量和品质，1949年春，华北人民政府农业部就成立棉产改进处，加强斯字棉2B良种的繁殖保种工作。1950年2月，从美国引进优良棉种2000吨，其中有邹秉文教授从美国引进的480吨岱字棉15号良种，品质好、产量高、适应性广。为了加速岱字棉15号良种的繁殖推广，当年在江苏南通地区、松江地区和江西彭泽县建立良种管理区，集中繁殖，严格去杂去劣，良种籽棉由良种轧花厂轧花保种。1950年11月，中央农业部发布了《建立棉种选育繁殖推广制度及五年普及良种计划（草案）》，要求科研单位繁育"原原良种"，良种繁殖农场生产"原良种"；在推广良种种植地区要集中建立良种繁殖区，配备良种轧花厂，对良种籽棉分收分轧。在全国各棉花良种繁殖区，共配置了58个良种轧花厂。各大区农业科学研究所分别进行了棉花品种区域试验，以鉴定棉花良种的推广价值及其适应范围,使适应各棉区的优良品种能得到及时的推广。贸易部和农业部还联合决定,对良种繁殖区的良种籽棉,实行加价4%的收购政策,以鼓励农民繁殖良种,保证良种籽棉集中收购,交由良种轧花厂轧花保种,以防止棉种混杂和降低棉种质量。通过以上措施,使棉花良种得以迅速推广。到1952年棉花优良品种的种植面积,已经占全部棉花播种面积的50%以上。

第二,农作物病虫害的防治。

中华人民共和国成立初期,农作物病虫害对农业生产的危害十分严重。人民政府制定和执行了及早预防、防重于治的方针。农业部1950年在全国各地建立了28个农作物病虫害防治站,到1952年增加到120个。各大区及各省都建立了农作物病虫害防治机构。为了克服农业植保技术人员的不足,农业部举办植保训练班,加速培养植保技术人员,成立拥有80多人的农作物病虫害防治队,在全国各地巡回检查督导农作物病虫害防治工作。三年中,共动员了1200多万农民在54000多万亩耕地上进行了病虫害的防治,取得了巨大的成效,大大减轻了病虫害对农业生产的危害,据农业部估计,三年中,约减少农作物产量的损失,折合粮食300亿斤以上。几种主要农作物病虫害的防治情形,分述如下。

1. 对蝗虫的防治

蝗虫是中国历史上危害农作物最严重的害虫。据统计从公元前707—1935年,曾发生796次大的蝗害。1949—1952年蝗虫连年发生,受害面积达400多万公顷,人民政府把消灭蝗害当作农业生产战线上一项重要的任务,提出"治早、治小、治了"的方针,国家拨出专项经费用于治蝗。1951年蝗虫危害季节,人民空军出动五架飞机参加灭蝗。当时药剂缺乏,主要靠发动和组织群众人工灭蝗。1950年共出动19000万个工日,治蝗面积1300万亩。当年由于事先准备不足,防治不彻底,残留飞蝗,遗卵较多,1951年准备充分,及早防治,在蝗区建立23个治蝗站培训了5万多名农民侦察员、药械手。当年夏蝗发生面积较广,达1400多万亩,由于防治及时，采用人工防治和药剂防治相结合的方法，把大部分夏蝗消灭在幼龄期，使秋蝗发生面积减少到390余万亩，减轻了秋季防治任务。当年共施用药粉600万斤，麦麸292万斤，用人工7600万人。除广泛应用喷粉药杀、毒饵诱杀及人工除治外，有的地方还用鸭、鸡啄食蝗蝻。平原省梁山县利用养鸭户12000只鸭子，在八天内消灭了八里长六里宽湖面上的蝗蝻。苏北宿迁县亚腰湖农民用近3万只鸡在2000亩耕地啄食蝗蝻48000斤，各地组织联防，层层包干，防治较彻底，当年估计，由于及时防治，减少粮食损失1749600万斤，并使以后蝗虫的发生和危害大为减轻。

2. 水稻螟虫的防治

螟虫严重危害水稻生产。1949年蝗虫异常严重，苏南减产稻谷约10亿斤，浙江减产稻谷20亿斤。估计全国减产稻谷在100亿斤以上。1950年各地进行了积极防治并创造了许多防治办法。如江西南昌等19县，实行"三耕"（秋耕、普遍冬耕、提早春耕）结合"三光"，即将稻根拔光、捡光、烧光的办法，消灭在稻根中过冬的幼虫，使1951年螟虫发生减少。华东稻产区1950年春季发动农民在秧田期采卵捕蛾、夏秋季稻田点灯诱蛾、冬季普遍冬耕、掘稻根。农业生产科技人员总结了上述防治螟虫的经验，并对螟虫的种类、习性和对水稻生产的危害进行了调查研究，螟虫中的三化螟对水稻生产的危害最严重，而三化螟幼虫主要在稻根中过冬。农业部提出以防治三化螟为主要对象和防治重点，防治方法以江西省的"三耕"结合"三光"，掘毁稻根为最基本的方法，同时辅之以采卵捕蛾、点灯诱蛾等办法。1951年南方稻区采取耕稻根等措施，消灭越冬三化螟。当年秋冬耕稻田302.7万公顷，掘毁稻根水田面积71.3万公顷，同时发动农民捕蛾采卵，共用人工2893万，使螟虫大为减轻。据九省区不完全统计，当年损失稻谷25亿斤。1952年6月农业部召开全国治螟座谈会，制订四季治螟的对策，在主要稻产区建立稻螟观测站和治螟示范区，提出五年消灭螟灾的计划。

3. 小麦锈病和小麦吸浆虫的防治

1950年小麦条锈病大流行，造成小麦严重减产，估计全国减产120亿斤。根据周恩来总理指示，农业部1950年8月召开全国防治小麦锈病座谈会，成立了全国小麦锈病防治研究委员会，组织育种、栽培和植病多学科的科技人员研究拟定防治措施。从此，各地加强了对小麦锈病的防治，尤其重视抗锈小麦品种的选育、繁殖和推广。碧玛一号和南大2419抗锈良种的迅速推广，使小麦锈病大为减轻。

小麦吸浆虫也是对小麦生产危害严重的虫害，1950年在产麦区七个省88个县发生，据皖北阜阳、河南南阳两个专区20个县统计有700余万亩麦田受害，减产小麦4亿余斤。陕西关中麦区一般减收三成，重灾区达到八九成。重灾区农民不敢继续种麦或减少种麦，苏北太兴县当年减少冬小麦面积15%；陕西武功麦田从占耕地50%减到只占耕地8%。1951年4月，农业部召开小麦吸浆虫防治座谈会，总结了各地群众对防治小麦吸浆虫的经验。如河南南阳地区实行拉网，网兜捕虫，药剂防治上用0.5%"六六六"粉剂喷洒，农业科技人员在陕西关中一带发现两种寄生蜂对小麦吸浆虫有抑制作用，1951年小麦吸浆虫发生面积较大，但由于防治积极，危害较轻。1952年4月全国小麦吸浆虫防治座谈会，进一步总结了1951年的防治经验，农业科技人员研究小麦吸浆虫的生活习性、提出选育抗吸浆虫品种，如西北6028、华东南大2419、中农28等，在耕作制度上，麦收后及时浅耕暴晒以消灭幼虫等办法，减轻了小麦吸浆虫的危害。

4. 棉花病虫害的防治

中华人民共和国成立后，棉花种植面积迅速扩大，许多新植棉区农民缺乏防治棉花病虫害经验，致1951年棉蚜发生面积猛增，受害面积约占种植面积60%以上，其中有1/3棉田棉叶卷缩。各棉区广泛发动农民开展了对棉花蚜虫的防治，在226万公顷棉田上，挽回皮棉损失达101.7万担以上。1952年政府及时发出防治棉花病虫害农药贷款5000余万元。供销合作社经营贷放棉虫药剂5900余万斤，喷雾器38万余具，分别比1951年增加7倍和2倍。农业部在北京和武汉召开北方和南方棉区专业干部训练班，总结各地防治棉花病虫害的经验。各省区召开会议，举办棉花病虫害防治技术传授站，广泛传授防治技术，仅河北、山西两省就有827.4万农民学习掌握了防治技术。各地农民广泛采用"三开兑一凉温汤"浸种，结合草木灰拌种，用棉油皂、烟叶和鱼滕等制的农药防治棉虫，收到明显的成效。当年全国防治棉虫的棉田面积达266.7万公顷，防治棉病的棉田面积140万公顷，估计挽回皮棉损失150余万担。

第三，土壤改良。

土壤是农作物生长的基础，改良土壤是保持提高土壤肥力，增加农业生产产量重要措施之一。中华人民共和国成立前，由于长期战争破坏，不仅造成大量耕地荒芜，而且使许多耕地水土流失，甚至风沙化、盐渍化，土地生产力下降。1950年中央农业部召开了第一次全国土壤肥料工作会议，有许多全国著名的土壤肥料专家出席，共商土壤改良大计。会议讨论并拟定了土壤调查研究，荒地合理利用、水土保护、土壤改良及增施肥料等各项实施计划（五年）。具体制定了黄泛区的土壤改良和利用，北方盐渍土改良的实验研究；南方红壤土改良实验研究；西北黄土区及沙漠风蚀区的水土保持八个实验区的实验内容和近期（1950年和1951年）要求。从此，农业科技人员在各实验区内的实验研究中，系统总结了农民在生产实践中改良土壤的成功经验，并以先进的科学技术指导，在各实验区的土壤改良、水土保持中取得了一批开创性的成果为以后各地的土壤改良打下了初步的基础。与此同时，在旱田改水田，也取得了明显的成绩，三年中共增加水田面积4533万亩，1952年比1949年水田面积增长13.3%。

第四，农作物耕作技术和栽培技术的改良。

我国是具有七千多年农耕历史的古农业大国，具有精耕细作的优良传统,但是到了近代由于帝国主义、封建主义和官僚资本主义对农民的残酷剥削和长期战争的破坏,使耕畜农具减少,农田水利失修,农业生态环境恶化,农业耕作粗放。中华人民共和国成立后,广大农业科技人员,响应政府号召,深入农村,总结农民的丰产经验,对各地各种农作物的精耕细作的传统经验,进行系统的总结,因地制宜地加以推广。农业部 1952 年在总结 1950—1951 年农业大面积增产经验的基础上,制定出各种农作物的《技术指导纲要》,《技术指导纲要》对不同地区,不同的土壤、气候等条件均有不同的规定和要求,具有因地因时制宜的特点。它既是对各种农作的精耕细作的传统经验的总结,又是传统经验与先进的农业科学技术的密切结合;同时也是各种单项耕作技术或栽培技术与综合技术的有机结合,符合农业生态发展的要求,能够增加单位面积产量。现就几种主要农作物的耕作技术和栽培技术的改良,作一简略的介绍。

1. 水稻。1950 年开始,从中央到地方各级农业部门就十分重视水稻耕作和栽培技术的改良。1950 年 3 月,农业部发出指示,提倡双季稻栽培以增加稻谷产量。1950—1952 年,我国南方水稻区以改善水利条件为中心,改变生产条件进行单季稻改双季稻,即把单季稻改成油菜—水稻、小麦—水稻或双季稻,变一熟为两熟,取得了增产的效果。1950 年涌现出江苏省陈永康的一季晚粳稻、吉林省崔竹松的北方一季稻、湖南省李呈桂的双季稻等一批丰产田,农业科技人员对他们的经验进行了总结和推广。我国水稻生产过去以传统的水育秧苗法为主,在春季寒潮入侵频繁、气温极不稳定、经常发生严重烂秧和死苗现象,是水稻生产上的一大障碍。由于总结和推广了陈永康创造的落谷稀、播得匀、浅水勤灌,培育壮秧的经验,对提高成秧率,减少烂秧和死苗起了很好的作用。陈永康在 1950 年丰收的基础上,1951 年又创造了亩产 1400 多斤的成绩。1952 年江苏省金山县有 247000 亩稻田,采用了陈永康的丰产技术,获得了增产五成到一倍的成绩。湖南醴陵县学习推广李呈桂双季稻的栽培技术,1951年全县水稻总产量增加了三成以上。1952年农业部在总结以上丰产经验的基础上,制定了《水稻丰产技术指导纲要》,对全面系统地改进水稻耕作技术和栽培技术,提高单位面积产量起了促进作用。全国水稻单位面积产量,从1949年的平均每亩252斤,提高到1952年的平均每亩322斤,平均每亩增加70斤即增长27.8%。

2. 小麦。1950年6月,农业部发出指示,要求春麦区在可能引种冬小麦的地区,有组织有计划地扩展冬小麦种植面积,把春麦区改变为冬麦区。与此同时,北方冬小麦区在水肥等条件具备的地方扩大间、套、复种面积;在南方冬小麦区,发展稻麦两熟的耕作和栽培制度,大力提倡利用冬闲田扩大小麦种植面积。在这期间,从事小麦耕作和栽培技术研究的农业科技人员,重点研究小麦的播种期、播种量、播种方法、耕作保墒、越冬保苗、防止春霜冻害、防倒伏以及间、套、复种两季的技术。我国历史上,北方冬小麦区播种量偏少,缺苗断垄严重;南方麦区习惯望天撒播,麦苗不匀不壮,产量很低。1951年农业部门总结了各地丰产典型经验,如陕西韩城县农民史安福种植1.85亩水浇地小麦,平均亩产达到810斤,主要经验是下种量由10斤增加到17斤,缩小行距,加宽播幅,使麦苗分布均匀。同时在北京双桥农场,做了大面积小麦稀密植试验,所得结果:稀植地行距1.5尺,每亩平均产138.5斤,而密植地行距5寸,每亩平均产量260.6斤,密植地产量为稀植地的二倍。还推广山东胶东地区农民创造的"窝麦"栽培法。在南方小麦区广泛推行改撒播为条播,为间、套、复种创造条件。1952年农业部在总结上述经验的基础上制定和公布了《冬小麦丰产技术试行纲要》,提出了以合理密植为中心的一整套小麦丰产栽培方案,促进了小麦生产的发展。

3. 玉米。中华人民共和国成立前,玉米耕作粗放,施肥少、密度稀。民间流行着"稠一千、稀八百"和"玉米地里卧牛,还嫌种得稠"的谚语。大部分地区玉米产量仅100斤左右。中华人民共和国成立初期，各地涌现出许多玉米丰产典型。如山西平顺县郭玉恩1951年创造了春玉米平均每亩产量1500斤的高产纪录。农业科技人员总结了玉米丰产典型经验。主要是：（1）深耕细耙；（2）合理施肥；（3）适当密植；（4）加强田间管理。此外还有玉米与其他农作物间套种经验，北方春玉米蹲苗壮苗经验，南主秋玉米育苗移栽以及去雄选种，人工辅助授粉等经验。这些经验的推广对提高玉米单位面积产量起了重要的作用。1952年玉米每亩平均产量由1949年100斤左右，提高到179斤。

4. 棉花。中华人民共和国成立初期，棉花种植面积迅速扩大，许多新棉区的农民缺乏种植经验。农业技术部门加强了对植棉技术的指导和推广。农业科技人员深入农村总结许多丰产模范的植棉经验，如山西解县农民曲耀离1950年平均每亩745斤籽棉，1951年又创造了亩产籽棉900斤的成绩。江西彭泽县农民吴宜文每亩产籽棉881斤。在棉产区推广了他们的植棉技术。在北方棉产区主要推广防旱保墒适时播种，旱间苗、密留苗、晚定苗和曲耀离创造的"看天、看地、看苗"合理掌握水肥、适当控制前期生育的蹲苗技术，以及合理整枝技术。在长江流域棉区进行了棉花和冬作物一年两熟的栽培制度的改革，适应这种改革的需要，广泛推行改原来的撒播为条播，推广湖南植棉模范杨天才创造的条播器。许多地区推行了头年条播冬小麦，春季在麦行间条播棉花。此外，适应两熟制棉田的逐步推广，有的地方还成功推行了棉花育苗移栽的革新。1951年总结了河北省肥乡县天台山等26个村62150亩旱地棉田亩产籽棉180斤的大面积丰产经验。1952年3月农业部制定和公布了《棉花丰产技术指导纲要》（以下简称《纲要》），提出了一整套植棉技术的改革：深耕多肥、选用良种、及时播种、适当密植、保证全苗、增施肥料、防旱防水、旱锄多锄、防治病虫、合理整枝等十项技术。《纲要》特别强调技术改革中的整体技术观点和灵活运用，反对机械刻板搬用。《纲要》的实施，促进了棉花单位面积产量的提高。山西省翼城县西梁村吴春安农业社1952年全社80多亩水浇棉田亩产籽棉532.8斤，38.5亩旱地棉田亩产籽棉345.3斤；其中五亩水浇地丰产田亩产籽棉达到1021.3斤。1949—1952年，全国棉花种植面积增加一倍的基础上，单位面积产量从1949年亩产皮棉21.39斤增加到1952年的亩产皮棉31.2斤，增长47.5%。1952年当年增长24.8%，这样的速度在我国植棉史上是空前的。

1949—1952年农业各部门的生产都得到了全面的恢复和发展，各部门产值增长如下（见表1）。

表1 单位：亿元

年份	农作物产值	林业产值	牧业产值	渔业产值	副业产值	合计
1949	224.3	1.6	33.7	0.6	11.6	271.8
1952	346.6	2.9	47.9	1.3	18.3	417

从表1可以看出，1952年与1949年相比，农作物业产值增长54.5%；林业产值增长81.25%；畜牧业产值增长42.1%；渔业产值增长116.7%；副业产值增长57.7%。

三年中，主要农产品历年增长情况和与历史上最高水平比较见表2。

表2

产品		单位	1949年	1950年	1951年	1952年	1952年为1949年的百分比（%）	1952年为历史上最高年的百分比（%）
粮食		万吨	11318	13213	14369	16392	144.8	109.3
其中	稻谷	万吨	4865	5510	6065	6843	140.7	119.4
	小麦	万吨	1381	1450	1723	1813	168.7	77.9
	玉米	万吨				1685		166.8
	大豆	万吨	509	744	863	952	187	84.1
棉花		万吨	44.4	69.2	103.1	130.4	293.7	9153.0
花生		万吨	126.8	173.5	209.6	231.6	182.6	73.0

续表

产品	单位	1949年	1950年	1951年	1952年	1952年为1949年的百分比（%）	1952年为历史上最高年的百分比（%）
油菜籽	万吨	73.4	68.3	77.8	93.2	126.9	48.9
芝麻	万吨	32.6	28.7	44.1	48.1	147.5	48.5
黄红麻	万吨	3.7	7.9	25.0	30.6	827	280.7
桑蚕茧	万吨	3.1	3.4	4.7	6.2	200	28.1
茶叶	万吨	4.1	6.5	7.9	8.2	200	36.4
甘蔗	万吨	264.2	313.3	462.9	711.6	269.3	125.9
甜菜	万吨	19.2	24.5	36.0	47.9	250.7	145.6
烤烟	万吨	4.3	5.7	24.2	22.2	516.2	124.0

从表2可以看出，除了小麦、大豆和油料作物、桑蚕茧和茶叶其他主要农产品产量都超过了历史上最高年产水平。

三年中主要畜产品和水产品历年增长情况和与历史最高水平比较见表3。

表3

产品		单位	1949年	1950年	1951年	1952年	1952年为1949年的百分比（%）	1952年为历史最高年的百分比（%）
大牲畜		万头	6002	6358	7041	7646	127.4	106.9
其中	牛	万头	4393.6	4810.3	5208.8	5660.0	128.8	117.2
	马	万头	487.5	521.7	548.6	613.0	125.7	94.5
	驴	万头	949.4	1031.7	1101.6	1180.6	124.3	97.2
	骡	万头	147.1	149.7	155.3	163.7	111.3	35.6
猪年底头数		万头	5775	6401	7440	8977	155.4	114.3
羊年底头数		万只	4235	4673	5287	6178	145.8	98.8
水产品		万吨	45	91	133	167	371	111.3

随着农业生产的全面恢复和发展，农民收入增加，农民生活也得到初步的改善。1952年与1949年相比，农民留用粮食数量增长26.4%。其中农民生产用粮食数量增长了30.9%，生活用粮食数量，1952年比历史上最高年份（1936年）增长27.8%。1952年农民每人平均生活用粮食数量为496斤，比历史上的最高年（1936年）平均每人生活用粮453斤，增长9.5%。1949—1952年农民货币收入和购买力逐年增长，见表4[①]。

表4

项目	1949年	1950年	1951年	1952年
农民净货币收入（亿元）	68.5	87.4	111.4	127.9
农民消费品购买力（亿元）	65.3	80.7	102.0	117.5
农民平均每人净货币收入（元）	14.9	18.7	23.6	26.8
农民平均每人消费品购买力（元）	14.2	17.3	21.6	24.6

三年中，农民货币收入有了显著增加，1952年农民净货币收入比1949年增长86.7%，每人平均净货币收入增长79.8%。全国农民对消费品购买力增加近80%，平均每人消费用品购买力增长73%。由于收入增加，广大贫苦农民的经济状况得到明显的改善，许多贫农上升为中农，据各地调查，一般农村，中农户占总农户的60%—70%。整个农村呈现出中农化的趋势。

（原载《中国经济史研究》1992年第4期）

[①] 国家统计局：《中国商业历史资料汇编》，1963年版。

国民经济恢复时期(1949—1952年)的商品市场与物价管理

中华人民共和国成立初期，由于长期战争破坏，工农业生产下降，交通梗阻，商品交换滞塞，市场上投机盛行，物价飞涨，人民生活十分困苦。人民政府面临的迫切任务是在采取宏观调控、制止长达12年之久的恶性通货膨胀的同时，积极发展城乡物资交流，打破帝国主义的封锁禁运，为国民经济的恢复和发展创造有利的市场条件。

一　把城乡物资交流摆在首位

由于商品流通渠道滞塞，严重制约着国民经济的恢复和发展。农村土地改革以后，农民生产积极性空前高涨，农业生产迅速恢复；农民迫切需要出售手中的农副土特产品。但是，由于流通渠道不畅，发生谷贱伤农的情况。农民手里的农副土特产品卖不出去，就无法购买他们所需要的生产资料，从而无法增加对农业生产的投入。另外，城市工矿区所需要的农副土特产品又供应不足，特别是以农副产品为原料的轻纺工业因原料缺乏而开工不足，而城市工业品因农民购买力低下销路不畅，又制约着工业生产的发展。因此，疏通商品流通渠道特别是疏通农副土特产品流通渠道，发展城乡交流，活跃城乡市场，成为恢复和发展国民经济的中心环节。正如陈云所指出的："扩大农副土特产品的购销，不仅是农村的问题，而且也是目前活跃中国经济的关键。"甚至说："扩大农副土特产品购销，是目前中国经济中的头等大事。"①

中央财政经济委员会把发展城乡物资交流列为1951年财政经济工作的第一项要点。② 为了疏通商品流通渠道，发展城乡交流，人民政府采取了许多具体措施。

1. 恢复和改善运输条件，疏通旧的和开辟新的商品流通渠道。除大力恢复和发展火车、汽车、轮船等现代运输之外，广泛发展木船、大车、板车、小推车以及马驮、肩挑等运输，广泛恢复和建立运输公司，使零散土特产品集中装卸运输，促进农副土特产品运销。

2. 国营商业在各地设立农副土产公司，供销合作社普遍设立农副土特产品收购门市部，国营商业部门研究和掌握大宗农副土特产品的流通规律，千方百计恢复旧的和开辟新的购销路线。国营商业和合作社与农民广泛签订农副土特产品购销合同，并及时供应农民农业生产资料。同时鼓励私营商业和小商小贩采购和贩运土特产品，在税收、运输、贷款等方面给予方便，在价格上使之有利可图。

3. 为了给滞销的农副土特产品打开销路，商业部门召开县、省、大区各级土特产品交流会议；举办以销售为主的土特产品展销会；恢复和发展农村集市、庙会和骡马大会，组织农民开展短距离的物资交流，建立贸易货栈和农民交易所，农民购销服务部，以方便农民出售农副土特产品。

4. 为解决农副土特产品收购资金的困难，人民银行在1950年冬冻结机关团体在银行的存款后，迅速增加对商业部门的资金投放。1950年，银行贷款比1949年增加了一倍，其中，对国营商业部门的贷款占增加额的83.3%。③ 同时，银行普遍举办押汇业务，加速资金周转；扩大国内通汇网点，畅通资金流通渠道，以利于活

---

① 《陈云文选》(1949—1956)，人民出版社1984年版，第118、127页。
② 同上。
③ 《当代中国金融事业》，中国社会科学出版社1989年版，第64页。

跃城乡物资交流。此外，还提高农民存款利率吸收农民信用存款。商业部门在收购时，实行部分实物交换、部分赊销，并实行为农民代销，以解决收购资金的不足。还鼓励私营行庄贷款给私商，下乡收购土特产品。

上述措施有力地推动了城乡物资交流，特别是各地举办的土特产品交流会和展销会，使许多滞销的土特产品迅速打开了销路。华北是最早成功地举办土产交流会，打开土特产品销路的地区，1950年冬至1951年春，举办的土产交流会和展销会销售了大约值25亿公斤粮食的土特产品。1951年6月，华东区和中南区分别在上海市和汉口市举办土产展销会，华东区90%以上的滞销土特产品均销出，农民和手工业工人增加收入2亿元；中南区展销会交易总额8129万元，同时疏通了中南区与东北区阻塞多年的商品流通渠道，仅东北区在中南区展销会上采购各种土特产品总值290万元。东北区1951年9月，于沈阳市举办物资交流大会，历时三个月，成交总额2.3亿元。10月，华北区在天津市举办城乡物资交流展销会成交总额1.5亿元。各省、市和区、县都召开了土产交流会或物资交流会，形成了全国城乡物资交流的高潮。1951年全国通过物资交流会销售土特产品价值总额达10.4亿元。

1952年城乡物资交流虽一度因1951年冬至1952年春"三反""五反"运动的影响，出现萧条，但在1952年4月下旬中央贸易部召开全国土产会议以后，立即在全国掀起第二次城乡物资交流的高潮。华北地区于4月23日至5月21日在天津召开物资交流大会，成交总额为7454万元。中南区于7月在汉口召开物资交流大会，成交总额5665万元。华北区又在9月27日至11月15日，召开第二次物资交流大会，成交总额56475万元。陕西省与西安市联合召开物资交流大会，成交总额1500万元。11月17日至12月6日，在广州举办华南物资交流大会，购销总额29500万元。1952年城乡物资交流的一个重要特点，是各地在推广大区和省级城乡物资交流大会经验的基础上，普遍召开市、县以至区的物资交流会。据不完全统计，1952年全国各地共举办物资交流会7738次，总成交金额达16.38亿元，比1951年增长62%以上。

城乡物资交流的发展，活跃了城乡市场，对促进全国经济的振兴和繁荣，对国民经济的恢复和发展起了重大的作用。

1. 城乡物资交流，增加了农副产品的购销量，增加了农民的收入，提高了农民的购买力。三年中，农副土特产品采购量，从1950年的80亿元，增加到1952年的129.7亿元，增长62.1%。三年中农民净货币收入从1949年的68.5亿元，增加到1952年的127.9亿元，增长86.7%；农民购买力提高近80%。① 农民购买力的增长，促进了农业生产的发展和农民生活水平的改善。

2. 城乡物资交流的发展，沟通了全国各地的经济联系，扩大了商品流通，活跃了城乡市场。三年中，全国商品零售总额更有了较大幅度的增长：1950年、1951年、1952年三年的商品零售总额分别为170.56亿元、208.84亿元和246.88亿元；1952年比1950年增长44.7%（按1950年可比价格计算）。三年中，商业部门社会总产值由1949年的68亿元，增加到1952年的113亿元，增长66.2%。商业部门上交给国家的财政收入，从1950年的10.7亿元，增加到1952年的41.73亿元。②

3. 城乡物资交流的发展，增加了农副土特产品中工业原料，如棉花、麻类、烤烟、甘蔗、甜菜、蚕丝的采购量，促进了纱、布、麻袋、卷烟、糖、丝及丝织品等工业品的大幅度增长。1952年和1949年相比，纱增长100.6%，布增长102.6%，麻袋增长570%，糖增长125%，卷烟增长65.6%，丝增长211%，丝织品增长30%。③

4. 城乡物资交流的发展，增加了工商税收，从而增加了国家财政收入。1952年和1950年相比，工商税收增长160%；商业部

---

① 国家统计局：《中国商业历史资料汇编》，1963年版。
② 同上。
③ 国家统计局工交统计司：《中国工业经济统计年鉴（1988）》，1989年版，第39页。

门上缴国家财政收入增长 289.6%；国家财政总收入增长 181.8%。①

在城乡物资交流的大发展中，国营商业得到迅速的发展，国营商业企业从 1950 年的 7638 个，增加到 1952 年的 31444 个，1952 年比 1950 年增加了 3.12 倍。国营商业上缴利税 1952 年比 1950 年增长 3.02 倍。国营商业国内商品销售额从 1950 年的 34.42 亿元，增加到 1952 年的 155.08 亿元，增长 350.5%。其中，批发额从 1950 年的 24.48 亿元，增加到 1952 年的 114.69 亿元，增长 368.5%。国营商业批发额占全社会批发额总数的比例由 1950 年的 23.2%，增加到 1952 年的 60.5%。国营商业国内商品购进额从 1950 年的 45.55 亿元，增加到 1952 年的 140.58 亿元，增长 208.6%。②

合作社商业也有了很快的发展，供销合作社由 1949 年的 22817 个，增加到 1952 年的 335096 个。合作社商业国内商品购进额从 1950 年的 12.29 亿元，增加到 1952 年的 86.84 亿元，增长 606.6%。合作社商业对农副产品采购额由 1950 年的 5.01 亿元，增加到 1952 年的 38.83 亿元，增长 675%。合作社商业国内商品销售额由 1950 年的 8.46 亿元，增加到 1952 年的 54.79 亿元，增长 547.6%。其中商品零售额由 1950 年的 7.89 亿元，增加到 1952 年的 49.63 亿元，增长 529%；在零售商品总额中的比重由 1950 年的 6.7%，上升为 23.8%③。

私营商业在人民政府统筹兼顾的方针下，也得到了一定的发展，私营商业企业和饮食业企业由 1950 年的 477 万个，增加到 1952 年的 515 万个，增长 8%。私营商业的商品零售总额由 1950 年的 100.89 亿元，增加到 1952 年的 120.4 亿元，增长 19.3%④。

---

① 国家统计局：《中国商业历史资料汇编》，1963 年版。
② 同上。
③ 同上。
④ 《中国商业历史资料汇编》，1963 年版。

二 物价政策与"剪刀差"问题

中华人民共和国成立初期,为了制止长期的通货膨胀,人民政府采取了一系列措施,与投机资本进行了生死攸关的较量。在实行统一全国财经管理,努力实现财政收入平衡的同时,统一全国的贸易工作,建立和发展国营商业,成立全国统一的内外贸易专业公司;建立交易金制度,实行货币大回笼;建立商品调拨制度,实行物资大调拨。通过上述措施,使国营商业掌握和控制有关国计民生的主要商品,如粮食、棉花、棉纱、布匹、煤炭等。国家掌握上述物资统一调度,适时在市场上集中抛售,给投机势力以毁灭性的打击,使国营贸易公司掌握了市场上的主动权。这样就在比较短的时期内,结束了长达12年之久的恶性通货膨胀。

1950年6月以后,又出现了物价不稳定的因素。首先是美国发动侵朝战争,对我国实行禁运封锁,部分商品进出口发生困难,进口商品价格上涨。国内投机势力趁机在市场上抢购囤积紧俏物资——纱布,并由纱布带动其他物资价格上涨。为了保持物价基本稳定的局面,政务院于1951年1月4日发布了关于统购棉纱的决定,由纱布公司统一收购,以加强国营商业的实力;保证对城乡人民的供应。与此同时,建立强有力的运输指挥机构,统一安排军运与人民生活必需品的运输。充分利用民间运输工具,把分散在偏僻农村的粮食,运到铁路沿线上来,以保证城市和工矿区人民对粮食、盐、煤的需要。这样就迅速制止了物价上涨,使物价基本稳定的局面得以继续保持。

由于长期战争、生产破坏、交通阻塞以及国民党政府的反人民政策,1949年中华人民共和国成立前夕,工农业产品价格"剪刀差"比战前 1930—1936 年平均水平扩大 40% 以上。① 这表明,农民在市场商品流通中处于不利的地位。人民政府十分重视这一问题,实行在生产发展的基础上逐步缩小工农业产品比价"剪刀差"的方针。在 1949 年 8 月中共中央召开的上海财经会议上,陈云就讲过:"这次会议以后,需要召开一些专门会议,金融会议、贸易会议、物价会议。物价会议要讨论价格政策,重要的是工农产品比价。工农产品比价实质上是无产阶级领导的人民政权同农民的关系问题。"② 在中华人民共和国成立前后一年左右的时间内,人民政府主要集中精力解决通货膨胀问题。首先考虑的问题是稳定物价总水平,而不是调整不合理的价格体系。因此,在稳定物价的同时,也就把不合理的工农业产品比价稳定了下来。1950 年第一次全国物价会议上,主要是讨论调节地区差价、季节差价和批零差价,以调动私营商业的积极性。1950 年 8 月以后,中共中央曾考虑以较快的速度解决这一问题,当时国家把收购粮食的牌价定得很高,但国家又没有足够的经济力量把农民要卖的粮食全部收购下来,市场上的粮食价格仍低于牌价。1950 年 10 月以后,为缩小工农业产品比价"剪刀差",把粮食价格提高 10%,纱价上调 5%,布价下降 10%③。

1951 年 4 月,中央贸易部召开第二次全国物价会议,讨论了缩小工农业产品交换价格"剪刀差"问题。会议认为,增加农民收入,应从打开农副土特产品销路,多收购土特产品,更合乎实际,更有效易行,更为农民所欢迎。我们必须重视"剪刀差"问题,在可能的范围内缩小,但是应注意切实可行。如果不顾客观条件提高农产品价格,造成农副产品滞销,反而对农民不利。应从增加工业品生产,降低工业品的成本,为缩小"剪刀差"创造条件。

---

① 叶善蓬:《新中国价格简史:1949—1978》,中国物价出版社 1993 年版,第 53、55 页。
② 《陈云文选》(1949—1956),人民出版社 1984 年版,第 18 页。
③ 叶善蓬:《新中国价格简史:1949—1978》,中国物价出版社 1993 年版,第 55 页。

同时要努力开辟国内外市场,在多销的条件下适当提高农产品价格。① 根据这次会议精神,各地开展了城乡物资交流。由于农副土特产品销路畅通,农副土特产品收购价格总指数比1950年提高19.6%。同时由于农民收入增长,对工业品的需求和购买力的提高,这一年农村工业品零售价格上升10.23%。农副产品收购价格提高幅度大于工业品价格提高的幅度,因此,1951年工农业产品比价"剪刀差"缩小7.83%。②

1952年由于工农业生产迅速恢复和发展,工业品一度滞销,各地开展工业品推销运动,工业品价格下降。1952年9月,召开第三次物价会议,会议认为,某些工业品积压是价格偏高造成的,不论从工业品利润水平,还是从工农产品比价看,适当降低工业品价格都是可行的。会议决定适当降低工业品价格。这样,1952年工农业产品比价"剪刀差"缩小2.08%。

总之,在国民经济恢复时期,人民政府是采取逐步较大幅度提高农副产品价格和适当提高农村工业品零售价格的办法逐步缩小工农业产品交换比价。1952年同1950年相比,农副产品的收购价格提高21.6%,农村工业品零售价格提高9.7%。所以,以1950年为基期的工农业产品交换差价缩小9.8%。但是同抗战前(1930—1936年为100)相比,工农业产品价格"剪刀差"的指数:1951年为123.78%,1952年为121.06%③。

由于工农业产品价格"剪刀差"的缩小,农牧民因农产品价格提高增加的收入多,而购买工业品增加的支出少,在商品交换中从价格方面得到了较多的经济利益:1951年农副产品收购价格提高总金额为19.5亿元,减去因农村工业品零售价格提高,农民购买工业品增加的支出9.2亿元,农民受益9.9亿元。1952年农副产

---

① 叶季壮:《在第二次全国物价工作会议上的报告》,1951年4月。
② 刘素阁:《过渡时期工农业产品剪刀差的演变情况与历史启示》,《中国经济史研究》1992年第9期。
③ 国家统计局:《解放后全国工农商品价格剪刀差变化情况》,1957年版。

品收购价格提高总金额为 27.7 亿元，这一年农村工业品零售价格虽有所下降，但比 1950 年仍有所上升，同时农民购买力提高，购买数量增加，多支出 9.7 亿元，农民实际受益 18 亿元。两年合计，农民共受益 27.9 亿元①。

在调整工农业产品比价时，考虑到边远山区和少数民族地区工业品价格高于一般地区，而农牧业产品更低于一般地区的特殊情况，对这些地区的工农业产品比价缩小的程度更大一些。例如，青海湟源一只绵羊（重 60 斤）在抗战前只能换砖茶半块（每块 4 斤），1950 年可换砖茶 1.1 块，1952 年则可换砖茶 1.8 块。新疆吐鲁番 100 斤绵羊毛抗战前只能换到砖茶 3 块或白布 111 尺，1950 年换砖茶 12 块或白布 142 尺，1952 年则可换砖茶 19 块或白布 215 尺。由于工业品地区差价的缩小和畜产品价格提高的程度大于农产品，各地区工农业产品价格"剪刀差"缩小的程度很不一致。大致的情况是：沿海地区如辽宁、河北、山东、江苏、浙江、福建、广东等省缩小得少；内地各省缩小得较多（主要是地区差价缩小的结果），少数民族地区如内蒙古、新疆、甘肃、青海、广西、贵州等地区，主要由于畜产品价格上升的幅度较大和工业品地区差价缩小的结果，工农业产品价格"剪刀差"缩小的程度最大。

人民政府根据商品经济发展的客观要求，充分利用价值规律的作用，实行有利于工农业发展的价格政策。如上所述，工农业产品价格"剪刀差"的缩小，就极有利于农牧业生产的发展。中华人民共和国成立初期由于棉花、烟叶、各种麻类等工业原料作物缺乏，导致轻纺工业开工不足，严重制约着轻纺工业的恢复和发展。为了引导农民扩大棉花、烟叶和麻类作物的种植面积，农业部和商业部根据上述作物的生产成本，规定了这些作物的最低收购价格和棉粮、烟粮、麻粮的合理比价，适当提高了这些工业原料作物的收购价格，有力地促进了这些作物种植面积的扩大。1949—1952 年，

---

① 国家统计局：《解放后全国工农业商品价格剪刀差变化情况》，1957 年版。

棉花种植面积从 1949 年的 4155 万亩,增加到 1952 年的 8364 万亩,增长 101.3%。烤烟种植面积从 1949 年的 91 万亩,增加到 1952 年的 279 万亩,增长 206.6%。黄红麻种植面积从 1949 年的 43 万亩,增加到 1952 年的 237 万亩。增长 451%。[①] 由于这些作物的价格提高的幅度大于粮食,这些作物的单位面积经济收益大于粮食。1950—1952 年,种一亩棉花的经济收益相当于小麦的 2—2.5 亩的经济收益。种一亩烤烟的经济收益相当于 7.3—8.7 亩小麦的经济收益。[②] 这些作物不仅种植面积扩大,单位面积产量也有了很大的提高。棉花每亩产量从 1949 年的 22 斤,提高到 1952 年的 31 斤,增长 40.9%。烤烟每亩产量从 1949 年的 94 斤提高到 1952 年的 159 斤,增长 69.1%。黄红麻每亩产量从 1949 年的 173 斤,提高到 1952 年的 258 斤。这样就使这些作物的总产量有了大幅度的增长。棉花从 1949 年的 888.8 万担,增加到 1952 年的 2607.7 万担,增长 193.4%。烤烟总产量从 1949 年的 85.8 万担,增加到 1952 年的 443.2 万担,增长 416.5%。黄红麻总产量从 1949 年的 73.7 万担,增加到 1952 年的 611 万担,增长 729%[③]。上述作物的大幅度增长,有力地促进了棉纱、棉布、卷烟、麻袋生产的恢复和发展。棉纱从 1949 年的 32.7 万吨,增加到 1952 年的 65.6 万吨,增长 100.6%。棉布从 1949 年的 18.9 亿米,增加到 1952 年的 38.3 亿米,增长 102.6%。卷烟从 1949 年的 160 万箱,增加到 1952 年的 265 万箱,增长 65.6%。[④] 它们都超过了抗战前最高年产水平。

可是,有一些农作物如大豆、菜籽、花生、芝麻等油料作物与粮食的比价偏低,农民种植这些作物的比较效益低于粮食,就制约

[①]《中华人民共和国经济档案资料选编·农业卷》(1949—1952),社会科学文献出版社 1991 年版。
[②] 国家统计局:《解放后全国工农业商品价格剪刀差变化情况》,1957 年版。
[③] 同上。
[④] 国家统计局工业统计司:《中国工业统计年鉴(1988)》,1989 年版,第 39 页。

了这些作物的恢复和发展。据国家统计局调查，在1950—1952年，农民种一亩大豆只相当于种0.5—0.6亩稻谷的经济效益；种一亩菜籽只相当于种0.3—0.4亩稻谷的经济效益；种一亩芝麻只相当于种0.5—0.6亩稻谷的经济效益；种一亩花生只相当于种一亩稻谷的经济效益[1]。这些作物恢复发展较慢，1952年与1949年比较：大豆增长40.4%，菜籽增长26.9%，芝麻增长47.6%，花生增长82.6%。1952年的总产量只分别相当于抗战前最高年产量的84.1%、48.9%、48.2%和73%。它们是少数几种在1952年尚未恢复到抗战前最高年产水平的农作物[2]。

人民政府还根据市场供求变化，调节商品的地区差价、季节差价、批零差价，以兼顾生产、运销、消费三者的利益。对中华人民共和国成立前城乡之间、沿海地区与边远山区和少数民族地区之间悬殊的地区差别，进行了初步的调整，使不利于生产者和消费者利益悬殊的地区差价得到初步的改善。同时，在调节地区差价、季节差价、批零差价时，兼顾公私商业的利益，调整公私商业的关系。在1950年6月和1952年11月，两次调整商业中，都比较注意调节批零差价、季节差价和地区差价，以调动公私商业的经营积极性，取得了比较明显的效果。

三　市场管理

中华人民共和国成立初期由于之前国民党政府滥发钞票，造成恶性通货膨胀，市场上投机资本兴风作浪，倒卖金银外币，囤积居奇，哄抬物价，追逐暴利。人民政府除采取一系列经济措施，与投机资本较量；同时运用行政和立法手段加强对市场的管理，打击投机势力的投机倒把活动，以保证市场的稳定和繁荣。

---

[1] 国家统计局工业统计司：《中国工业统计年鉴（1988）》，1989年版，第39页。
[2] 《中华人民共和国经济档案资料选编·农业卷》（1949—1952），社会科学文献出版社1991年版。

首先是实行金融管理，公布了金银外币管理办法，禁止金银外币在市场上流通。人民银行举办折实存款，挂牌收兑金银外币。对私营银行钱庄，加强管理和监督，对经营高利贷的"地下钱庄"予以取缔。这样就将私营银行钱庄业务基本上纳入国家银行的监督之下。

在商品市场管理方面，为促进商品交流，活跃城乡市场，取消一切有碍于城乡交流的人为障碍。中央财政经济委员会、中央贸易部和各大区、省、市人民政府发布指示、决定和管理办法，取缔投机商业，严禁机关部队从事商业经营，以及关于摊贩和行商的管理办法，以加强市场管理。

1950年10月14日中央贸易部发出关于取缔投机商业的指示，为保护一切正当合法商业，严格取缔扰乱市场的投机商业。规定凡超出政府批准的业务经营范围，不在规定交易场所内交易；囤积、拒售有关人民生活必需物资，以图窃取暴利；不遵守政府规定的商业行政管理办法扰乱市场；假冒伪造，使用掺杂或违反商品规格及其他一切欺骗行为，以牟取非法利润。以上均属投机商业，应予以严格处分和取缔。对正当合法经营，实行贸易自由政策，保障和鼓励奉公守法，促使向有利于国计民生方向发展。

1950年4月22日中央财政经济委员会发布关于加强市场管理，严禁机关部队从事商业经营的指示。指出任何机关、部队、学校不得从事商业经营，国营贸易机关是负责调节供求的统一的领导机构。过去机关、部队、学校所设商店，应移交国营贸易机关，收回资金或自行结束。机关、部队、学校的消费合作社，只能由各机关、部队、学校内部经营消费业务。凡机关、部队、学校因供应需要，在本地或外地采购大宗物资时，必须经过当地国营贸易机关，不得直接或委托私商在市场上收购。各地财经机关在外地设立采购或销售机构的代表机关时，必须经上级财委批准，并在当地进行登记，接受当地国营贸易机关的指导与监督。违反上述规定，视其情节轻重，分别予以征购、没收处罚；其关系重大者，可冻结其物资或现金。

各地人民政府颁布城市摊贩管理办法。凡经营摊贩均须申请登记，经工商主管机关核准，发给许可证始得营业。摊贩营业地区，由工商行政机关商同公安、建设、卫生等部门统一规划，选定摊贩商场或营业场所及小摊小贩营业地点，不得随意移动。摊贩应标明商品价格，公平交易，不得抬高物价。严禁贩卖有碍卫生的物品及带赌博性质或有碍社会秩序及违反政府法令之营业。

各地人民政府发布关于行商的管理办法。行商须向所在行政管理部门申请登记，领取行商营业证，农村中肩挑小贩不须登记。行商经营业务范围：除有关国计民生的主要物品，如棉花、棉纱、粮食、机织白布（土布除外）和另有法令规定者外，不加任何限制，但不得有贩运违禁物品及走私行为。按贸易自由原则，行商经营业务地区不受任何限制。行商购销货物时不得在同一市场对同一商品，同时买进又卖出，不得有套买套卖及买空卖空、投机倒把、捣乱市场等不法行为，违者依法处理。行商不得兼做经纪人，行商业证或证明文件不得转借、出让、顶替，违者依法究办。农民持政府证明文件，自产自销，不得视为行商，等等。

为了加强市场管理，人民政府还公布工商业登记办法，工商业普遍登记；实行凭证入场制度；交易市场内一律现金交易，禁止空买空卖和场内转账。

在市场物价管理方面，人民政府制定了物价工作暂行条例。条例规定，物价部门的工作任务是正确贯彻物价政策，确定物价方案；研究掌握各种主要商品的地区差价、批零差价、品种品质差价、季节差价、收售差价。研究掌握各种主要商品比价，研究与计算各种主要商品的成本、进销成本及进出口成本。及时了解各市场主要商品的产销、流转、供求、价格以及商人动态，各地财经措施，金融货币等情况，预见物价发展趋势。同时还规定牌价确定程序和各级物价部门的权限与分工；商情物价调查统计及报告程序。对市场物价实行核价议价制度，严禁哄抬物价。

由于加强了市场管理，使商品市场沿着规范化方向发展，有力地促进了工农业生产恢复和发展，以及国民经济的繁荣。

（原载《中国经济史研究》1995 年第 2 期）

1953—1957年农村经济体制的变革和农业生产的发展

1953—1957年，是我国从多种（5种）经济成分，以市场调节为主的新民主主义经济体制，向以公有制（全民所有制和集体所有制）为主体的计划经济体制过渡时期。农村经济从以农民个体所有制为基础的家庭经营，向以农业生产合作社所有制为基础的集体经营转变，实现了农业合作化。与此同时，政府实行了促进农业生产发展的经济政策；大力推广新的农业生产技术，促进农业生产发展。本文对这一历史进程进行初步的分析。

一 农村经济体制的变革

1953年，我国开始实行发展国民经济的第一个五年计划。中国共产党提出了过渡时期总路线：在一个相当长的时期内，逐步实现国家的社会主义工业化。并逐步实现国家对农业、对手工业和对资本主义工商业的社会主义改造。总路线以社会主义工业化为主体，以对农业、手工业的社会主义改造和对资本主义工商业的社会主义改造为两翼，以在我国建立社会主义经济制度为目标。鉴于当时帝国主义对我国实行封锁禁运的国际形势，借鉴苏联的经验，工业化选择了优先发展重工业的方针。为了满足国家工业化对农产品，特别是粮食的日益增长的需求和重工业发展对资金积累的需求，在经济体制上，选择了以排斥市场商品交换关系为特征的计划经济体制。在国民经济发展中的资源配置上用高度集中的计划机制逐步取代市场机制。在农产品流通领域对粮食、棉花、油料等主要农产品实行了统购统销。1953年11月就开始对粮食实行统购统销政策，其直接原因是经济建设的发展、城市和矿区人口增加过快，为满足轻工业所需要的对棉花及其他农业原料的需要，农业中工业原料作物种植面积扩大，农村缺粮人口迅速增加，从而使粮食销售量增长过快。粮食收购量增长速度赶不上销售量的增长速度。粮食统购统销政策的实行使国家能在粮食生产供应匮乏的情况下，以较稳定的价格收购粮食，以保证城市和工矿区人民的粮食供应。这对稳定当时的市场物价和安定社会秩序起过重要的作用。同时，国家通过这一政策，垄断粮食的收购，全面掌握了流通领域的主动权，起到了促进城乡社会主义改造的作用。实行统购统销政策的初期，农民在完成统购任务以后，可以到自由市场上去销售。1956年10月开始逐步建立和发展了国家领导下的自由市场。但是，在1957年8月，国务院发布了《关于由国家计划收购（统购）和统一收购的农产品和其他物资不准进入自由市场的规定》，凡属国家规定计划收购的农产品，如粮食、油料、棉花不开放自由市场，全部由国家计划收购。实践证明，这种切断农民与城乡市场联系，完全排斥市场对农业生产的调节作用的做法，束缚了农村商品经济的发育与成长，严重地制约了农业生产的发展。

"一五"时期，在农村全面开展了农村合作化。在初期，农业生产互助合作、农村供销合作和农村信用合作是农村合作化的三个方面；强调一切从小农经济的现状出发，坚持自愿互利和循序渐进的方针。在生产领域，农业互助合作以发展农业生产为中心，"围绕农业生产而为它服务"；并从实际出发，创造了不触动农民生产资料私有制的临时互助组、常年互助组和以土地入股分红为特征的初级农业生产合作社。这些组织形式，经过实践检验是有利于农业生产发展的，1953年年底，全国兴办的农业生产合作社由1952年年底的3600多个，增加到14000多个。农业生产互助合作促进了农业生产的发展。但是，上述正确方针和组织形式，并没有贯穿始终，1954年以后，加快合作化进程，5月，第二次全国农村工作会议上，提出合作化运动不仅应该作为农村工作的中心，也应该当作生产运动的中心，偏离了原来的以农业生产为中心的稳步前进的方针。一年内农业生产合作社由14000多个迅速增加到1954年年底的48万个；1955年春季更增加到67万个。到1955年夏季，中共中央领导人对农业合作化进程发生了不同意见，把原来正确的方针，当作"右倾机会主义"错误来批判。这样就使农业合作化运动形成了超高速发展的猛烈浪潮。到1955年10月底，全国初级农业生产合作社增加到127.7万个，入社农户3813.3万户，占农户总数的32%。年底初级农业生产合作社迅速增加到190.5万个，入社农户7545.2万户，占农户总数的63.3%。在迅速实现初级农业合作化的同时，又出现了初级农业合作社升级为高级农业生产合作社的高潮。1955年6月底，全国试办了高级农业生产合作社500个，参加农户只有4万户，不到全国总农户的0.1%。到1956年3月底，高级农业生产合作社猛增到26.3万个，入社农户猛增到6577.6万户，参加高级农业生产合作社的农户已达到54.9%。到12月底，高级农业生产合作社增加到54万个，入社农户达到10742.2万户，占农户总数的87.8%，基本实现了高级形式的农业生产合作化。这样，原来预计15年完成的农业合作化，仅仅用了4年时间，提前11年完成了。农业合作化实现了农民土地个体所有制向集体所有制过渡的历史性变革。

在农业生产合作化的同时，农村供销合作社和信用合作社也得到了迅速的发展，到1957年全国农村供销合作社社员15745万人，职工168万人，农村供销合作社收购、批发、零售门市部和供销店、分店、代购代销店等网点在广大农村普遍建立。1957年供销合作社系统共收购农副产品和废旧物资总额达到60.05亿元，比1952年增长53.1%；销售生活资料和农业生产资料总金额达到95.07亿元，比1952年增长90%。农村信用合作社也得到了较快的发展，1955年全国有信用合作社15.3万多个，共有社员6800余万户，占全国农户总数的60%左右，共集股金17200万元。当年农村信用合作社存款总额23.31亿元，余额6.08亿元，相当于国家银行同期农村储蓄存款余额的4.6倍；当年农村信用合作社放款8.36亿元，余额3.01亿元，约相当于国家银行同期放款的1/3。此外农村信用合作社还向国家提供了大量信贷资金。

应当指出的是，在农业生产领域的高级农业生产合作社组织形式，并不是从我国农村实际出发，经过试验逐步推广的，它是以苏联的集体农庄的模式，在"高潮"中迅速普遍推广的，因此，它带来了许多困扰农村经济发展的问题。"高潮"刚刚过去，许多地方就发生了退社风潮。一些地方出现了改变高级农业生产合作社内部关系的"包产到户"新的经营形式，受到农民的欢迎。但不久它被定性为"离开社会主义道路的原则性路线错误"。尤其应当指出的是，由于过急过快地实现了农业合作化，造成了一种错觉，似乎生产关系的变革，可以脱离生产力发展的基础，同时也错误地过高估计了农民的社会主义积极性，这些又成为1958年发动"大跃进"和"人民公社化"运动的理论根据，从而导致了更严重错误的发生。

"一五"时期，农村经济体制另一项重要变化是，国家调集人力、物力和财力，加速了国营农牧场建设。1954年先后由军队转业官兵组建新疆军区生产建设兵团和黑龙江军垦农场。政府还组织城市青年志愿垦荒队到黑龙江、新疆、华南开荒建立国营农场。全国其他一些省、区也在沿海、沿江、滨湖、滨河、荒山、荒漠以及大城市郊区开荒建设国营农场。到1957年国营农场发展到804个，比1952年的562个增长43.1%；国营农场职工人数增加到44.1万人；耕地面积猛增到105.4万公顷，比1952年增长1.8倍。五年中新开荒耕地86.9万公顷，比1949—1952年开荒面积增长2.39倍。拥有拖拉机4815台，联合收割机1406台，载重汽车3008辆。1957年全国农垦系统国营农场工农业生产总值4.4亿元，比1952年的1亿元增长3.4倍。农业总产值2.7亿元，比1952年的0.7亿元增长 3.85 倍。粮食总产量 14.58 亿斤，比 1952 年的 4.52 亿斤增长 2.22 倍。向国家交售商品粮 4.81 亿斤，比 1952 年的 9200 万斤增长 4.22 倍。①

二 促进农业生产发展的经济政策

"一五"计划时期。政府实行了以下一些促进农业生产发展的经济政策和措施。

（一）在实行主要农产品统购统销政策的同时，提高农副产品的收购价格

1953 年提高粮食收购价格 13.6%。1956 年随着铁路交通的发展，又提高了一些新建成铁路沿线的粮食收购价格，并对交通不便的边远地区实行粮食保护价，每斤粮食不低于 4 分。油料收购价格 1953 年提高 12%；1957 年提高油茶籽收购价格 29.86%，芝麻油、油茶价格提高 25%，桐油价格提高 31%。1952 年棉花生产大丰收，1953 年收购价格曾有所下降，1954 年又调整了粮棉比价，适当提高了棉花收购价格。生猪收购价格 1953 年提高 13.1%，1957 年又提高 13.8%。1957 年与 1952 年相比，粮食类价格提高 17%；经济作物类价格提高 13.2%；畜禽产品类价格提高 39.3%；其他农副产品价格提高 38.1%。"一五"时期农产品收购价格指数与农村工业品零售价格指数变化比较如表 1。（以 1952 年为 100）

从表 1 可以看出，1953—1957 年，农副产品收购价格的总指数增长 20.2%。而农村工业品零售价格总指数只增长 2.2%。中华人民共和国成立初期的工农业产品价格剪刀差在国民经济恢复时期缩小的基础上，又有进一步的缩小。但是，考虑到工业与农业之间劳动生产率的差别，农产品收购价格提高幅度仍然偏小，不利于调

---

① 《中华人民共和国经济档案资料选编（1953—1957）》（农业卷），中国物价出版社 1998 年版，第 747—748 页。

动农民的生产积极性。

表1

年份	1953	1954	1955	1956	1957
农产品收购价格总指数	109	112.4	111.1	114.5	120.2
农村工业品零售价格总指数	98.6	100.5	102	101	102.2

资料来源：国家统计局：《解放后全国工农业商品价格剪刀差变化情况》，1957年8月。

（二）实行稳定农业税收政策

政务院在《关于1953年的农业税工作的指示》中明确规定，三年内（1953—1955年）农业税收指标稳定在1952年实际征收的水平上，不再增加。1956年和1957年仍继续稳定。同时，还规定实行"灾情减免"或"社会减免"的政策，这样就使"一五"时期农业税稳定在1952年的水平上。1957年全国农业税额为29.67亿元，占当年农业总产值的5.5%，比1952年的5.9%，减少0.4个百分点。"一五"时期以粮食为计量单位的全国农业税负担情况如表2。

表2   单位：亿斤

年度	农业实产量	计税产量	农业税实征额	其中正税	农业税占计征产量%	农业税占实产量%
1952	2924.2	2374.2	357.8	352.0	15.1	12.2
1953	2891.6	2357.9	349.5	328.0	14.6	11.9
1954	2987.9	2401.3	371.5	343.0	15.5	12.4
1955	3297.3	2404.8	384.0	351.0	16.0	11.6
1956	3408.8	2403.1	366.9	319.0	15.3	10.8
1957	3449.8	2397.1	400.1	355.0	16.7	11.6

资料来源：《中国农民负担史》（第四卷），中国财政经济出版社1994年版，第181页。

从表2可以看出：国家农业税正税除1957年比1952年有所增

加外,其余年份均比 1952 年有所减少;加上地方附加合计实征数额与 1952 年比较,除 1953 年有所减少外,其余年份均有所增加,这主要是地方附加征收额增加的结果。五年间,全国农业实产量增加 1414 亿斤,农业税正附税增加 84 亿斤,占产量增加数额的 5.8%。农民农业税负担水平相对有所减轻。五年间,农业税实际负担率除 1954 年比 1952 年有所增加外,其余年份均有所下降。五年平均农业税实际负担率为 11.67%,比 1952 年下降 0.53 个百分点。

(三)增加对农业生产的投资

五年间,国家投资于农业基本建设(包括农业、林业、水利和气象)的资金总额 42.99 亿元。各年投资金额如表 3。

表 3 单位:亿元

年份	1952	1953	1954	1955	1956	1957
金额	6.46	7.85	4.13	6.19	12.11	12.71

资料来源:《中华人民共和国经济档案资料选编(1953—1957)》(固定资产投资和建筑业卷),中国物价出版社 1998 年版,第 279 页。

从表 3 可以看出:五年间每年平均 8.598 亿元,比 1952 年的 6.46 亿元增长 33.1%。但是,分年考察则很不平衡,前三年增加的不多,1954 和 1955 年不仅没有增加,还有所减少。1956 年 4 月 26 日,毛泽东在中共中央政治局扩大会议上,作了《论十大关系》的报告,其中论述了重工业和农业、轻工业的投资比例,强调了更快地发展农业、轻工业以后,国家对农业的投资才有所增加。1956 年和 1957 年对农业的投资额分别达到 12.11 亿元和 12.71 亿元,比前三年的平均额 6.056 亿元,增长 104.6%。与此同时,国家财政支援农业的资金也有所增加,五年总计金额 99.58 亿元,平均每年 19.92 亿元,占同期财政支出总额的 7.4%。国家银行对农业的贷款增加幅度较大,1957 年年底,国家银行对农业的贷款余额

27.7亿元,相当于1952年的6.6倍。

(四)进行了大规模农田水利建设,扩大了农田灌溉面积

政府在重点治理大江大河的同时,把组织农民开展兴修水利、保持水土作为发展农业的重要措施。农业合作化的开展,促进了农田水利基本建设的发展。各地广泛开展了打井、开渠、挖塘、修筑沿江、沿河、沿海堤坝和修建水库,等等。五年内共完成土石方17.8亿立方米,增加有效农田灌溉面积738万公顷,1957年年底全国灌溉面积达到2733.9万公顷,比1952年年底的1995.9万公顷增长37%。1957年,全国用于排灌的动力设备增加到1亿瓦特,比1952年增长了3.6倍。全国机电灌溉面积从1952年的31.7万公顷,上升到1957年的120.2万公顷,增长2.9倍。五年间,结合江河治理,修建了上百座大中型水库及骨干排水河道。在农村普遍兴修小型水库的同时,有些地方还建设了小型水电站。1957年全国农村小型水电站544个,发电能力2万千瓦,分别比1952年增长4.55倍和1.5倍。在群众性的水土保持工作中也取得了显著的效果。尤其在水土流失严重的陕西、山西、甘肃、宁夏等省和自治区,通过在黄土丘陵打坝护坡,在高原沟壑修建梯田,在平原地区平整地埂,在山区植树造林,对防止水土流失起了重大的作用。

(五)随着国家工业建设的发展,增加对农田生产资料的投放数量

1957年化肥施用量达到37.3万吨,比1952年的7.8万吨增长3.8倍;农药14.9万吨,比1952年增长8.9倍;农用柴油12.9万吨,比1952年增长11.9倍。1957年全国农村用电量达到1.4亿千瓦小时,比1952年的0.5亿度增长1.8倍;农业机械总动力达到12.1亿瓦特,比1952年增长5.7倍;农用大中型拖拉机14674台,联合收割机1789台,农用载重汽车4084辆,分别比1952年增长10.2倍、5.3倍和13.6倍。渔业机动船只达到1485艘,比1952年成倍地增加。

（六）开展爱国增产竞赛运动，奖励增产模范

农业部根据各地自然区划，分别制定不同地区、不同作物的不同奖励标准，实行中央、省、县三级奖励制。1955年12月，农业部重新制定了《关于奖励农业增产模范的暂行规定》，突出奖励大面积增产和提高科学技术对增产作用的奖励标准，并强调奖励增产模范同农业合作化运动相结合。五年内，涌现出大批大面积增产的典型，推动了农业生产的发展。1955年湖南省出现了三个粮食亩产千斤县、105个千斤区、6997个千斤社。广东省潮安县30多万亩水稻平均亩产1002斤，澄海县16万亩双季稻平均亩产1079斤。浙江省52亩棉花平均亩产皮棉85斤。新疆维吾尔自治区玛纳斯河流域垦区8万多亩棉花平均亩产皮棉113斤。上述丰产典型推动了农业科学技术的推广。1957年全国共有64个县、市粮食生产达到《全国农业发展纲要》所规划的1967年要求亩产400斤、500斤、800斤的指标。①

三　新的农业生产技术的推广及其成就

五年内，在农业生产技术方面，加强了新的农业生产技术的推广和应用。农业部在全国各地普遍建立了农业技术推广站，从1952年的232个，增加到1955年的7997个。还建立了牲畜配种站、兽医防治站、农业拖拉机站等技术推广和服务机构。上述机构总结农业劳动模范增产经验，再以这些经验，指导农业生产技术改良。在农作物品种改良和推广、农作物病虫害防治、农作物耕作技术和栽培技术的改良、土壤改良等方面，都取得了一定的成效，促进了农业生产的发展。

第一，农作物品种改良和良种推广。到1956年全国建立良种

---

① 《中华人民共和国经济档案资料选编（1953—1957）》（农业卷），中国物价出版社1998年版，第1141页。

示范繁殖农场 2000 余处，拥有耕地 13.3 万公顷，年繁殖推广优良品种 7.5 万吨。农业生产合作社普遍建立种子田，1956 年，黑龙江、吉林、广东、山东、福建等省已有 70% 以上的农业生产合作社建立了种子田，面积达到 46 万公顷，繁殖自留自用良种 10 万吨。群众性的选种运动，选出一批优良的农家品种："一五"时期普遍推广的碧玛一号小麦良种，在陕西关中等地，亩产可增加 10—100 斤，1953 年全国种植面积 300 多万亩，1956 年迅速扩大到 5500 多万亩。南特号早稻良种在苏北等地，每亩增产 80—250 斤。胜利油菜良种在四川等地每亩增产 50—200 斤，1956 年以胜利油菜良种为基础。西南农业科学研究所首先选育出 322 和 325 一批中国的甘蓝型早熟油菜新品种，增产效果更为显著。在积极选育、繁殖农家优良品种的同时，引进外来优良品种，经过试验、示范，逐步推广。1953—1956 年，从苏联引进早熟陆地棉良种 611 波、司 3173、克克 1543、中熟陆地棉良种 108 夫、司 1470、海岛棉良种 2 依 3、5476 依、910 依、8763 依等 20 多个品种在新疆试种并择优繁殖推广[①]。1957 年从日本引进世界稻（经过鉴定定名为农垦 58），推广后种植面积迅速增加，促进了长江流域双季稻的发展，增产作用很大[②]。到 1957 年，全国良种种植面积达到 8133.3 万公顷，占农作物播种面积的 52%。粮食优良品种的播种面积所占的比重从 1952 年的 4.7%，提高到 55.2%。其中，小麦良种普及率达到 69%，水稻良种普及率达到 63%。棉花优良品种播种面积所占比重从 1952 年的 50.2%，提高到 93.9%[③]；油料作物和其他作物的良种播种面积也有所增加。

第二，农作物病虫害的防治和牲畜疫病的防治。五年间对历史上危害最大的蝗虫的防治取得了重大的成效。在 1952 年全国治蝗座谈会提出的由人力为主改为药剂为主的方针下，在全国建立了

---

① 《当代中国农作物业》，中国社会科学出版社 1998 年版，第 211 页。
② 同上书，第 86 页。
③ 同上书，第 459 页。

23个防治站,培训了5万多农民侦察员、机械手。1955年蝗虫发生面积117.3万公顷,用药防治面积86.5万公顷,在新疆、河北、天津等地用飞机治蝗6.7万公顷,使千年蝗害得到了有效的控制。对水稻螟虫的防治,从1954年开始实行四季治理,在南方主要稻区建立稻螟观察区,在螟虫发生区建立治螟示范区。1957年又推广农业防治与药物相结合的方法,"栽培避螟"和药物防治并重的办法,当年防治面积达1200万公顷,螟害率由过去的10%—20%下降到5%—10%。对小麦锈病采取组织育种、栽培和植保多学科联合攻关,培育出抗锈品种,控制了锈病的蔓延和危害。1957年全国农作物病虫害防治面积467万公顷,比1952年增长4倍。在牲畜疫病防治方面,对耕牛危害最大的牛瘟到1955年就已经消灭,到1957年已遏止牛炭疽病蔓延,猪瘟和猪丹毒也有了有效的防治方法。

第三,农作物耕作技术和栽培技术的改革。五年间,对各种农作物精耕细作的传统经验进行系统总结,使其同现代科学技术密切结合,因地制宜加以推广。各地在改革中主要根据自然条件,提高土地的利用率,以增加农作物的总量。从1953年开始,大力推广了北方秋耕、南方冬耕、一熟冬麦区伏耕,并加深耕作层(6—10厘米)。在南方稻区,耕作栽培制度进行了单季稻改为双季稻、间作稻改连作稻、籼稻改粳稻的改革。从1954—1956年,基本上把间作稻改成了连作稻,不少地方还将一季稻改成了双季稻。湖南、江西两省,1954年双季稻播种面积仅占稻谷总播种面积的22.9%,1956年增加到52.3%。福建、广东、广西三省双季稻也由1954年的57.8%上升到1956年的69.8%。1956年全国双季稻种植面积发展到466.7万公顷。① 在淮河、秦岭以南和长江以北地区通过推广秋耕、深耕、适时播种、合理密植、保墒防旱、培育壮秧等栽培技术,扩大冬小麦、油菜,增加稻麦、稻油(菜)两熟面积。在华

---

① 《当代中国农作物业》,中国社会科学出版社1998年版,第82页。

北平原地区发展玉米与小麦、玉米与马铃薯的间作套种，增加玉米播种面积，促进了玉米生产的发展。1956年全国玉米种植面积扩大到1766.2万公顷，比1952年增长40.6%，总产量达到2305万吨，比1952年增长36.8%。

第四，改良旧式农具和推广新式农具。五年间主要进行了新式畜力农具的推广和旧式农具的改良。1953年推广新式畜力农具双轮双铧犁、圆盘耙、播种机、收割器、脱粒机等69万多件。在新式农具的推广中，曾一度出现农具质量差、价格高、技术传授和修理配件跟不上，导致积压浪费。1954年经国务院批准，进一步降低13种主要新式农具价格15%—40%；颁布《新式农具统一管理办法》，改进推广工作，加强对农具手的技术培训，加快了推广速度。到1957年年底，全国共推广新式畜力农具468万件，其中双铧犁、新式步犁、水田犁、山地犁300多万件。在推广新式农具的同时，农业拖拉机站也有重点地得到发展，现代农业机具逐年增加。

第五，土壤改良和增施肥料。五年间，对盐渍耕地进行普查，先后在山东、吉林、河南、甘肃、山西、河北、新疆、内蒙古、青海、辽宁等省区建立了盐渍土改良试验站点20处，并结合水利建设，采取生物技术和水利工程相结合的措施，对部分盐渍耕地进行初步的改良。农业部、水利部和中国科学院开展了对红壤土的考察和研究。为大面积开发利用和改良提供了条件。江西、浙江、贵州等省开垦了大片红壤荒地，建立了一批垦殖场。如江西省红壤占耕地的60%，采取增施有机肥、发展绿肥、平整土地、兴修水利、开沟排渍、绿化荒山、水土保持等综合措施改造红壤低产田，取得了明显的成效，使该省成为重要的商品粮基地之一。海南岛、雷州半岛、西双版纳等地区开发利用红壤，为发展橡胶和其他热带作物作出了贡献。五年间，全国每公顷耕地平均农家肥施肥量由1952年的11250公斤，提高到1957年的15000公斤。绿肥面积由1952年的230万公顷扩大到1957年的341.9万公顷，五年增长48.6%。

四　农业生产的全面发展

五年间，农业生产得到了较快的发展。1957年全国农业总产值536.7亿元（1957年不变价格），比1952年的417亿元，增长24.8%，平均每年递增4.5%。占农业总产值80%以上的农作物业产值从1952年的346.6亿元，增长到1957年的432.6亿元，增长24.8%，平均每年递增4.5%。1957年粮食总产量19505万吨，比1952年的16392万吨增长19%，平均每年递增3.5%。其中稻谷总产量8678万吨，比1952年的6843万吨增长26.8%，小麦总产量2364万吨，比1952年的1813万吨增长30.4%。棉花总产量164万吨，比1952年的130.4万吨增长25.8%。油料总产量419.6万吨，仅比1952年的419万吨增长0.1%，未完成原定计划。糖料总产量1189.3万吨，比1952年的759万吨增长56.6%。茶叶总产量11.2万吨，比1952年的8.2万吨增长36.6%。烤烟总产量25.6万吨，比1952年增长15.3%。水果总产量324.7万吨，比1952年的244万吨增长32.9%。黄红麻总产量30.1万吨，比1952年下降1.6%，蚕茧总产量11.2万吨，比1952年下降8.9%。[①]

在农作物业发展的同时，畜牧业得到全面的增长。畜牧业总产值从1952年的47.9亿元，增加到1957年的69亿元，增长44%。1957年猪牛羊肉总产量398.5万吨，比1952年的338.5万吨增长17.7%。大牲畜年底存栏头数8382万头，比1952年的7646万头增长9.6%；其中役畜5368万头，比1952年的5042万头增长6.5%；牛年末存栏头数6361.2万头，比1952年的5660万头增长13.4%。马年末存栏头数730.2万头，比1952年的613万头增长19.1%。驴年末存栏头数1686.4万头，比1952年的1180.6万头

---

① 《中华人民共和国经济档案资料选编（1953—1957）》（农业卷），中国物价出版社1998年版，第1130—1144页。

增长42.8%。生猪年末存栏数14590万头，比1952年的8977万头增长62.5%；羊年末存栏数9858万只，比1952年的6178万只增长59.6%。[①]

五年间林业也得到了全面的发展，1957年林业总产值9.3亿元，比1952年的2.9亿元增长2.2倍。全国造林成绩显著，1953—1957年造林面积统计如表4。

表4　　　　　　　　　　　　　　　　　　　　　　　单位：万亩

年份	1952	1953	1954	1955	1956	1957
造林总面积	1628.0	1669.4	1749.3	2565.8	8584.9	6532.6
其中：用材林	750.5	670.6	953.9	1420.9	3681.2	2602.4
经济林		19.8	51.6	431.4	2142.4	2625.0
防护林	814.7	625.2	508.0	589.8	2027.3	1491.5

资料来源：《中华人民共和国经济档案资料选编（1953—1957）》（农业卷），中国物价出版社1998年版，第924页。

从表4可以看出，1953—1957年造林总面积达到21102万亩。1957年全国木材产量2786.9万立方米，比1952年的1233.2万立方米增长125.89%。1957年主要林产品产量：橡胶346万吨，生漆1700万吨，油桐籽51.8万吨，油茶籽49.4万吨，核桃10.3万吨，都比1952年有不同程度的增长。

渔业，1957年渔业总产值2.9亿元，比1952年的1.3亿元增长123%。全国水产品总产量1957年达到312万吨，比1952年增长86.8%，平均每年递增13.3%。在水产品总产量中，海水产品总产量193.7万吨，比1952年的106万吨，增长82.7%。其中，海洋捕捞量181.5万吨，比1952年的100万吨增长82%；海洋养殖产量12.7万吨，比1952年的6万吨增长1倍以上。淡水产品总

[①] 《中华人民共和国经济档案资料选编（1953—1957）》（农业卷），中国物价出版社1998年版，第1024页。

产量117.9万吨,比1952年的60.6万吨增长94.5%;其中,淡水捕捞量61.4万吨,比1952年的47万吨增长30.6%;淡水养殖产量56.5万吨,比1952年的13.6万吨增长3.07倍。①

副业产值1957年22.9亿元,比1952年的18.3亿元增长25.1%。②

"一五"时期,全国主要农产品逐年增长速度如表5。

表5　　　　　　　　　　　　　　　　　　　　　单位:%

年份	1953	1954	1955	1956	1957
粮食	1.8	1.6	8.5	4.8	1.2
棉花	-9.9	-9.9	42.5	-4.8	13.5
油料	-5.4	9.9	12.5	4.5	-17.2
甘蔗	1.3	19.1	-6.7	6.7	20.0
甜菜	5.5	95.8	61.3	3.1	-8.7
黄红麻	-54.9	-1.1	88.2	0.1	16.8
烤烟	-4.1	9.1	28.4	33.8	-35.9
猪	7.1	5.8	13.5	-4.4	73.6
大牲畜	5.6	5.6	2.8	-1.1	-4.5
水产品	13.7	37.1	10.0	5.1	17.7

资料来源:《中华人民共和国经济档案资料选编(1953—1957)》(农业卷),中国物价出版社1998年版,第1143页。

随着农业生产的发展,大多数农产品的人均占有量和商品量都有所增加。1953—1957年按人口全国平均粮、棉、油、猪、肉类、水产品产量如表6。

---

① 《中华人民共和国经济档案资料选编(1952—1957)》(农业卷),中国物价出版社1998年版,第1111页。
② 同上书,第1142页。

表 6

年份	1953	1954	1955	1956	1957
粮食（斤）	568	563	599	614	603
棉花（斤）	4	3.5	4.9	4.6	5.1
花生，菜籽，芝麻（斤）	12	12.9	14.2	14.5	11.7
三种油料（斤）					
生猪（头）	0.16	0.17	0.14	0.13	0.23
猪，牛，羊肉（斤）					12.3
水产品（斤）	6.5	7.6	8.2	8.4	9.7

资料来源：《中华人民共和国经济档案资料选编（1953—1957）》（农业卷），中国物价出版社 1998 年版，第 1144 页。

从表 6 可以看出，1957 年与 1952 年比较，除三种油料下降 2.5% 外，粮食、棉花、猪牛羊肉和水产品的占有量分别增长 6.2%、13%、5% 和 66.1%。

全国社会农副产品收购量中，粮食 4579 万吨，棉花 141.2 万吨，食用植物油 133.8 万吨，分别比 1952 年增长 17.8%、29.9% 和 36.5%；肥猪收购量 4050 万头，水产品收购量 171.7 万吨，分别比 1952 年增长 8.2% 和 87%。

农业生产的发展为工业建设和对外贸易作出了贡献。农产品中工业原料作物生产的发展，促进了以农产品为原料的轻工业的发展。1957 年以农产品为原料的轻工业产值 330.1 亿元，比 1952 年增长 70.6%；平均每年递增 11.3%。农业生产的发展还为国家工业化建设提供了大量的资金。五年间，农民通过缴纳农业税累计向国家提供资金达 150.68 亿元，超过同期国家财政支援农业资金总额的 51.3%。1957 年农副产品及其加工品出口额达到 11.4 亿美元，比 1952 年增长 70.3%，平均每年递增 11.2%。五年内净出口粮食 997 万吨，为国家换回了大量的工业建设设备。

随着农业生产的发展，农民生活水平也有所提高。1953—1957 年农民货币收入购买力增长见表 7。

表 7

年份	1952	1953	1954	1955	1956	1957
农民净货币收入（亿元）	129.7	153.2	167.7	168.9	194.8	190.3
人均收入（元）	26.8	31.5	33.9	33.4	38.3	36.8
农民消费品购买力（亿元）	117.5	137.8	157.6	160.2	179.4	181.4
人均消费品购买力（元）	24.6	28.4	31.8	31.7	35.3	35.0

资料来源：《中华人民共和国经济档案资料选编（1953—1957）》（农业卷），中国物价出版社1998年版，第1164页。

以上是农村人口的货币收入与消费，加上实物消费，1957年全国农业人口平均每人消费额76.2元，比1952年增长17.8%，平均每年增长3.3%。实物消费以粮食为例，1953—1957年，农民粮食消费统计如表8。

表 8

年份	1952	1953	1954	1955	1956	1957
农村粮食消费量（亿斤）	2850.3	2836.4	2773.9	2991.2	3232.3	3312.7
其中农民留用（亿斤）	2286.3	2319.5	2269.5	2497.5	2738.4	2822.3
生产用粮（亿斤）	367.0	384.5	385.8	420.9	488.8	533.8
其中种子饲料（亿斤）	351.0	358.5	359.8	393.9	461.2	514.4
生活用粮（亿斤）	2474.3	2451.9	2388.1	2570.3	2743.5	2778.9
农村人均生活消费（斤）	496.0	486.4	466.0	491.2	516.5	515.3

资料来源：《中华人民共和国经济档案资料选编（1953—1957）》（农业卷），中国物价出版社1998年版，第1165页。

以上粮食统计数据为未经加工的原粮，按商品粮计算，1957年平均每人消费粮食410斤，比1952年增长6.8%。1957年农村人均消费食用植物油1.2公斤、食糖1.1公斤、棉布6米，分别比1952年增长11.8%、79%和28.8%。农村居民平均每人猪肉消费量比1952年下降20%。1957年农村社会商品零售总额235.8亿元。比1952年增长56%；其中消费品零售总额203.2亿元，比1952年增长48.2%。

（原载《中国经济史研究》2001年第1期）

1953—1957年农业生产增长因素的剖析

1953—1957年第一个五年计划期间，我国农业经济从以农民个体所有制为基础的家庭经营，向以农业生产合作社所有制为基础的集体经营的转变，实现了农业合作化。与此同时，政府实行了促进农业生产发展的经济政策；逐年增加对农业生产的投入；大力加强了农田水利基本建设和国营农场建设；重视农业生产新技术的推广，促进了农业生产的全面增长。本文对这一时期农业生产增长因素进行初步的剖析。

一　促进农业生产发展的经济政策

1953—1957年第一个五年计划期间，在积极推进农村互助合作，实现了农业合作化的同时，政府实行了一系列促进农村经济发展的经济政策，主要有以下几项。

（一）实行主要农产品统购统销政策的同时，提高农副产品的收购价格

为了满足国家工业化对农产品，特别是粮食的日益增长的需求和重工业发展对资金积累的需求，在经济体制上，选择了以排斥市场商品交换关系为特征的计划经济体制。在国民经济发展中的资源配置上用高度集中的计划机制逐步取代市场机制，在农产品流通领域对粮食、棉花、油料等主要农产品实行了统购统销。1953年11月就开始对粮食实行统购统销政策，1954年秋后对棉花也实行了统购统销政策，其直接原因是经济建设的发展，城市和矿区

人口增加过快，为满足轻工业所需要的对棉花及其他农业原料的需要，农业中工业原料作物种植面积扩大，农村缺粮人口迅速增加，从而使粮食销售量增长过快，粮食收购量增长速度赶不上销售量的增长速度。粮食统购统销政策的实行使国家能以在粮食生产供应匮乏的情况下，以较稳定的价格收购粮食，以保证城市和工矿区人民的粮食供应。这对稳定当时的市场物价和安定社会秩序起过重要的作用，同时，国家通过这一政策，垄断粮食的收购，全面掌握了流通领域的主动权，起到了促进城乡社会主义改造的作用。

在实行统购统销政策的同时，提高农产品收购价格。1953年提高粮食收购价格13.6%，1956年随着铁路交通的发展，又提高了一些新建成铁路沿线的粮食收购价格，并对交通不便的边远地区实行粮食保护价，每斤粮食不低于4分，油料收购价格1953年提高12%；1957年提高油茶籽收购价格29.86%，芝麻油、油茶价格提高25%，桐油价格提高31%，1952年棉花生产大丰收，1953年收购价格曾有所下降，1954年又调整了粮棉比价适当提高了棉花收购价格，生猪收购价格1953年提高13.1%，1957年又提高13.8%。1957年与1952年相比，粮食类价格提高17%；经济作物类价格提高13.2%；畜禽产品类价格提高39.3%；其他农副产品价格提高38.1%，综合计算，1953—1957年，全国农产品采购价格指数历年变动如表1所示。①（以1952年为100）

表1

1953年	1954年	1955年	1956年	1957年
110.1	103.4	99	103.0	105.0

① 国家统计局：《我国的物价政策（1958）》，载《1953—1957年中华人民共和国经济档案资料选编·商业卷》，中国物价出版社2000年版，第869页。

从表1可以看出,除1955年农业生产大丰收,农产品价格降低1个百分点外,其余年份均是上升的。

"一五"时期农产品收购价格指数与农村工业品零售价格指数变化比较如表2所示。(以1952年为100)

表2

年份	1953	1954	1955	1956	1957
农产品收购价格	109	112.4	111.1	114.5	120.2
工业品农村收购价格	98.6	100.5	102	101	102.2

从表2可以看出,1953—1957年,农副产品收购价格的总指数增长20.2%,而农村工业品零售价格总指数只增长2.2%。中华人民共和国成立初期的工农业产品价格剪刀差在国民经济恢复时期缩小的基础上,又有进一步的缩小。据国家统计局统计:如以1952年价格水平为基础,从1953—1957年五年间,农、牧民由于农产品采购价格上涨所增加的货币收入约126亿元,由于工业品零售价格上涨所增加的货币支出仅为2亿元,农牧民所得净收益约为124亿元,如扣除农、牧民购买粮食等的货币支出18亿元,净收益为106亿元。① 但是,考虑到工业与农业之间劳动生产率的差别,农产品收购价格提高幅度仍然偏小,仍不利于调动农民的生产积极性,据国家统计局统计,1957年全国工农业商品比价仍高于战前(1930—1936年)平均水平3%左右,比1936年水平高13.8%,比1933年(战前最高年)缩小5.8%左右。②

(二) 实行稳定农业税收政策

政务院在《关于1953年的农业税工作的指示》中明确规定:

---

① 国家统计局:《解放后全国工农业商品价格剪刀差变化情况》,(1957年8月6日),载《1953—1957年中华人民共和国经济档案资料选编·商业卷》,中国物价出版社2000年版,第859页。

② 同上书,第855页。

"坚决执行'种多少田地，应产多少粮食，依率计征，依法减免，增产不增税'的公平合理、鼓励增产的负担政策。今后三年内农业税的征收指标稳定在1952年的实际征收水平，不再增加。"同时还规定，"做好依法减免工作"。"一类是'灾情减免'，即按自然灾害歉收成数减免受灾农户的负担，原则是'轻灾少减，重灾多减，特重全免'。一类是'社会减免'减免范围包括：（1）无劳动力或缺乏劳动力而生活困难的农户；（2）遭受意外灾害或由于其他原因而交税确有困难的农户；（3）遭受战争创伤或敌人摧残严重而生产尚未恢复的革命老根据地；（4）少数民族聚居而生活困难的地区；（5）效能不便特别贫苦的山区；（6）各省、市人民政府认为有必要加以照顾的其他地区。"对因善于经营、勤劳耕作、改良技术，而超过常年产量的，其超过部分不增加公粮负担；因怠于耕作，其产量不及常年的，其应缴纳公粮不予减少；对因兴修水利而提高产量的，三五年内也不增加公粮负担。① 1956年和1957年仍继续稳定。

为鼓励农民向山地、荒地发展农林特产，对开荒种植的经济林木定期免征农业税。国务院在1955年规定：利用宅旁隙地种植的农林特产，一律免征农业税；对开垦荒山、荒地培植的经济林木，如桑、茶、油、桐、果树等，自有收益的那一年起，免征农业税三到五年。同时规定：对山地种植的农林特产，征收的农业税，要轻于在平原种植的农林特产。国务院1956年11月20日规定，凡是新开辟的、新垦复的和新栽培的桑园、茶园、果园以及其他经济林木，在没有收益时，一律免征农业税，在有收益的最初几年，根据不同情况分别给予减税或免税的优待。② 五年间全国开荒面积达

---

① 《政务院关于1953年农业税工作的指示》（1953年6月5日），载《1953—1957年中华人民共和国经济档案资料选编·农业卷》，中国物价出版社1998年版，第51—52页。
② 《国务院关于新辟和移植桑园、果园、茶园和其他经济林木减免农业税的规定》（1956年11月20日），载《1953—1957年中华人民共和国经济档案资料选编·农业卷》，中国物价出版社1998年版，第67页。

7000多万亩，由于享受税法优待而免征的农业税额估计约在20亿斤细粮以上。①

为鼓励繁殖牲畜，1955年12月17日国务院发布了《关于保护幼畜的指示》，统一规定，对一般农业区饲养幼畜的农场、农业生产合作社和农户给予减征农业税的优待。减税的办法是：按稻谷、粟谷、高粱计算税额的地区，每头幼畜扣除税额20市斤；在按小麦、大米、小米计算税额的地区，每头幼畜扣除税额15市斤。在实际执行中，饲养种畜的纳税人同样享受了这一待遇。②

在农业合作化过程中，对农业生产合作社实行优待的税收政策。1953年有几个省、市对农业生产合作社给予减征农业税的优待。甘肃、宁夏和青海三省规定减征应纳税额的10%。北京市规定：以社为单位计征最高不超过15%的农业生产合作社给予减税的优待。据1955年15个省（区、市）的210个高级农业生产合作社的调查统计，24240户社员，农业收入1675.3万元，负担农业税118.1万元，占农业收入的7.05%；27个省（区、市）的26599个初级农业生产合作社调查统计，829148户社员，农业收入31387.2万元，负担农业税2956.7万元，占农业收入的9.42%，1955年全国农业税的实际负担率为11.6%，高级农业生产合作社、初级农业生产合作社的农业税负担都低于全国平均实际负担水平。③

以上政策的实施，使"一五"时期农业税稳定在1952年的水平上。1957年全国农业税额为29.67亿元，占当年农业总产值的5.5%，比1952年的5.9%，减少0.4个百分点。1953—1957年以粮食为计量单位的全国农业税负担情况如表3所示。④

---

① 《中国农民负担史》（第四卷），中国财政经济出版社1994年版，第206页。
② 《国务院关于保护幼畜的指示》（1955年12月17日），载《1953—1957年中华人民共和国经济档案资料选编·农业卷》，中国物价出版社1998年版，第929—931页。
③ 《中国农民负担史》（第四卷），中国财政经济出版社1994年版，第165页。
④ 同上书，第181页。

表3　　　　　　　　　　　　　　　　　　　　　　　　　单位：亿斤

年份	农业实产量	计税产量	农业税实征额	其中正税	农业税占计征产量（%）	农业税占实产量（%）
1952	2924.2	2374.2	357.8	352.0	15.1	12.2
1953	2891.6	2357.9	349.5	328.0	14.6	11.9
1954	2987.9	2401.3	371.5	343.0	15.5	12.4
1955	3297.3	2404.8	384.0	351.0	16.0	11.6
1956	3408.8	2403.1	366.9	319.0	15.3	10.8
1957	3449.8	2397.1	400.1	355.0	16.7	11.6

从表3可以看出：国家农业税正税除1957年比1952年有所增加外，其余年份均比1952年有所减少；加上地方附加合计实征数额与1952年比较，除1953年有所减少外，其余年份均有所增加，这主要是地方附加征收额增加的结果。五年间，全国农业实产量增加1414亿斤，农业税正附税增加84亿斤，占产量增加数额的5.8%。农民农业税负担水平相对有所减轻。五年间，农业税实际负担率除1954年比1952年有所增加外，其余年份均有所下降。五年平均农业税实际负担率为11.67%，比1952年下降0.53个百分点。

此外，多次调整农业税地方附加比例，1952年政务院曾规定在全国范围内"取消一切附加"，乡村政府必需的开支由国家财政解决。但在实际执行中，国家财政要把乡村所有开支都"包"下来却有困难。1953年又规定，在不超过农业税正税7%的范围内，随同农业税征收地方附加，主要用于地方公益事业支出。大部分地区是按7%执行的，少数地区附加的比例略低。如西北大区规定："本区富力较差，在紧缩开支原则下，规定全区平均不超过5%为限，由各省根据需要决定，进行自筹。"1954年除原来随正税附征7%的乡村自筹（华北地区连同代耕粮为10%）外，还允许省市随农业税正税附征3%—5%的地方附加，由省财政掌握，在全省范围内统一调剂使用,办理地方公益事业,1956年国家预算中规定,随同农业税正税的12%提高到最多不超过22%,规定增加的收入由省市人民委员会掌握分配,统一调剂,用来解决一部分乡村小学经费,不应交给农业生产合作社去自筹办理。1957年,鉴于1956年地方附加比例偏高,农民负担较重,又重新修订农业税附加比例,规定包括省附加和乡村自筹在内,一般不得超过正税的15%,以减轻农民负担。但是种植经济作物和园艺作物比较集中而获利又超过种植粮食作物较多的地区,农业税附加的比例可以酌情提高,但最高不得超过正税税额的30%。①

为减轻农民负担,1956年经国务院批准,财政部税务总局制定的《关于农村工商税收的暂行规定》规定:(1)农业社自产的农、林、牧、渔产品,凡是在社内公用或分配给社员,或在本社社员间相互调剂部分,一律免纳商品流通税、货物税、营业税、所得税。农业社社员和个体农民自己生产的农、林、牧、渔产品,自用部分都不纳税。(2)对农业生产合作社附设的手工业单位,在征免界限上一般比照工商业单位一样来处理纳税,应纳商品流通税、货物税的品目不分社内公用、分配社员或者为社员加工、对外出售,均应纳税;但麦粉除外,因为照顾社员食用,不纳税。应纳营业税的品目不论卖给社员或对外出卖,都该纳税,但对集体公用的部分不纳税。同时规定一律不纳所得税。(3)为限制农业生产合作社在城镇设立店铺弃农经商,不论销售自产品或是贩卖商品,都要交纳3%的营业税。② 由于农业合作化过程中,国家对农业合作社发展农副业实行减免的优待政策,农村工商税收是减少的。1953年为5亿元,1957年减到3.3亿元。随着农业合作化的发展,农村土地买卖逐年减少,农民负担的土地买卖的契税也逐年减少,以至

---

① 《中国农民负担史》(第四卷),中国财政经济出版社1994年版,第170—171页。
② 财政部:《关于农村工商税收的暂行规定》(1956年12月17日),载《1953—1957年中华人民共和国经济档案资料选编·财政卷》,中国物价出版社2000年版,第731—733页。

消失，1953年为1211万元，1956年只有150万元，1957年完全消失。农村中的各种摊派，随着农业合作社的兴办，一部分转为集体开支，因而逐年减少，1953年摊派款达8318万元，1957年减为1500万元，减少了82%。①

（三）发展供销合作和信用合作，促进农业生产发展

在农业生产合作社发展的同时，农村供销合作社和信用合作社也得到了迅速的发展。1953年12月，中共中央在《关于发展农业生产合作社的决议》中指出："农业生产互助合作、农村供销合作和信用合作是农村合作化的三种形式。"1953年各地普遍进行核定社员股金和整顿工作，有计划、有步骤地在发展中巩固提高供销合作社的质量。1954年8月全国供销合作总社理事会通过了《基层供销社示范章程（草案）》，规定：凡申请经批准入社者，须缴纳入社费和股金；供销社社员可按股分得红利；社员享有购买商品和推销农副产品的优先权；基层社有基金分为公积金、股金、特种基金三项，特种基金包括教育、建设、奖励等基金和公益金；年终决算所得盈余，扣除应缴所得税后，社员股金分红不超过20%，公积金不少于15%，剩余部分为特种基金；除自有基金外，可向国家银行和其他信贷机关贷款，以保证商品流转的正常进行。此后，供销合作社得到迅速发展。

全国基层供销合作社发展情况如表4所示：②

表4

年份	社数（个）	社员数（万人）	股金（万元）
1952	35096	14796	24368
1957	19402	15745	33152

---

① 《中国农民负担史》（第四卷），中国财政经济出版社1994年版，第185—186页。
② 《中国供销合作社统计资料（1949—1988）》，中国统计出版社1989年版，载《1953—1957年中华人民共和国经济档案资料选编·商业卷》，中国物价出版社2000年版，第1152页。

供销合作社和商品购销额统计如表 5 所示：①

表 5 单位：亿元

年份	农副产品收购	废旧物资收购	生活资料	农业生产资料
1952	38.8	0.4	43.4	6.7
1953	55.8	0.6	73.4	10.5
1954	77.9	1.5	128.9	17.7
1955	64.0	1.7	96.9	19.6
1956	51.8	3.3	89.1	25.9
1957	56.1	4.0	75.9	19.2

1957 年全国农村供销合作社社员 15745 万人，职工 168 万人，农村供销合作社收购批发、零售门市部和供销店、分店、代购代销店等网点在广大农村普遍建立，1957 年供销合作社系统共收购农副产品和废旧物资总额达到 60.05 亿元，比 1952 年增长 53.1%；销售生活资料和农业生产资料总金额达到 95.07 亿元，比 1952 年增长 90%，供销合作社成为农村商品流通的主要渠道。

农村信用合作社也得到了较快的发展。1955 年全国有信用合作社 15.3 万多个，共有社员 6800 余万户，占全国农户总数的 60% 左右，共集股金 17200 万元，当年农村信用合作社存款总额 23.31 亿元，余额 6.08 亿元，相当于国家银行同期农村储蓄存款余额的 4.6 倍；当年农村信用合作社放款 8.36 亿元，余额 3.01 亿元，约相当于国家银行同期放款的 1/3，此外农村信用合作社还向国家提供了大量信贷资金。1956 年随着农业合作化的发展和区乡行政机构的改变，继续建立新的信用合作社，并进行了合并老社，基本上实现了乡乡有社的目标，共有信用社 10 万多个，社员近 1 亿农户，

---

① 《中国供销合作社统计资料（1949—1988）》，中国统计出版社 1989 年版，载《1953—1957 年中华人民共和国经济档案资料选编·商业卷》，中国物价出版社 2000 年版，第 1152—1153 页。

股金 28000 万元，经常性存款 6 亿元，到旺季接近 11 亿元，放款最高额达到 12.1 亿元，其中贷给社员个人生产、生活贷款占 58.3%，贷给农业生产合作社占 41.7%，农村信用合作社的发展，从根本上改变了农村借贷关系的面貌，高利贷剥削基本上已消失，为农民生产服务的新的信贷关系已经普遍建立起来，为解决农业生产资金提供了有利条件。①

（四）开展爱国增产竞赛运动，奖励增产模范

1954 年 1 月 15 日，农业部向全国劳动模范任国栋、李顺达、郭玉恩、吴春安颁发爱国丰产金星奖章，1954 年 4 月，农业部发布《关于开展爱国增产竞赛和奖励增产模范的指示》，根据各地自然区划，分别制定不同地区、不同作物的不同奖励标准，实行中央、省、县三级奖励制。1955 年 12 月，农业部重新制定了《关于奖励农业增产模范的暂行规定》，进一步扩大了奖励范围，对科技人员、国营农场职工和劳动农民在增产技术上有改进和创造发明的，以及在推广先进增产技术有显著成效的都给予奖励；突出奖励大面积增产和提高科学技术对增产作用的奖励标准，并强调奖励增产模范同农业合作化运动相结合，1956 年 9 月，农业部颁布 1955 年农业增产模范第一批奖励名单 67 名，1957 年 2 月，在北京召开全国农业劳动模范代表大会，有 950 名先进代表和劳动模范出席会议。五年内，涌现出大批大面积增产的典型，推动了农业生产的发展。1955 年湖南省出现了三个粮食亩产千斤县，105 个千斤区、6997 个千斤社。广东省潮安县 30 多万亩水稻平均亩产 1002 斤，澄海县 16 万亩双季稻平均亩产 1079 斤，浙江省 52 亩棉花平均亩产皮棉 85 斤，新疆维吾尔自治区玛纳斯河流域垦区 8 万多亩棉花平均亩产皮棉 113 斤。上述丰产典型推动了农业科学技术的推广，1957 年全国共有 64 个县、市粮食生产达到全国农业发展纲要所规

---

① 中国人民银行党组：《关于信用合作工作会议的报告》（1957 年 3 月 30 日），载《1953—1957 年中华人民共和国经济档案资料选编·金融卷》，中国物价出版社 2000 年版，第 477 页。

划的 1967 年要求亩产 400 斤、500 斤、800 斤的指标。[①]

（五）制定《全国农业发展纲要》，加快农业生产发展步伐

1955 年 11 月，毛泽东在杭州和天津分别与 15 个省、市、自治区的党委书记共同商定起草了农业发展的十七条意见，12 月中共中央将农业发展十七条发到各省、市、自治区征询意见，1956 年 1 月，毛泽东在同各省、市，自治区党委负责人商量之后将十七条扩充为四十条，拟出了《全国农业发展纲要（草案）》的初稿，中共中央邀请在京科学家、各民主党派、文化界、教育界人士共 1375 人，分组讨论了初稿，作了补充、修改；中共中央政治局讨论通过，形成了《1956 年到 1967 年全国农业发展纲要（草案）》，主要内容如下。

1. 迅速地、大量地提高农作物产量。要求在 12 年内粮食产量在黄河、秦岭、白龙江以北地区，由 1955 年的 150 斤增加到 400 斤；黄河以南、淮河以北地区，由 1955 年的 208 斤增加到 500 斤；淮河、秦岭、白龙江以南地区由 1955 年的 400 斤增加到 800 斤。棉花平均亩产（皮棉）由 1955 年全国平均亩产 35 斤，各地分别增加到 60 斤、80 斤和 100 斤，各地在保证完成国家所规定的粮食、棉花、大豆、花生、油菜籽、芝麻、麻类、烤烟、丝、茶、甘蔗、甜菜、果类、油茶、油桐等农作物指标的条件下积极发展一切有销路的经济作物。华南各省有条件的地区，应当积极发展热带作物。

2. 发展畜牧业。保护和繁殖牛、马、驴、骡、骆驼、猪、羊和种家禽，特别注意保护母畜和幼畜，改良畜种。发展国营牧场，分别在 7—12 年，在一切可能的地方基本上消灭危害牲畜最严重的病疫，从 1956 年起在 7 年内农业区的县和牧业区的区都应该建立起畜牧兽医工作站，加强兽医工作。合作社应当有初级的防治兽医人员。

---

① 《1953—1957 年中华人民共和国经济档案资料选编·农业卷》，中国物价出版社 1998 年版，第 1141 页。

3. 发展林业和绿化荒地荒山。从 1956 年开始，在 12 年内绿化一切可能绿化的荒地荒山，在一切宅旁、村旁、路旁、水旁，只要有可能，都要有计划地种起树来，除了种用材林（包括竹林）以外，应当尽量发展桑、柞、茶、漆、果木、油料等经济林木。

4. 积极发展海洋水产品生产和淡水养殖业。在海洋渔业中应加强生产的安全措施，向深海发展。在淡水养殖业中，应加强培育优良渔种和防治鱼瘟。

《纲要》指出，采取增产措施和推广先进经验，是增加农作物产量的两个基本条件。增产措施的项目主要是：（1）兴修水利，保持水土。（2）推广新式农具，逐步实行机械化。（3）积极利用一切可能的条件开辟肥料来源，改进施肥方法。（4）推广优良品种。（5）改良土壤。（6）扩大复种面积。（7）多种高产作物。（8）改进耕作方法。（9）消灭虫害和病害。（10）开垦荒地扩大耕地面积。并对增产措施的具体内容和要求作了相应的规定。还对发展国营农场，提高劳动力利用率和劳动生产率，实行勤俭办社，改善居住条件，加强农业科学研究与技术指导，以及发展农村商业、运输、文化、教育、卫生、福利等，都提出了具体的要求。

1956 年 9 月，中国共产党第八次全国代表大会召开，会议规定了"二五"计划的基本任务，在农业方面，要求 1962 年农业总产值比 1957 年增长 35% 左右，粮食产量达到 25000 吨左右，棉花产量达到 240 万吨左右，1957 年 9 至 10 月，中共中央召开的八届三中全会扩大会议，通过了《全国农业发展纲要（修正草案）》，同年 10 月 26 日，《人民日报》公布了《1956 年到 1967 年全国农业发展纲要（修正草案）》，1957 年全国粮食每亩年平均产量达到 400 斤、500 斤、800 斤的县、市 66 个，比 1956 年增长 1 倍，其中有 29 个县、市连续两年达标。

二 国家对农业生产的投入

(一) 国家逐年增加对农业的投资

中华人民共和国发展国民经济的第一个五年计划（1955 年 7 月 30 日公布），五年内国家对经济事业和文化教育事业的支出为 766.4 亿元，其中，农业、水利和林业部门为 61 亿元，占支出总额的 8%；各部门的基本建设投资为 427.4 亿元，其中农业、水利和林业部门为 32.6 亿元，占 7.6%。[①] 实际执行结果，据财政部基本建设财务司编《基建财务拨款统计资料》的数据：1953—1957 年，国家投资于农业基本建设（包括农业、林业、水利和气象）的资金总额如表 6 所示。[②]

表 6　　　　　　　　　　　　　　　　　　　　　　　　单位：亿元

年份	1952	1953	1954	1955	1956	1957	合计
金额	6.46	7.85	4.13	6.19	12.11	12.71	49.45
占投资总额（%）	14.8	9.8	4.6	6.7	8.2	9.2	7.8

从表 6 可以看出：五年间国家用于农业的投资总额为 42.99 亿元，占同期国家基本建设投资总额的 7.8%。五年间农业投资每年平均 8.598 亿元，比 1952 年的 6.46 亿元增长 33.1%，但是，分年考察则很不平衡，前三年增加的不多，1954 和 1955 年不仅没有增加，还有所减少。而且，其中近三分之一为水利投资，农业投资只

---

① 《1953—1957 年中华人民共和国经济档案资料选编·固定资产投资和建筑业卷》，中国物价出版社 1998 年版，第 267—268 页。
② 同上书，第 279—280 页。

占全部投资的 2.4%。① 1956 年 4 月 26 日,毛泽东在中共中央政治局扩大会议上作的《论十大关系》报告中论述了重工业和农业、轻工业的投资比例,强调了更快地发展农业、轻工业以后,国家对农业的投资才有所增加,1956 年和 1957 年对农业的投资额分别达到 12.11 亿元和 12.71 亿元,比前三年的平均额 6.056 亿元,增长 104.6%。

与此同时,国家财政支援农业的资金也有所增加,五年总计金额 99.58 亿元,平均每年 19.92 亿元,占同期财政支出总额的 7.4%,其中,1956 年财政支农资金最高达 29.14 亿元,占财政支出总额的 9.5%。

根据财政部各年度国家总决算提供的数据,1953—1957 年国家总决算有关农业支出统计如表 7②。

表 7　　　　　　　　　　　　　　　　　　　　　单位:亿元

年份	1953	1954	1955	1956	1957
农业支出	0.3344259	3.306905	5.35121	6.80156	3.41955
林业支出	0.433312	3.810438	2.57360	1.80588	1.50991
水利支出	0.414088	6.430467	6.83501	11.4141	10.59152
气象支出		0.203031	0.21643	0.27436	0.31303
农垦支出				1.45553	3.13325
合计	1.1818259	13.750841	14.97625	21.75143	18.96726

从表 7 可看出:各项支出 1954 年比 1953 年增长 10.6 倍,1955 年比 1954 年增长 8.9%。1956 年比 1955 年增长 45.24%,1957 年

---

① 国家统计局:《我国基本建设工作概况》(1956 年 9 月 1 日),载《1953—1957 年中华人民共和国经济档案资料选编·固定资产投资和建筑业卷》,中国物价出版社 1998 年版,第 275 页。

② 财政部编制:《中华人民共和国 1953 年度国家总决算》(1954 年 8 月 5 日),载《1953—1957 年中华人民共和国经济档案资料选编·农业卷》,中国物价出版社 1998 年版,第 79—83 页。

比上年下降 12.8%。

据财政部发表的历年国家决算报告记载:"1954 年的农业、林业、水利、气象的拨款共达 137508 万元,其中包括防汛、抢险、堵口和复堤的费用 24384 万元,农业的拨款对于全国农业生产的改进、改良农具和农药农械的推广、农业病虫害的防治、水土的利用、畜牧兽医的发展都起了重要的作用,此外,1954 年国家支出的以救灾为主的农村救济费 37394 万元,国家发放的农业贷款最高数达到 93278 万元,国家向农民收购的工业原料、土产、特产、副产总值达到 60 亿元以上,这些也都使农民得到不小的利益。"① "1955 年国家决算在农业、林业、水利等方面支出 1497616000 元,为预算的 114.13%","农业支出对于全国农业生产的改进、农具改良和农药农械的推广,特别是对于灾民的恢复生产、重建家园,起了重要的作用,1955 年政府供应农民饼肥和化学肥料 450 万吨,农药 9 万吨,并且减价 40% 供应新式农具 51 万部。对 1954 年的灾区,政府继续拨付复堤、修垸经费 3 亿元,帮助农民新修和整修了许多小型水利工程,贷放水车 17 万辆,扩大和改善了灌溉面积 6500 万亩,此外,1955 年政府还支出农村救济费 2 亿余元,发放农业贷款 10 亿余元"。② 1956 年,"农业、林业、水利等支出 2284422000 元,为预算的 105.36%","1956 年遭受了严重的自然灾害,国家在有关防汛、排水、堵口、复堤、救济和修复等方面增加了开支"。"1956 年,国家和农民进行了空前规模的农田水利建设,全国增加灌溉面积一亿多亩,这个数字相当于解放以前我国原有全部灌溉面积的三

---

① 李先念:《关于 1954 年国家决算和 1955 年国家预算的报告》(1955 年 7 月 6 日),载《1953—1957 年中华人民共和国经济档案资料选编·财政卷》,中国物价出版社 2000 年版,第 276 页。

② 同上书,第 285—286 页。

分之一以上。"① 1957 年,"农、林、水利、气象支出 2115159 千元,超过预算 40763 千元","农、林、水利、气象支出中,主要是水利支出超过预算 103.608 千元,超过预算的主要原因是:(1) 1957 年部分地区如黑龙江、山东、河南、吉林等省发生水灾,增加了防汛、复堤、堵口经费约 73220 千元;(2) 1957 年冬季全国各地掀起的兴修水利运动也增加了一些水利投资约 20900 千元,农垦支出超过预算 10472 千元,主要是因为增加密山农场投资 15000 千元"。②

(二) 银行增加对农业的贷款

1953 年 12 月中国人民银行总行就作出了关于成立中国农业银行方案,1955 年 3 月经国务院批准建立了中国农业银行。③

中国农业银行对农业生产合作社直接举办三种贷款:1."基本建设贷款——用途限于帮助农业生产合作社解决基本建设所需资金的困难。"2."生产费用贷款——用途限于帮助农业生产合作社解决当年生产周转所需资金的困难。如购买种子、肥料、饲料、饲草、农药、副业原料等费用。"3."贫农合作基金贷款——用途仅限于帮助那些确实无力交清股份基金的贫苦社员交清股份基金。"

1953—1957 年银行农业贷款统计如表 8 所示。④

---

① 李先念:《关于1956年国家决算和1957年国家预算草案的报告》(1957 年 6 月 29 日),载《1953—1957 年中华人民共和国经济档案资料选编·财政卷》,中国物价出版社 2000 年版,第 393—395 页。

② 财政部:《1957年国家决算简要说明》(1958 年 12 月 1 日),载《1953—1957 年中华人民共和国经济档案资料选编·财政卷》,中国物价出版社 2000 年版,第 306 页。

③ 中国人民银行:《关于建立中国农业银行的请示报告》(1955 年 3 月 11 日),载《1953—1957 年中华人民共和国经济档案资料选编·财政卷》,中国物价出版社 2000 年版,第 64 页。

④ 财政部:《国家财政支持农业资金统计资料》(1950—1975),载《1953—1957 年中华人民共和国经济档案资料选编·金融卷》,中国物价出版社 2000 年版,第 421 页。

表8　　　　　　　　　　　　　　　　　　　　　　　　　　　　单位：亿元

年份	1952	1953	1954	1955	1956	1957
年底余额	4.2	6.6	7.6	10.0	30.2	27.7
比上年增减	1.4	2.4	1.0	2.4	20.2	-2.5
国营农业贷款	1.0	0.8	0.7	0.8	1.7	1.9
比上年增减		-0.2	-0.1	0.1	0.9	0.2
农村社队贷款	3.2	5.8	6.9	9.2	28.5	25.8
比上年增减		2.6	1.1	2.3	19.3	-2.7

国家银行对农业的贷款增加幅度较大，1956年年底贷款余额达到30.2亿元，相当于1952年的7.19倍。1957年比上年有所降低，贷款余额27.7亿元，仍相当于1952年的6.6倍。

（三）增加对农用生产资料的投放数量

随着国家工业建设的发展，农用生产资料生产的增长，国家较大幅度地增加了对农用生产资料的投放数量。

1953—1957年新式农具推广数量统计如表9所示。①

表9　　　　　　　　　　　　　　　　　　　　　　　　　　　　单位：部

年份	1952	1953	1954	1955	1956	1957
犁类	238867	193169	246808	730664	2108473	170080
耙类	720	5441	5550	28316	35378	46447
播种机	556	4002	4013	19089	27079	8699
镇压器	402	7156	2542	18177	7378	7207
中耕器	32773	8502	15603	72769	189539	37989
收割机	997	534	2937	9656	3918	384
脱粒机	1753	1043	216	68493	246749	135533
其他	373	59420	84830	34757	14754	1890
总计	276441	179267	362499	981921	2633268	408229

---

① 农业部计划局：《第一个五年计划期间农业统计资料汇编》，中国统计出版社1959年版，第156页。

1957年化肥施用量达到37.3万吨，比1952年的7.8万吨增长3.8倍；农药14.9万吨，比1952年增长8.9倍；农用柴油12.9万吨，比1952年增长11.9倍。1957年全国农村用电量达到1.4亿千瓦小时，比1952年的0.5亿度增长1.8倍；农业机械总动力达到12.1亿瓦特，比1952年增长5.7倍；农用大中型拖拉机14674台，联合收割机1789台，农用载重汽车4084辆，分别比1952年增长10.2倍、5.3倍和13.6倍。渔业机动船只达到1485艘，比1952年成倍地增加。

三 加强农田水利基础设施建设，取得了巨大的成就

1953—1957年第一个五年计划期间，农田水利建设的重点由恢复整顿原有灌溉排水工程为主，转变为按国家经济发展的要求有计划、有步骤地兴修新的工程设施，以提高和扩大抗御水旱灾害的能力，更有效地发挥水资源的效益。在重点治理大江大河的同时，组织农民兴修水利、保持水土、增加农田水利灌溉面积。

（一）农田水利灌溉面积明显增长，效益提高

农业合作化的开展，促进了农田水利基本建设的发展，各地广泛开展了打井、开渠、挖塘、修筑沿江、沿河、沿海堤坝和修建水库等。1953年到1955年，农田水利建设年年超额完成国家计划。1955年10月以后，随着农业合作化运动迅速发展，开展了更大规模的农田水利基本建设，加快了"一五"计划后两年的水利建设速度。这期间，晋、冀、鲁、豫等省加快了地下水的开发利用，井灌溉面积占到这一地区灌溉总面积的一半左右，一些新式人工、畜力提水工具得到普遍推广，部分深井开始安装机电水泵抽水灌田，五年内共完成土石方17.8亿立方米。全国耕地面积中水田面积和水浇地面积增长统计如表10所示。

表 10   单位：公顷

年份	1952	1953	1954	1955	1956	1957
耕地面积	161878	162793	164032	165235	167737	167745
水田面积	38780	38932	39402	39811	41109	41299
增长（%）	—	0.39	1.6	2.66	6.0	6.49
水浇地	7334	7529	7985	8275	15312	16027
增长（%）	—	2.66	8.88	12.83	108.78	118.53
水田占比（%）	24	23.9	24	24.1	24.5	24.6
水浇地占比（%）	4.5	4.6	4.9	5.0	9.1	9.6

资料来源：国家统计局：《建国三十年全国农业统计资料（1949—1979）》，中国统计出版社1980年版，第10页。

五年间，水田面积增加6.49%；旱地中的水浇地面积增加118.53%。五年新增农田灌溉面积738万公顷，增长36.98%，1957年，全国用于排灌的动力设备增加到4.1亿瓦特，比1952年的0.9亿瓦特，增长了3.6倍，全国机电灌溉面积从1952年的31.7万公顷，上升到1957年的120.2万公顷，增长2.9倍[①]，此外，五年间，结合江河治理，修建了上百座大中型水库及骨干排水河道，在农村普遍兴修小型水库的同时，有些地方还建设了小型水电站，1957年全国农村小型水电站544个，发电能力2万千瓦，分别比1952年增长4.55倍和1.5倍。

（二）水土保持工作取得成效

由于长期战争破坏，中华人民共和国成立初期全国水土流失面积约150平方公里，占国土面积的15.6%，严重危害农业生产的发展。水土保持是保护和合理利用水土资源，建立良好生态环境，保障农业生产发展的一项根本措施。毛泽东1952年视察黄河时，看到黄河多泥沙，作出了"必须注意水土保持工作"的指示，同

---

① 国家统计局：《中国统计年鉴（1984）》，中国统计出版社1984年版，第175页。

年12月，政务院发出《关于发动群众继续防旱、抗旱运动并大力推行水土保持工作的指示》强调指出："由于各河治本和山区生产的需要，水土保持工作，目前已经刻不容缓。"1953年年初，由水利部和黄河水利委员会领导，中国科学院、农业部、林业部等部门参加，组织农业、林业、牧业、水利、土壤、地理、植物、农业经济等专家和科技人员约500人的勘察队，分赴黄河的20多条支流开展了大规模的水土保持勘察。同年4—7月有关部门的领导和专家36人，组成西北水土保持考察团，赴西北水土流失严重的陕西省榆林、绥德和甘肃省庆阳、平凉、兰州、天水等地进行实地考察，在两次考察的基础上，黄河水利委员会水利保持组编制了黄河中游约60万平方公里的水土保持规划。

1955年10月，农业部、林业部、水利部、中国科学院在北京联合召开了第一次全国水土保持工作会议，交流各地开展水土保持工作的经验，提出了因地制宜大力蓄水保土，全面发展农林牧业生产的意见，此后，各地掀起了以植树造林和蓄水保土为主要内容的水土保持新高潮，1956年3月，共产主义青年团中央、林业部、黄河水利委员会在陕西延安召开五省（区）青年造林大会。会议通过了《关于绿化黄土高原和全面开展水土保持工作的决议》，号召五省青年为绿化黄土高原开展造林活动作贡献。1957年5月，国务院决定设立全国水土保持委员会，负责领导全国水土保持工作。同年7月，颁布《中华人民共和国水土保持暂行纲要》，对水土保持机构的设置、主要措施和奖惩政策等，作了明确的规定，推动了水土保持工作的开展。1957年12月，全国水土保持委员会召开第二次全国水土保持工作会议，总结了交流水土保持工作经验。五年间水土保持工作取得了很大成绩。到1957年年底，全国有19.6万平方公里的水土流失面积得到了控制，占水土流失面积的13%。

四 国营农场的发展

五年间,国家调集人力、物力和财力,加速了国营农牧场建设,1954年先后由军队转业官兵组建新疆军区生产建设兵团和黑龙江军垦农场。政府还组织城市青年志愿垦荒队到黑龙江、新疆、华南开荒建立国营农场。全国其他一些省区市也在沿海、沿江、滨湖、滨河、荒山、荒漠以及大城市郊区开荒建设国营农场。

1952年人民革命军事委员会批准人民解放军31个师转为建设师,其中,参加农业生产建设的有15个师,在边疆地区建立国营农场。1955年在东北虎林建立第一个军垦农场——八五零农场。同年8月,中共中央决定用铁道兵收入的工程费,以军垦方式举办农牧企业。以铁道兵9个师的复员转业官兵建立农场。1956年6月,成立铁道兵农垦局。这一时期黑龙江农垦事业发展较快,截至1956年国营农场发展到96个,耕地面积457万亩,职工46500人,拖拉机62000马力,年产粮食4.54亿斤,工农业年总产值5263万元。[1] 在新疆,1954年成立新疆军区生产建设兵团,共辖8个农业师(后发展为10个农业师)、43个农牧场。先后开发了准噶尔盆地和塔里木盆地。[2]

华南地区,成立华南垦殖总局,重点发展橡胶事业,逐步形成了几个橡胶生产基地。1954年海南岛开荒种植橡胶60万亩。1953年云南省成立垦殖局。1956年云南省成立了热带作物局,种植橡胶、咖啡等热带作物。[3]

在黑龙江、新疆、华南等边疆地区开荒建立国营农场的同时,在沿海、沿江、滨湖、滨河、荒山及荒漠地区也都开荒建立了国营

---

[1] 《当代中国的农垦事业》,中国社会科学出版社1986年版,第24—25页。
[2] 同上书,第33、36页。
[3] 同上书,第44、47页。

农场。到 1956 年，内蒙古已建立农牧场 43 个。① 1957 年全国共有国营农牧场 804 个，耕地面积 1581 万亩，职工人数 44.06 万人。

五年间，改进国营农场经营管理，提高经济效益。1953 年对国营农场进行了整顿，在整顿中贯彻经济核算制，克服供给制思想，以及单纯追求高额产量，忽视生产成本的倾向。经过整顿，农场数量由 1952 年的 562 个，减为 493 个，耕地面积由 564 万亩，减为 447 万亩，职工人数由 35.9 万人，减为 20.57 万人。由于耕地面积减少，职工人数下降，当年粮食产量由 4.52 万吨，下降到 4.2 万吨，但农业总产值仍维持在 7000 万元，工农业总产值则由 10000 万元，上升为 11000 万元，粮食交售量则由 9200 万斤，上升到 17300 万斤。②

1954 年由苏联援助在黑龙江省建立国营友谊农场。这是我国用先进的农业机械设备，按照苏联办国营农场的经验，实行科学管理的现代化国营农场。在经营管理中推行定额管理、生产责任制、技师负责制、经济核算制以及机务管理等先进经验。这些经验在全国国营农场中得到推广和运用，提高了国营农场经营管理水平。③ 这样，就"扭转了长期赔钱的局面，据已报上来的农牧场材料统计，1956 年，120 个农场中，有 68 个农场盈利 1056 万元，52 个农场亏损 860 万元；100 个牧场中，有 81 个牧场盈利 227 万元，19 个牧场亏损 113 万元，盈亏相抵后盈利 310 多万元。"④

国家对国营农场的基本建设投资，五年累计为 8.03 亿元，加上农场自身的基本建设投资，累计投资 11.94 亿元。⑤ 在 1953 年国

---

① 《当代中国的农垦事业》，中国社会科学出版社 1986 年版，第 48 页。
② 《第一个五年计划时期全国农垦系统国营农场发展情况》，载《1953—1957 年中华人民共和国经济档案资料选编·农业卷》，中国物价出版社 1998 年版，第 747 页。
③ 《当代中国的农垦事业》，中国社会科学出版社 1986 年版，第 22—23 页。
④ 邓子恢：《几年来国营农牧场的巨大成就和今后的基本任务》（1957 年 2 月），载《1953—1957 年中华人民共和国经济档案资料选编·农业卷》，中国物价出版社 1998 年版，第 743—747 页。
⑤ 《第一个五年计划时期全国农垦系统国营农场发展情况》，载《1953—1957 年中华人民共和国经济档案资料选编·农业卷》，中国物价出版社 1998 年版，第 748 页。

营农场经过整顿以后,农牧场数量、耕地面积、开荒面积和职工人数均有较大幅度上升。到 1957 年国营农场发展到 804 个,比 1952 年的 562 个增长 43.1%;国营农场职工人数增加到 44.1 万人;五年新开荒耕地累计 1064 万亩,比 1949—1952 年开荒面积 137 万亩,增长 6.76 倍,耕地面积增加到 1581 万亩,比 1952 年的 564 万亩,增长 1.8 倍。国营农场的机械化水平也有所提高,1957 年国营农牧场拥有拖拉机 4815 台,联合收割机 1406 台,载重汽车 3008 辆,分别比 1952 年增长 3 倍、4 倍和 48% 以上。

由于国营农场开荒面积、耕地面积逐年有较大幅度的增加,种植业发展很快。粮食总产量从 1952 年的 4.52 亿斤,增加到 1957 年的 14.58 亿斤,增长 2.2 倍;大豆总产量由 1952 年的 4100 万斤,增加到了 1957 年的 13100 万斤,增长 2.19 倍;棉花总产量从 1952 年的 91800 万担,增加到 1957 年的 363300 万担,增长 2.95 倍。向国家交售商品粮 4.81 亿斤,比 1952 年的 9200 万斤增长 4.22 倍。畜牧业发展也很快。牛从 1952 年的 53000 万头,增加到 1957 年的 1906000 万头,增长 2.7 倍;羊从 1952 年的 73 万只增加到 1957 年的 142 万只,增长 94.5%;猪从 1952 年的 31700 万头,增加到 1957 年的 4017000 万头,增长 11.67 倍。1957 年全国农垦系统国营农场农业总产值 2.7 亿元,比 1952 年的 0.7 亿元增长 3.85 倍。工农业生产总值 4.4 亿元,比 1952 年的 1 亿元增长 3.4 倍。①

五 农业生产新技术的推广和应用

为加强农业新技术的推广和应用,农业部在全国各地普遍建立了农业技术推广站,从 1952 年的 232 个,增加到 1955 年的 7997 个,同时建立了牲畜配种站、兽医防治站、农业拖拉机站等技术推

---

① 《第一个五年计划时期全国农垦系统国营农场发展情况》,载《1953—1957 年中华人民共和国经济档案资料选编·农业卷》,中国物价出版社 1998 年版,第 748 页。

广和服务机构,在农作物品种改良和推广、农作物病虫害防治、农作物耕作技术和栽培技术的改良、土壤改良等方面,都取得了一定的成效,促进了农业生产的发展。

(一)农作物品种改良和良种推广

到1956年全国建立良种示范繁殖农场2000余处,拥有耕地13.3万公顷,年繁殖推广优良品种7.5万吨。农业生产合作社普遍建立种子田,1956年,黑龙江、吉林、广东、山东、福建等省已有70%以上的农业生产合作社建立了种子田,面积达到46万公顷,繁殖自留自用良种10万吨,群众性的选种运动,选出一批优良的农家品种:"一五"时期普遍推广的碧玛一号小麦良种,在陕西关中等地,亩产可增加10—100斤,1953年全国种植面积300多万亩,1956年迅速扩大到5500多万亩。南特号早稻良种在苏北等地,每亩增产80—250斤。胜利油菜良种在四川等地每亩增产50—200斤,1956年以胜利油菜良种为基础,西南农业科学研究所首先选育出322和325一批中国的甘蓝型早熟油菜新品种,增产效果更为显著。在积极选育、繁殖农家优良品种的同时,引进外来优良品种,经过试验、示范,逐步推广。1953—1956年,从苏联引进早熟陆地棉良种611波、司3173、克克1543,中熟陆地棉良种108夫、司1470,海岛棉良种2依3、5476依、910依、8763依等20多个品种在新疆试种并择优繁殖推广。[1] 1957年从日本引进世界稻(经过鉴定定名为农垦58),推广后种植面积迅速增加,促进了长江流域双季稻的发展,增产作用很大。[2] 到1957年,全国良种种植面积达到8133.3万公顷,占农作物播种面积的52%,粮食优良品种的播种面积所占的比重从1952年的4.7%,提高到55.2%。其中,小麦良种普及率达到69%,水稻良种普及率达到63%。棉花优良品种播种面积所占比重从1952年的50.2%,提高到

---

[1] 《当代中国农作物业》,中国社会科学出版社1988年版,第211页。
[2] 同上书,第86页。

93.9%。① 油料作物和其他作物的良种播种面积也有所增加。

1953—1957年全国农作物良种推广面积及占播种面积比重统计如表11所示。②

表11　　　　　　　　　　　　　　　　　　　　　　　　单位：万亩

年份	1952	1953	1954	1955	1956	1957
粮食作物	7984.7	12624.6	25950.4	36501.0	67850.3	1000023.5
比重（%）	4.7	7.4	14.9	20.6	43.5	55.2
其中：水稻	2286.4	3354.3	5175.8	8323.0	20650.3	30441.7
比重（%）	5.4	7.9	12.0	19	41.3	62.9
小麦	1882.2	2844.3	9502.3	13129.8	23995.0	28394.0
比重（%）	5.1	7.4	23.5	32.7	58.7	68.7
杂粮	3757.7	6123.0	9816.2	12974.6	16892.5	32292.0
比重（%）	5	8	12.9	16.5	34.8	42.5
薯类	58.4	303.0	1456.1	2073.6	6312.5	8896.0
比重（%）	0.4	2.2	9.9	13.7	38.3	56.5
棉花	4195.0	4774.0	5548.9	6104.1	8349.2	8131.9
比重（%）	50.2	61.4	67.7	70.5	89.5	93.9
油料作物	488.6	641.2	815.2	1103.7	8932.2	14077.7
比重（%）	1.9	2.3	3.0	4.0	31.5	47.7

另据农业部粮食生产局提供的数据：1957年全国主要粮食作物的良种栽培面积已达104500万亩，占播种面积的56%，比1952年增加13倍以上。其中水稻良种面积占其种植面积的54.5%，比1952年增加13倍以上。水稻良种面积占其种植面积的54.5%，小麦占75.3%，薯类占54.5%，杂粮占41.4%。推广良种的增产效果，如水稻良种一般增产10%—15%，小麦15%—20%，玉米在

---

① 《当代中国农作物业》，中国社会科学出版社1988年版，第459页。
② 农业部计划局：《第一个五年计划期间农业统计资料汇编》，中国统计出版社1959年版，第146页。

20%以上。①

（二）农作物病虫害的防治和牲畜疫病的防治

农作物病虫害防治贯彻"防重于治"的方针。重点开展了蝗虫、螟虫、锈病、赤霉病、枯黄病等的防治。1953—1957年，全国累计防治面积达1亿公顷，大大减轻了病虫害的危害。② 五年间对历史上危害最大的蝗虫的防治取得了重大的成效。在1952年全国治蝗座谈会提出的由人力为主改为药剂为主的方针下，在全国建立了23所防治站，培训了5万多农民侦察员、药械手，1955年蝗虫发生面积117.3公顷，用药防治面积86.5万公顷，在新疆、河北、天津等地用飞机治蝗6.7万公顷，使千年蝗害得到了有效的控制。对水稻螟虫的防治，从1954年开始实行四季治理。在南方主要稻区建立稻螟观察区，在螟虫发生区建立治螟示范区。1957年又推广农业防治与药物相结合的方法，"栽培避螟"和药物防治并重的办法，当年防治面积达1200万公顷，螟害率由过去的10%—20%下降到5%—10%。对小麦锈病采取组织育种、栽培和植保多学科联合攻关，培育出抗锈品种，控制了锈病的蔓延和危害。为消灭病虫害，减少农作物产量损失，各地结合秋耕、冬耕、轮作换茬，消除杂草，选用抗病虫的品种等措施，推行药剂防治，努力扩大农作物防治面积。五年间，由1953年全国农作物病虫害防治面积16000万亩，扩大到1957年的71000万亩，增长了4倍。其中药剂防治面积由1953年的4800万亩，扩大到1957年的50000万亩，增长了10倍多。五年累计防治面积达15亿亩。③

---

① 农业部粮食作物生产局：《我国第一个五年计划期间的粮食生产》（1958年1月），载《1953—1957年中华人民共和国经济档案资料选编·农业卷》，中国物价出版社1998年版，第766页。
② 《当代中国农作物业》，中国社会科学出版社1988年版，第21页。
③ 农业部粮食作物生产局：《我国第一个五年计划期间的粮食生产》（1958年1月），载《1953—1957年中华人民共和国经济档案资料选编·农业卷》，中国物价出版社1998年版，第767页。

1953—1957年全国农药、农械推广数量统计如表12所示。①

表12

年份	1952	1953	1954	1955	1956	1957	"一五"合计
农药（吨）	1717	15276	41286	67398	159188	148985	433850
农械（架）	164043	197988	309973	429215	1179952	540526	2821697

在牲畜疫病防治方面，对耕牛危害最大的牛瘟到1955年就已经消灭。到1957年已遏止牛炭疽病蔓延，猪瘟和猪丹毒也有了有效的防治方法。五年间，防治牲畜疫病的兽医生物药品生产量逐年增加，具体数量统计如表13所示。②

表13

年份	1952	1953	1954	1955	1956	1957
疫苗（公撮）	54298565	79717040	51221871	93556081	338361171	410021787
血清（公撮）	34378446	33857171	51923656	54997746	60380920	82016900
诊断液	550	1886909	1173650	2834389	10384300	9805229
总计（公撮）	88677561	115461120	104319177	151388216	409126391	501843916

（三）农作物耕作技术和栽培技术的改革

五年间，对各种农作物精耕细作的传统经验进行系统总结，使其同现代科学技术密切结合，因地制宜加以推广。各地在改革中主要根据自然条件，提高土地的利用率，以增加农作物的总量。从1953年开始，大力推广了北方秋耕、南方冬耕，一熟冬麦区伏耕，并加深耕作层（6—10厘米）。在淮河、秦岭以南和长江以北地区通过推广秋耕、深耕、适时播种、合理密植、保墒防旱、培育壮秧等栽培技术，扩大冬小麦、油菜，增加稻麦、稻油（菜）两熟面

---

① 农业部计划局：《第一个五年计划期间农业统计资料汇编》，中国统计出版社1959年版，第166页。
② 同上书，第171页。

积。在华北平原地区发展玉米与小麦、玉米与马铃薯的间作套种，增加玉米播种面积，促进了玉米生产的发展。1956 年全国玉米种植面积扩大到 1766.2 公顷，比 1952 年增长 40.6%，总产量达到 2305 万吨，比 1952 年增长 36.8%。

1953—1957 年全国复种指数统计如表 14 所示。

表 14

年份	1952	1953	1954	1955	1956	1957
复种指数	130.9	132.7	135.3	137.2	142.3	140.6
增长指数	100	101.37	103.36	104.81	108.7	107.41

几种主要农作物耕作栽培制度的改革分述如下：

1. 水稻

从总结农民群众创造的先进经验入手，进行了水稻耕作栽培制度的改革。1953 年据广西调查，改单季稻为双季稻平均增产 89%；在广东省，间作稻改连作稻每公顷增产稻谷 1200—3375 公斤。在南方稻区耕作栽培制度，进行了单季稻改为双季稻、间作稻改连作稻、籼稻改粳稻的改革。农业部在总结农民群众对水田进行单季稻改双季稻、间作稻改连作稻、籼稻改粳稻的"三改"经验之后，从 1954—1956 年，基本上把间作稻改成了连作稻，不少地方还将一季稻，改成了双季稻。1956 年南方双季稻晚稻种植面积扩大到 773.3 万公顷。湖南、江西两省，1954 年双季稻播种面积仅占稻谷总播种面积的 22.9%，1956 年增加到 52.3%，福建、广东、广西三省双季稻也由 1954 年的 57.8% 上升到 1956 年的 69.8%。与此同时还进行了籼稻改粳稻，因为粳稻产量较高、品质好、抗倒伏适于丰产栽培。浙江绍兴、余杭等地改种籼稻为晚粳稻，每公顷增产 1000 多公斤。江苏省盐城、兴化等地改种粳稻，增产 50% 以上。1955 年长江流域各省籼稻改粳稻只有 9.8 万公顷，1956 年增加到 73.3 万公顷。既有成功的经验也有失败的教训。1956 年湖南、湖北、四川三省未经过试验,引种东北早粳青森 5 号稻种,发生过早抽穗,致严重减产。1957 年 2 月,农业部在湖北武昌召开水稻改制技术经验交流会,总结了 1956 年改制的经验和教训。具体地研究了发展双季稻和粳稻的增产关键和栽培技术①,为以后的推广改制创造了条件。

2. 小麦

1952 年农业部公布的《冬小麦丰产技术试行纲要》,提出的以合理密植为中心的丰产栽培方案,在北方冬小麦区扩大间、套、复种面积。1954 年和 1955 年,在北方冬小麦区总结推广了陕西省武功县以轮作倒茬、条播密植、加深耕层为主要内容的增产经验。该县 1954 年 29 万亩小麦,平均亩产 298 斤。在南方冬麦区发展稻麦两熟或三熟制。总结推广了江苏省南部水稻——小麦两熟区深沟宽畦、匀播密植、增施肥料的增产经验。大大缩小了冬闲田,扩大了冬小麦种植面积。从 1955 年起,江苏、安徽等省,在治理淮河的同时,把大量冬沤田(一年一熟)改为稻麦两熟,提高了粮食产量。② 1957 年 10 月,陕西关中平原和渭北高原地区小麦专业会议总结了小麦增产经验:扩大复种面积,提高回茬麦产量;改进播种技术,提高播种质量。③

3. 棉花

1953 年 4 月,农业部分别制定了《北方棉区棉花丰产技术指导纲要》和《南方棉区细绒棉(洋棉)丰产技术指导纲要》,对两个棉区的耕作栽培技术的改革提出了不同的要求。对北方棉区提出:实行秋耕,推广深耕、适当密植、适时播种保证全苗、整枝、中耕除草、实行换茬,重点试用牧草轮作。南方棉区则提出:深

---

① 《当代中国农作物业》,中国社会科学出版社 1988 年版,第 82 页。
② 同上书,第 104、113 页。
③ 庄星书:《积极改进技术,提高小麦单位面积产量》(1957 年 10 月),载《1953—1957 年中华人民共和国经济档案资料选编·农业卷》,中国物价出版社 1998 年版,第 412 页。

耕、适时播种保证全苗、适当密植、排水防涝灌溉防旱、中耕培土、合理整枝、选种留种、重点推行轮作。① 1954 年在改进栽培技术方面，提出扩大秋耕面积，逐步加深耕层，保苗、匀苗、适当密植、抗旱抗涝；实施整枝、中耕以提早成熟，增加产量。针对不同棉区提出不同的技术改进重点：北方旱地棉区，掌握保墒、防旱、适时播种、保苗、补苗、减少缺苗；北方灌溉棉区，进行沟灌、小畦灌、冬灌和适当提早春灌等灌溉方法；南方两熟棉区，注意防涝、防旱，改撒播为条播，早薅苗及施用追肥提苗壮苗；沿海盐垦棉区，重视挖沟排水、耕地、铺生、盖草、提倡冬季种绿肥及时除草、保苗等技术②，与此同时，新疆军垦农场，引进苏联先进的植棉技术，1955 年种植 8 万亩棉花，平均亩产籽棉 400 斤。当年 10 月，农业部组织考察组总结了丰产经验，并向全国推广。③ 在 1957 年 11 月召开的全国棉产工作会议上，总结了五个亩产 100 斤皮棉县（浙江慈溪、河北石家庄、湖北麻城、广济、甘肃敦煌）丰产经验，对改革棉花耕作栽培技术起了推动作用。④

（四）改良旧式农具和推广新式农具

五年间，对旧式农具的改良，取得如下成绩："在水田地区推广的改良水田犁，有东北水田犁、广西水田犁、轻便水田犁、福建水田犁、湖北水田犁和延边水田犁等，这些适合地区性不同类型的犁，都有轻便、灵巧、较旧犁耕得深的优点，适合水田地区使用。在平原旱作地区也有很多改良农具。如山东历城县梁五

---

① 《1953—1957 年中华人民共和国经济档案资料选编·农业卷》，中国物价出版社 1998 年版，第 419 页。

② 农业部党组：《关于棉产工作会议的报告》（1954 年 1 月 23 日），载《1953—1957 年中华人民共和国经济档案资料选编·农业卷》，中国物价出版社 1998 年版，第 779—780 页。

③ 《当代中国农作物业》，中国社会科学出版社 1988 年版，第 220 页。

④ 农业部：《关于 1957 年全国棉产工作会议的报告》（1957 年 11 月 5 日），载《1953—1957 年中华人民共和国经济档案资料选编·农业卷》，中国物价出版社 1998 年版，第 791—798 页。

乡农民改制的水耧，山西太谷县民利农业社改制的种棉水耧，都能在播种的同时浇水，能抗旱播种。山东沂南县农民梁正义改制的粪种隔离耧子，能使肥料和种子隔开下种，减少肥料内病菌对种子的传染；山西省五寨县改制的五七型粪耧，能在播种的同时下肥。河北省藁城县城关第一农业社改制的三腿耧，可以密植小麦。此外，还有水稻点播器、埂边点豆器、山地播种机等等。"①

新式畜力农具的推广成绩显著。1953年全国24个省、市、自治区推广新式畜力农具双轮双铧犁、圆盘耙、播种机、镇压器、收割机、割草机、脱粒机等69万多件。在新式农具的推广中，曾一度出现农具质量差、价格高、技术传授和修理配作跟不上，导致积压浪费。1954年7月，农业部、第一机械工业部、全国供销合作总社联合召开全国新式畜力工作会议，研究新式畜力农具的制造、供应和推广；会议确定充实鉴定机构，加强测试鉴定，统一标定农具图纸，实行定厂制造，严格质量检查，加强技术传授和修理服务，增加零配件供应，改进农具改革和推广工作。同年9月，经国务院批准，发布《关于新式农具降低价格问题的联合通知》，规定降低13种主要新式农具价格15%—40%②；同时，颁布《新式农具统一管理办法》，改进推广工作，加强对农具手的技术培训。广泛建立新式农具推广站，1957年全国建立591处，加快了推广速度。到1957年年底，全国共推广新式畜力农具13种，468万件。其中双轮双（单）铧犁162.2万多件，新式步犁、水田犁、山地犁197.3万多件；圆盘耙和钉齿耙7.6万件；收割机2万多件，脱粒机31.8万多件，加工农具25万多件。在推广新式农具的过程中，训练农具干部10万多人，农民农具手205万人。建立农具修

---

① 李菁玉：《目前农业机械工作的主要情况及今后意见》（1957年12月），载《1953—1957年中华人民共和国经济档案资料选编·农业卷》，中国物价出版社1998年版，第524页。
② 《国务院批转关于新式畜力农具问题及降价问题的报告》（1955年9月6日），载《1953—1957年中华人民共和国经济档案资料选编·农业卷》，中国物价出版社1998年版，第517页。

配站2万个,修配工人10万人。新式农具耕作质量好,增产显著。据山东省27个农业社和农场的小麦生产试验对比,双铧犁比旧式犁增产22.2%;河北省在南宫、大名、吕黎、临城、宣化、成安六县13个点玉米、棉花生产试验对比,双铧犁比旧式犁增产9.3%到17.9%;浙江省在18个点上水稻生产试验对比,双铧犁比木犁平均增产14%。1957年全国推广各种新式犁359万多部,耕地面积约达2亿亩,如以每亩增产粮食10斤计算,即可增产粮食20亿斤。①

在推广新式农具的同时,农业拖拉机站也有重点地得到发展,现代农业机具逐年增加。从1953年开始试办农业机器拖拉机站,建站11个拖拉机113台,服务农田面积91000亩。② 到1957年,全国共建立了352个拖拉机站,主要分布在黄淮平原东北、西北,江南地区也有一部分,共约有11000标准台拖拉机,约计机耕面积2600多万亩,其发展速度与规模都大大超过了原定第一个五年计划的指标,机械耕作的小麦,比畜力和旧农具耕作的,一般每亩可增产30斤左右,如1956年华北、东北等主要产麦地区30个站的调查统计,机耕小麦16万多亩,其中每亩较当地畜耕小麦增产20—41斤的有15个站,72000多亩,其余的站也多数增产41斤以上,仅少数站增产不到20斤。③ 1953—1957年主要农业机械年末拥有量统计如表15所示。④

---

① 李菁玉:《目前农业机械工作的主要情况及今后意见》(1957年12月),载《1953—1957年中华人民共和国经济档案资料选编·农业卷》,中国物价出版社1998年版,第525—526页。
② 农业部农业机械管理总局:《1955年拖拉机站的工作情况》(1956年3月30日),载《1953—1957年中华人民共和国经济档案资料选编·农业卷》,中国物价出版社1998年版,第531页。
③ 李菁玉:《目前农业机械工作的主要情况及今后意见》(1957年12月)。
④ 国家统计局:《建国三十年全国农业统计资料》,中国统计出版社1980年版,第251—253页。

表 15

年份	1952	1953	1954	1955	1956	1957
拖拉机（台）	1307	1582	2945	4767	11267	14674
联合收割机（台）	284	429	591	943	1451	1789
排灌动力机械（马力）	128000	141000	164000	208000	385000	564000

1957年全国农业机械总动力达到165万马力，排灌动力机械4万台，56.4万马力；农用载重汽车4084辆，渔业机动船1485艘，103000马力。

（五）土壤改良和增施肥料

五年间，对盐渍耕地进行普查，先后在山东、吉林、河南、甘肃、山西、河北、新疆、内蒙古、青海、辽宁等省区建立了盐渍土改良试验站点20处，并结合水利建设，采取生物技术和水利工程相结合的措施，对部分盐渍耕地进行初步的改良。农业部、水利部和中国科学院开展了对红壤土的考察和研究，为大面积开发利用和改良提供了条件。江西、浙江、贵州等省开垦了大片红壤荒地，建立了一批垦殖场，如江西省红壤占耕地的60%，采取增施有机肥、发展绿肥、平整土地、兴修水利、开沟排渍、绿化荒山、水土保持等综合措施改造红壤低产田，取得了明显的成效，使该省成为重要的商品粮基地之一。海南岛、雷州半岛、西双版纳等地区开发利用红壤，为发展橡胶和其他热带作物作出了贡献。

在实行土壤改良的同时，逐年增施肥料。贯彻以"农家肥为主，商品肥为辅"的方针，广泛开展了群众性的养猪积肥、积攒人畜粪尿、割山青、打湖草、挖塘泥、运垃圾、积厩肥和做堆肥等运动。五年间，江苏、浙江、湖南、四川、湖北、安徽等12省绿肥面积都有扩大。全国积肥总量及化肥推广数量统计如表16

所示。①

表 16

年份	1952	1953	1954	1955	1956	1957
积肥总量（亿市担）	243	262	297	330	403	336
亩施肥（斤）	1500	1600	1801	2000	2500	2000
化肥（市担）	5901760	11104180	16156660	23498320	32360600	35879060
其中硫酸铵（市担）	5802600	10025960	13352760	17422440	21473480	—
绿肥面积（万亩）	3445.5	4210.2	4637.5	4272.5	4566.1	5129.7

五年间，全国每亩耕地平均农家肥施肥量由 1952 年的 1500 斤，提高到 1956 年的 2500 斤和 1957 年的 2000 斤，化肥施用量增长五倍多，绿肥面积由 1952 年的 3445.5 万亩，扩大到 1957 年的 5129.7 万亩，五年增长 48.8%。

六 农、林、牧、渔各业全面发展及其对工业建设和对外贸易的贡献

1953—1957 年，农业生产的发展速度是较快的。1957 年全国农业总产值 536.7 亿元（1957 年不变价格），比 1952 年的 417 亿元，增长 24.8%，平均每年递增 4.5%。占农业总产值 80% 以上的农作物业产值从 1952 年的 346.6 亿元，增长到 1957 年的 432.6 亿元，增长 24.8%，平均每年递增 4.5%。农作物业、畜牧业、林业、渔业和副业均发展较快。在农业生产发展的基础上，农民收入增加，生活水平提高。

---

① 农业部计划局：《第一个五年计划期间农业统计资料汇编》，中国统计出版社 1959 年版，第 145 页。

（一）农作物业的发展

1957 年粮食总产量 19505 万吨，比 1952 年的 16392 万吨增长 19%，平均每年递增 3.5%。其中稻谷总产量 8678 万吨，比 1952 年的 6843 万吨增长 26.8%；小麦总产量 2364 万吨，比 1952 年的 1813 万吨增长 30.4%。棉花总产量 164 万吨，比 1952 年的 130.4 万吨增长 25.8%。油料总产量 419.6 万吨，仅比 1952 年 419 万吨增长 0.1%，未完成原定计划。糖料总产量 1189.3 万吨，比 1952 年的 759 万吨增长 56.5%。茶叶总产量 11.2 万吨，比 1952 年的 8.2 万吨增长 36.6%，烤烟总产量 25.6 万吨，比 1952 年增长 15.3%。水果总产量 324.7 万吨，比 1952 年的 244 万吨增长 32.9%，黄红麻总产量 30.1 万吨，比 1952 年下降 16%，蚕茧总产量 11.2 万吨，比 1952 年下降 8.9%。①

（二）畜牧业的发展

在农作物业发展的同时，畜牧业得到全面的增长。畜牧业总产值从 1952 年的 47.9 亿元，增加到 1957 年的 69 亿元，增长 44%。1957 年猪牛羊肉总产量 398.5 万吨，比 1952 年的 338.5 万吨增长 17.7%。大牲畜年末存栏头数 8382 万头，比 1952 年的 7646 万头增长 9.6%；其中役畜 5368 万头，比 1952 年的 5042 万头增长 6.5%。牛年末存栏头数 6361.2 万头，比 1952 年的 5660 万头增长 13.4%。马年末存栏头数 730.2 万头，比 1952 年的 613 万头增长 19.1%。驴年末存栏头数 1686.4 万头，比 1952 年的 1180.6 万头增长 42.8%。生猪年末存栏数 14590 万头，比 1952 年的 8977 万头增长 62.5%。羊年末存栏数 9858 万只，比 1952 年的 6178 万只增长 59.6%。②

（三）林业的发展

五年间林业也得到了全面的发展，1957 年林业总产值 9.3 亿

---

① 《1953—1957 年中华人民共和国经济档案资料选编·农业卷》，中国物价出版社 1998 年版，第 1130—1144 页。

② 同上书，第 1024 页。

元，比 1952 年的 2.9 亿元增长 2.2 倍。全国造林成绩显著，1953—1957 年造林面积统计如表 17 所示。①

表 17　　　　　　　　　　　　　　　　　　　　　　单位：万亩/年

年份	1952	1953	1954	1955	1956	1957
造林面积	1628.0	1669.4	1749.3	2565.8	8584.9	6532.6
其中：用材林	750.5	670.6	953.9	1420.9	3681.2	2602.4
经济林		19.8	51.6	431.4	2142.4	2625.0
防护林	814.7	625.2	508.0	589.8	2027.3	1491.5

1953—1957 年造林总面积达到 21102 万亩。1957 年全国木材产量 2786.9 万立方米，比 1952 年的 1233.2 万立方米增长 125.89%。

1957 年主要林产品产量：橡胶 346 吨，生漆 1700 吨，油桐籽 51.8 万吨，油茶籽 49.4 万吨，核桃 10.3 万吨，都比 1952 年有不同程度的增长。

（四）渔业的发展

渔业，1957 年渔业总产值 2.9 亿元，比 1952 年的 1.3 亿元增长 123%。全国水产品总产量 1957 年达到 312 万吨，比 1952 年增长 86.8%，平均每年递增 13.3%。在水产品总产量中，海水产品总产量 193.7 万吨，比 1952 年的 106 万吨，增长 82.7%。其中，海洋捕捞量 181.5 万吨，比 1952 年的 100 万吨增长 82%；海洋养殖产量 12.7 万吨，比 1952 年的 6 万吨增长 1 倍以上。淡水产品总产量 117.9 万吨，比 1952 年的 60.6 万吨增长 94.5%。其中，淡水捕捞量 61.4 万吨，比 1952 年的 47 万吨增长 30.6%；淡水养殖产量 56.5 万吨，比 1952 年的 13.6 万吨增长 3.07 倍。②

---

① 《1953—1957 年中华人民共和国经济档案资料选编·农业卷》，中国物价出版社 1998 年版，第 924 页。

② 同上书，第 1111 页。

此外,农村副业生产也有所发展,1957年副业产值22.9亿元,比1952年的18.3亿元增长25.1%。①

(五) 农业发展速度及对国民经济发展的贡献

1. 农业生产发展较快,基本保证了社会对农产品日益增长的需求。

1953—1957年,全国主要农产品逐年增长速度如表18所示。②

表18　　　　　　　　　　　　　　　　　　　　　　　　　　　　　单位:%

年份	1953	1954	1955	1956	1957
粮食	1.8	1.6	8.5	4.8	1.2
棉花	-9.9	-9.9	42.5	-4.8	13.5
油料	-5.4	9.9	12.5	4.5	-17.2
甘蔗	1.3	19.1	-6.7	6.7	20.0
甜菜	5.5	95.8	61.3	3.1	-8.7
黄红麻	-54.9	-1.1	88.2	0.1	16.8
烤烟	-4.1	9.1	28.4	33.8	-35.9
猪	7.1	5.8	13.5	-4.4	73.6
大牲畜	5.6	5.6	2.8	-1.1	-4.5
水产品	13.7	37.1	10.0	5.1	17.7

农业生产的发展,大多数农产品的人均占有量和商品量都有所增加。1953—1957年按全国人口平均粮、棉、三种油料、生猪、猪牛羊肉类、水产品产量如表19所示。③

---

① 《1953—1957年中华人民共和国经济档案资料选编·农业卷》,中国物价出版社1998年版,第1142页。
② 同上书,第1143页。
③ 同上书,第1144页。

表 19　　　　　　　　　　　　　　　　　　　　　　　单位：斤/人

年份	1952	1953	1954	1955	1956	1957
粮食	570	568	563	599	614	603
棉花	4.5	4	3.5	4.9	4.6	5.1
花生、菜籽、芝麻三种油料	13	12	12.9	14.2	14.5	11.7
生猪	0.16	0.16	0.17	0.14	0.13	0.23
猪、牛、羊肉	11.8					12.3
水产品	5.8	6.5	7.6	8.2	8.4	7.9

从表 19 可以看出，1957 年和 1952 年比较，除三种油料下降外，粮食、棉花、生猪、猪牛羊肉和水产品的占有量分别增长 6.2%、13.3%、4.2% 和 36.2%。

全国社会农副产品收购额达到 217.5 亿元，按不变价格计算，比 1952 年增长 49.4%，平均每年递增 8.4%，1957 年收购粮食 4579 万吨，棉花 141.2 万吨，食用植物油 133.8 万吨，分别比 1952 年增长 17.8%、29.9% 和 36.5%；肥猪收购量 4050 万头，水产品收购量 171.7 万吨，分别比 1952 年增长 8.2% 和 87%。

2. 农业生产的发展为工业建设和对外贸易作出了贡献。

农产品中工业原料作物生产的发展，促进了以农产品为原料的轻工业的发展。1957 年以农产品为原料的轻工业产值 330.1 亿元，比 1952 年增长 70.6%，平均每年递增 11.3%。农业生产发展还为国家工业化建设提供了大量的资金。五年间，农民通过缴纳农业税累计向国家提供资金达 150.68 亿元，超过同期国家财政支援农业资金总额的 51.3%。1957 年农副产品及其加工品出口额达到 11.4 亿美元，比 1952 年增长 70.3%，平均每年递增 11.2%。五年内净出口粮食 997 万吨，为国家换回了大量的工业建设设备。

3. 随着农业生产的发展，农民生活水平也有所提高。1953—

1957年农民货币收入购买力增长见表20。①

表20

年份	1952	1953	1954	1955	1956	1957
农民净货币收入（元）	129.7	153.2	167.7	168.9	194.8	190.3
人均收入（元）	26.8	31.5	33.9	33.4	38.3	36.8
农民消费品购买力（元）	117.5	137.8	157.6	160.2	179.4	181.4
人均消费品购买力（元）	24.6	28.4	31.8	31.7	35.3	35.0

以上是农村人口的货币收入与消费，加上实物消费，1957年全国农业人口平均每人消费额76.2元，比1952年增长17.8%，平均每年增长3.3%。实物消费以粮食为例，1953—1957年，农民粮食消费统计见表21。②

表21 单位：斤

年份	1952	1953	1954	1955	1956	1957
农村粮食消费量	2850.3	2836.4	2773.9	2991.2	3232.3	3312.7
其中：农民留用	2286.3	2319.5	2269.5	2497.5	2738.4	2822.3
生产用粮	367.0	384.5	385.8	420.9	488.8	533.8
其中：种子饲料	351.0	358.5	359.8	393.9	461.2	514.4
生活用粮	2474.3	2451.9	2388.1	2570.3	2743.5	2778.9
农村人均生活消费	496.0	486.4	466.0	491.2	516.5	515.3

以上粮食统计数据为未经加工的原粮，按商品粮计算，1957年平均每人消费粮食410斤，比1952年增长6.8%。1957年农村人均消费食用植物油1.2公斤、食糖1.1公斤、棉布6米，分别比

---

① 《1953—1957年中华人民共和国经济档案资料选编·农业卷》，中国物价出版社1998年版，第1164页。
② 同上书，第1165页。

1952 年增长 11.8%、79% 和 28.8%。农村居民平均每人猪肉消费量比 1952 年下降 20%。1957 年农村社会商品零售总额 235.8 亿元,比 1952 年增长 56%。其中消费品零售总额 203.2 亿元,比 1952 年增长 48.2%。

(2004 年中国经济史学会学术年会论文)

农业合作化历史回顾

我国农业合作化的实现已经40年了。回顾农业合作化的发展历程，实事求是地总结历史的经验与教训，可以从中得到对于农村合作经济发展的许多有益的启示。本文拟对此作一初步的分析。

一 土地改革后许多农民要求互助合作

土地改革以后，我国农民摆脱了封建剥削制度的束缚，成了土地的主人，发展生产的积极性空前高涨。但是，由于受地主阶级的残酷剥削和长期战争的破坏，许多农民还缺乏耕畜、农具和生产资金。据当时对23个省（自治区）15432户农民的调查，土改结束时，贫雇农平均每户只有耕地12.46亩，耕畜0.47头，犁0.41部、水车0.07部；中农平均每户只有耕地19.01亩，耕畜0.91头，犁0.74部、水车0.13部①，耕畜和农具严重不足。由于战争的破坏，农田水利失修，农民抵御自然灾害的能力很弱，一家一户也无力兴修农田水利基本建设。一遇自然灾害（水、旱、病、虫灾）就要减产。据各地调查，当时大约有近半数的农户在发展生产上存在着各种困难，国家又没有力量提供很多的援助。为了克服生产中的困难，增强抗御自然灾害的能力，许多农民要求组织起来，互帮互助，共同克服困难，发展生产。

中国共产党根据土地改革以后，农民在发展生产上的两种积极

---

① 引自《经济研究》1965年第7期，第13页。

性，个体经济的积极性和劳动互助的积极性，于 1951 年 9 月召开第一次农业互助合作会议，作出了《关于农业生产互助合作的决议（草案）》，并于 12 月 15 日下发各地试行。该草案认为，农民个体经济在一个相当长时期内将是大量的，不能忽视和粗暴地挫伤农民个体经济的积极性。要坚持巩固地联合中农的政策。同时认为，要克服农民在分散经营中的困难，使贫困农民增加生产，走上丰衣足食的道路，并使国家得到更多的粮食和原料，就必须提倡"组织起来"，发展农民劳动互助的积极性。要求各地根据生产发展的需要和可能，按照积极发展、稳步前进的方针和自愿互利的原则，采取典型示范、逐步推广的方法，推动农业互助合作的发展。该草案提出了引导农民走上互助合作道路的三种形式，即临时互助组、常年互助组、初级农业生产合作社。

临时互助组一般由几户农民组成，土地、耕畜、家具和产品仍归各户私有，各户独立经营，各负盈亏，仅在农忙季节实行简单的换工互助，所以，也叫季节互助组。

常年互助组则是常年换工互助，有的还实行农业和副业的互助相结合，劳动互助和提高技术相结合，有的有某些生产计划和技术分工；有的还从互助生产的收入中逐步设置一些公有农具和牲畜，积累了小量的公有财产。

初级农业生产合作社仍然保留了入社农民的生产资料私有制，但实行土地入股，统一经营，产品统一分配。社员除按劳动工分得到劳动报酬外，入股的土地和交社使用的耕畜和农具等均得到一定的报酬。

在 1952 年年底以前，各地主要是大量发展临时互助组，逐步推广常年互助组，有重点地发展初级农业生产合作社。人民政府在经济上和农业生产技术上对互助合作组织实行扶植和优待的政策，如发放低息农业贷款，供给新式农具、良种耕畜及优良农作物品种，等等，促进了互助组和合作社的发展。到 1952 年年底，农业生产互助组由 1951 年的 408 万个，增加到 802.6 万个，参加农户由 1951 年的 2100 万户，增加到 4536.4 万户。其中常年互助组 175.6 万个，初级农业生产合作社 3600 多个，参加农户 59000 户。①

二 农业合作化的稳步发展

1952 年年底，国民经济恢复时期即将结束，中共中央按照毛泽东的建议，提出了过渡时期总路线。这条总路线的内容是："从中华人民共和国成立，到社会主义改造基本完成，这是一个过渡时期。党在过渡时期的总路线和总任务，是要在一个相当长的时期内，逐步实现国家的社会主义工业化，并逐步实现国家对农业、对手工业和对资本主义工商业的社会主义改造。"总路线以社会主义工业化为主体，以对农业、手工业的社会主义改造和对资本主义工商业的社会主义改造为"两翼"，以在我国建立社会主义的经济制度为目标。

为了加强对农业社会主义改造的领导，1953 年 2 月，中共中央决定成立中央农村工作部，任命邓子恢为部长。邓子恢接受了 15 年完成农业合作化的任务。以邓子恢为首的中央农村工作部提出了从小农经济的生产现状出发，积极开展互助合作，防止消极自流；从小农经济的生产现状出发，遵循自愿互利原则，防止急躁冒进的指导农业互助合作运动的方针。邓子恢在 1953 年 4 月全国第一次农村工作会议上，论述了农业互助合作运动必须采取稳步前进的方针②，及时地纠正了各地刚刚露头的急躁冒进的偏向。中央农村工作部在具体指导农业互助合作运动中，特别强调在农村中压倒一切的工作是农业生产，其他工作都是围绕农业生产而为它服务的。互助合作搞得好不好，根本一条要看是否增产，并特别注意以

---

① 国家统计局：《建国三十年全国农业统计资料》(1949—1979)，1980 年版。
② 《农业集体化重要文件汇编》(1949—1957)，中共中央党校出版社 1981 年版，第 123—136 页。

下几个问题。

第一,坚持遵守自愿互利原则和循序渐进的方针,坚持从临时互助组到常年互助组再到初级农业生产合作社的过渡形式。通过典型示范使农民亲自看到和体验到农业互助合作给自己带来的好处,自觉自愿地加入互助合作组织中来。党及时发现和纠正了一些地区出现的急躁冒进和强迫命令的偏向。制定了一系列具体政策和办法,保证自愿互利原则的实施。例如,正确规定土地入股分红的比例;正确规定耕畜、农具、大车等折价入社的价格及价款偿还办法等。这样就有利于解决合作社内贫农与中农之间在经济利益上的矛盾,加强贫农与中农之间的团结。

第二,正确对待尚未加入农业互助合作组织的个体农民。提出要坚持耐心等待、满腔热情地去照顾和帮助他们,教育他们。尊重和保护个体农民的合法地位和权益,保护和鼓励他们发展农业和副业生产的积极性,杜绝任何打击个体农民生产积极性的现象发生。正确对待个体农民,使农民个体经济和互助合作经济同时并存,共同发展,就保证了在农业互助合作运动的发展过程中,农业生产能够持续稳定地发展。

第三,重视农业生产合作社的内部建设。包括确定农业生产合作社及社内作业组的规模,社内管理机构的设置,各级分工、职责、权利、管理原则,建立和健全各种规章制度等。通过上述规章制度的建立,不断改进和完善农业合作社的生产管理、收益分配以及供销关系等,正确处理国家、农业合作社集体和社员个人三方面的经济关系。要求各级党委加强对农业生产合作社的领导、帮助农业社搞好整顿、巩固和提高的工作,并逐渐总结出一套农业生产合作社内部建设的经验。例如,在生产管理方面,实行分级管理,明确划分社、队、组的职责和权限;农业社对队、组,实行包工、包产、包财务的"三包"制度;在生产队内实行"包工到组"和"田间零活包到户"等生产责任制。

第四,重视农业生产技术改造,把农业的社会主义改造与农业的生产技术改造密切结合起来。我国的农业互助合作是在农业生产力发展水平和农业科学技术水平很低的基础上发展起来的。重视农业生产技术的改良是为了较快地增强农业社会主义改造的物质基础,并保证农业劳动生产率的不断提高。中央农村工作部在领导农业互助合作运动中,十分重视总结农业特别是农业劳动模范的丰产经验。推广当代先进的农业科学技术,如推广新式农机具,改良耕畜品种,提高耕畜质量,普及农作物优良品种,以及改革耕作和栽培技术等,并使先进的农业科学技术与农民的传统技术相结合,以提高农业生产力,增加农作物产量。各级政府还重视组织农民进行农田水利基础建设,增加农田灌溉面积,组织农民防治农作物和牲畜病虫害,增加农作物和牲畜产量,以保证在农业互助合作发展中,农业生产连年增产。

1953年12月,中共中央通过了《关于发展农业生产合作社的决议》(以下简称《决议》)。这个《决议》是在粮食市场出现紧张局势,中央在作出对粮食实行统购统销的重大决策的同时通过和公布的。《决议》认为,党在农村中最根本的任务就是教育和促使农民群众逐步联合起来,使农业能够由落后的小规模生产的个体经济变为先进的大规模生产的合作经济,以便克服工业和农业这两个经济部门发展不相适应的矛盾,并使农民能够逐步完全摆脱贫困的状况而取得共同富裕和普遍繁荣的生活。决议总结了农业生产合作社的十大优越性,要求各级党委有必要更多地和更好地注意对于发展农业生产合作社的领导,并向各地方下达了发展农业生产合作社的任务指标。

《决议》下达后,全国出现了互助组转农业生产合作社的势头。到年底全国农业生产合作社已由1952年年底的3600多个,增加到1.4万多个。到1954年春季,农业生产合作社更增加到10万个。据1954年11月,中央农村工作部关于全国第四次互助合作会议的报告中说,原建的10万个社中90%以上有不同程度的增产,合作经济的优越性已为群众所公认。① 邓子恢1955年3月21日在中国共产党全国代表会议上的发言中也说："从1953年秋前的14000多个社，1954年春发展到10万多个社，这一段的运动是比较健康的。"②

三 农业合作化进程的加快

1954年5月10日，中央农村工作部关于第二次全国农村工作会议给中央的报告③中说：1953年冬和1954年春农业生产合作运动的成绩很大。贫农兴奋积极，中农日益倾向社会主义，富农开始被孤立，农民群众互助合作的积极性空前高涨。随着国家社会主义工业化的发展，城市工矿人口不断增加，城乡人民生活水平不断提高，以及人口的自然繁殖（每年增加1000万人以上）和保证工业建设所必需的农产品出口的需要，就必须年年大量增产粮食、棉花、油料及其他工业原料作物。从保证农业增产的具体办法看，不外两条：一条办法是发展国营农场。移民垦荒，扩大耕地面积。但根据第一个五年计划财政预算中投资的分配，到1957年累计，只能由国家投资垦种约1500万亩，加上群众零星开荒，合计2500万亩左右，生产粮食不过几十亿斤到一百亿斤，约等于需要增产数的1/10。所以，扩大耕地面积不能作为目前农业增产的主要出路。另一条办法是提高现有耕地的单位面积产量，是目前农业增产的主要出路。但要发挥这种增产潜在力，靠小农经济是有限的，靠在农业中实行大规模的机械化是工业发展以后的远景，在最近几年之内必须依靠大力发展农业合作化，在合作化的基础上适当地进行各种可能的技术改革。据各地材料，现有的农业生产合作社在其初建的一

---

① 《农业集体化重要文件汇编》（1949—1957），中共中央党校出版社1981年版，第260、299—300、247—249页。
② 同上。
③ 同上。

二年,一般可增产 20% 至 30%,往后还可每年保持一定的增产比例,比互助组、比小农经济的增产率更高出很多。所以,合作化运动,不仅应该当作农村工作的中心,也应该当作生产运动的中心。这次会议还拟定:农业生产合作社 1955 年计划发展到 30 万个或 35 万个,1957 年发展到 130 万个或 150 万个,参加合作社的农户发展到占全国总农户的 35% 左右,合作社的耕地发展到占全国总耕地的 40% 以上。其中,东北和晋、冀、鲁、豫四省及其他老解放区达到 50% 以上,并争取在平原及高产量地区、经济作物区和城市郊区先一步合作化。在第二个五年计划时期,1960 年前后,在全国基本地区争取实现基本上合作化。

1954 年 6 月 30 日,陈云在向中共中央汇报关于第一个五年计划编制情况时也说:计划中最薄弱的部分是农业生产,能否按计划完成,很难说。农业增产有三种办法:开荒、修水利、合作化。这些办法都要采用,但见效最快的,在目前还是合作化。搞合作化,根据以往经验,平均产量可以提高 15%—30%,增产 30%,就有 1000 亿斤粮食,并且只有在农业合作化以后,各种增产措施才更容易见效。所以合作化是花钱少、收效快的增产办法。[①]

农村工作会议提出的:合作化运动不仅应该当作农村工作的中心,也应该当作生产运动的中心,标志着农村工作中心的转移。在此以前,农村工作的中心是农业生产,农村中的其他工作,包括农业合作化都是围绕农业生产而为它服务的,互助合作搞得好不好,根本一条要看是否增产。农村工作中心转移到合作化运动之后,偏离原来的以农业生产为中心的稳步前进的方针。从此,农业合作化的进程被人为地加快,从原来的稳步前进变为急于求成。当年秋收以前,短短几个月内新建农业生产合作社 12 万个,相当于春季时 10 万个的 120%。[②]

---

① 《陈云文选》(1949—1956),人民出版社 1984 年版,第 236—238 页。
② 《农业集体化重要文件汇编》(1949—1957),中共中央党校出版社 1981 年版,第 260、299—300 页。

在急于求成思想的指导下，1954年10月召开的全国第四次互助合作会议上，各地又将原订的农业合作化的发展速度进一步加快，计划在1955年春耕以前发展到60万个。中央农村工作部认为，这个计划大致合适，并建议中央批准。还认为，如果这60万个社办好了，那就可以有把握地做到：到1957年组织50%以上的农户加入合作社，并据此预计我国农业的社会主义改造事业发展的大体步骤将是：第一步，于1957年前后基本上完成初级的合作化，在第二个五年计划时期再先后转入高级合作化，实施初步的技术改良和部分的机械耕作。第二步，约在第三、第四个五年计划时期，将依靠发展起来的工业装备农业，实现大规模的农业机械化。[①] 中共中央向全国各级党委批发了这个报告，促进了各地兴办农业生产合作社的热潮。1954年秋收后到年底，又新办了农业生产合作社26万个，使农业生产合作社的总数达到48万个。

在农业合作化高速发展中，工作难免粗糙，有的地方滋长了盲目乐观、简单从事、不严格按政策办事的偏向，有许多农业合作社在建社中，缺乏必要的准备，不少农业合作社缺乏管理干部，有的社由于干部文化水平低，又缺乏经验，管理制度很不健全。在社员耕畜入社作价、评定社员劳动报酬、土地分红比例等方面很难做到公平合理；农业生产合作社在安排生产和组织劳动方面也往往发生顾此失彼的现象。这些都引起社员不满意，挫伤了社员的生产积极性。有的地方甚至出现社员退社，新建农业社散伙垮台。一些地方出现非正常杀猪、宰牛、砍树，不热心积肥和准备春耕等现象。对此，毛泽东说"生产关系要适应生产力发展的要求，否则生产力会起来暴动，当前农民杀猪宰牛就是生产力起来暴动"[②]。

上述问题，引起了中共中央的重视，于1955年1月10日和15

[①] 《农业集体化重要文件汇编》（1949—1957），中共中央党校出版社1981年版，第260、299—300页。

[②] 引自《关于为邓子恢同志平反问题的请示报告》，《三中全会以来重要文献汇编》（下册），第955页。

日，分别发出《关于整顿和巩固农业生产合作社的通知》和《关于大力保护耕畜的紧急指示》。提出农业合作化要"基本上转入控制发展，着重巩固的阶段"。在那些完成发展计划的地区，"停止发展，全力转向巩固"，计划未完成地区，"有准备地在巩固中继续发展"，计划过高的要"适当收缩"；不具备条件的社要"进行整顿"，在不损伤积极分子热情和保证新建社的质量的原则下，允许现有社数和社员户数作"必要的合理的减少"；对某些地方出现的"有名无实的挂名社"以及为坏分子所操纵的"冒牌合作社"，要进行清理，要争取群众，加以改组或解散。《通知》指出"土地产量和土地报酬的评定，牵扯到每一个社员的根本利益，必须认真掌握"；《紧急指示》则要求各地妥善处理牲畜入社问题，克服急躁情绪，必须根据互利原则，通过民主评议，给以公平合理的折价，分期归还。新办的合作社不必过早过急地实行耕畜折价归社，可采取私有公用的办法，合理评定畜工的报酬，使畜主不吃亏，以稳定养畜情绪。各地根据上述指示，整顿农业生产合作社，整社内容，除上述内容外还包括缩小农业合作社的规模和作业组的规模，改善生产管理，建立生产责任制度，正确处理国家，农业合作社集体和社员个人的经济关系，完善收益分配制度，等等。

由于急于求成的指导思想没有改变，整社没有也不可能从根本上扭转急躁冒进的偏向，各地建社热潮持续发展。在整社中，两个月新建农业生产合作社19万个，使农业生产合作社的总数达到67万个。加上1954年粮食统购多购了70亿斤，引起农民不满，生产积极性下降。1955年3月，中共中央、国务院发出关于迅速布置粮食购销工作安定农民生产情绪的紧急指示，减少粮食统购数，实行"定产、定购、定销"的办法，消除农民的不满情绪。同时，中央农村工作部发出《关于巩固现有合作社的通知》，提出不论何地均应停止发展新社，全力转向巩固工作。经过初步整顿，全国农业生产合作社缩减了2万个，初步巩固了65万个，农村形势趋于稳定。

从上述事实中可以看出，人为地加快农业合作化的进程，导致急躁冒进倾向的发生，只是由于中央及时发现，及时地调整，才使农业生产未受到更大的影响。

四 农业合作社高潮的出现和农业社会主义改造的急促完成

1955年夏季，农业合作化运动发展到一个关键的时刻。65万个农业生产合作社，经过整顿，80%以上的农业生产合作社在夏收中增加了农作物产量，局部地区在春季出现的紧张情况得到了缓解。就在这时，中共中央领导内部对下一步农业合作社的发展速度的估计和规划，产生了不同的看法。

中央农村工作部根据当时还有15%—20%的农业生产合作社未能增产，甚至减产的事实，认为整顿农业社的任务相当繁重，应适当控制农业合作社的发展速度，提出到1956年春耕时，农业合作社从1955年春的65万个，增加到100万个。这个计划在6月中旬，得到中央政治局会议批准。到1955年年底，农业生产合作社由原来的65万个增加到182万个，加入农业社的农户达到7500多万户，由春耕时占总农户的14%迅速上升到60%以上。

应当指出的是，1955年农业合作化高潮的出现，除了"反右倾"以外，与当年农业生产年景比较好，取得了丰收也有着密切的联系。这一年全国农业总产值比上年增长7.6%，粮食产量增长8.5%，棉花产量增长42.6%。[①] 尤其是当年春耕时的65万个农业生产合作社，经过整顿，绝大部分增加了生产，增加了收入，显示了农业生产合作社的优越性。在农业合作化的高潮中，大多数农民是抱着农业生产合作社能够增加生产，增加收入的希望，加入农业生产合作社的。

---

① 根据国家统计局农业统计司编《1949—1984年中国农业的光辉成就》（中国统计出版社1984年版）第38、44、50页统计资料计算。

1956年农业合作化高潮持续发展，在农民纷纷加入初级农业生产合作社的同时，又掀起了小社并大社、初级农业社升级为高级农业社的高潮。1956年1月23日，中共中央政治局提出了《1956年到1967年全国农业发展纲要（草案）》（以下简称《纲要》），要求各省、市、自治区在1956年基本上完成初级合作化，并在当地试办一个至几个大型（100户以上）的高级农业生产合作社，在1958年基本上完成高级合作化。《纲要》强调："对于一切条件成熟了的初级社，应当分批分期地使它们转为高级社，不升级就将妨碍生产力的发展。"于是，在1956年春又兴起了初级社升级转为高级社的高潮，而且来势更猛，进展更快。到1956年年底，加入农业合作社的农户达到全国农户总数的96.3%，其中，参加高级农业社的农户占全国农户总数的87.8%。[①] 也就是说，原来预计15年完成的农业合作化，仅仅用了4年时间，提前11年完成了。

五　过急过快地实现农业合作化带来的困扰

农业合作化的实现，是一场深刻的社会变革——由农民土地私有制向农业合作社的土地集体所有制的历史性的变革。但是，由于农业合作化是在不断反右倾所形成的超高速发展的猛烈浪潮中实现的，要求过急、工作过粗、改变过快、形式过于简单划一，以致在以后较长时期内，遗留下许多困扰农村经济发展的问题。

1. 由于在农业合作化高潮中许多农民没有经过互助组和初级农业社，直接加入高级农业生产合作社。高级农业社取消了土地报酬，社员的土地归合作社公有；耕畜，大中型农具作价入社，实行统一经营、统一分配。许多高级农业社是由原初级农业社合并升级组成的，各个初级农业社由于自然条件和经济条件不同，生产水平

---

① 《当代中国农业合作化》编辑部编：《中国农业合作化史资料》1989年第1期，第22页。

和收入水平有高有低，共组一个高级农业社以后，原来的初级农业社变成高级农业社的生产队。由于实行统一经营、统一分配，就使原初级农业社的收入拉平了，原来比较富裕的生产队收入下降，留下了不稳固的因素。

2. 由于并社升级过急过快，许多初级农业社立足未稳就升级为高级农业社，取消了土地报酬，违背了原定的随着生产发展逐步降低土地报酬比例的规定。这样，就使土地较多的中农社员和劳动力较少的贫农社员因取消土地报酬而降低收入，从而违背了原来规定的转高级农业社后使90%以上的社员都能增加收入的基本条件。由于过快地取消了土地报酬，使一部分土地多，劳动力少，人口多的社员减少了收入，而他们所得到的劳动报酬，不足以支付口粮款，为使他们维持生活，只好允许他们超支欠农业社的债。由于农业社刚建立，超支户欠了农业社的债，就无法付给劳动力多、出勤多的社员的劳动报酬，使他们成为空分户。按劳动分配原则不能兑现，因而挫伤社员的劳动积极性。超支户、空分户与农业合作社之间的三角债，是以后长期困扰农业集体经济，影响农业生产发展的大问题。

3. 农业合作化高潮中，社员的耕畜、大中型农具折价入社时，普遍折价偏低，因为折价要参照市价，而农业合作化高潮时，有的农民怕吃亏，入社前在市场上出卖耕畜、农具，引起畜价、农具价下跌。同时，许多农业合作社还没有积累，或积累少，不能按原订期限支付社员的耕畜，农具折价款，又损害了这一部分社员的利益，引起他们的不满。

4. 由于并社升级过快，一部分非农业户入社后收入减少；一些原来经营鱼塘、苇田、果园、桑园、茶园等的农户，入社以后收入受到影响。

5. 高级农业生产合作社，在管理上集中过多，统得过死，直接组织生产的生产队、作业组没有必要权限，或权限不清。同时由于生产责任制不健全，许多社、队天天临时派工，片面强调集体干活，劳动"一窝蜂"现象普遍存在。农业社评记社员的劳动工分，多采用死分死记,死分活评的办法,很难真正体现按劳动分配原则,平均主义倾向十分突出。

总之,正如邓小平在总结这段历史经验时所说的:"农业合作化一两年一个高潮,一种组织形式还没有来得及巩固,很快又变了。从初级合作社到普遍办高级社就是如此。如果稳步前进,巩固一段时间再发展,就可能搞得更好一些。"①

尤其应该指出的是,由于过急地实现了农业合作化,造成了一种错觉,似乎生产关系的变革,可以脱离生产力发展的基础,同时也错误地过高估计了农民的社会主义积极性。这些又成为1958年发动"大跃进"和"人民公社化"运动的理论根据,而人民公社化又导致了1959—1961年农业生产连年下降的严重后果。

六 几点启示

对农业合作化历史的回顾,可以得到以下几点启示。

第一,在农业合作化与农业生产的关系上,要以发展农业生产为中心。农业合作化是农业生产发展的要求,是为发展农业生产服务的。当农业合作化是"围绕农业生产而为它服务"时,农业合作化就能促进农业生产的发展。而当农业合作化取代农业生产成为农村工作中心时,即所谓"合作化运动不仅应该当作农村工作的中心,也应该当作生产运动的中心",被人为地加快时,就会适得其反,违背它原来的宗旨,不仅不能促进农业生产的发展,反而会妨碍农业生产的发展。

第二,农业合作化的组织形式要从实际出发,经过生产实践的检验。在农业合作化过程中,从我国实际出发,总结出农民群众创造的临时互助组、常年互助组、初级农业生产合作社等组织形式,经过生产实践检验,是有利于农业生产发展的。因此在合作化过程

---

① 《邓小平文选》(1975—1982),人民出版社1983年版,第276页。

中，保持了农业生产的持续增长。但是，高级农业生产合作社并不是从我国农村实际出发，经过试点逐步推广的。它是以苏联的集体农庄作为现成的模式，在农业合作化的高潮中迅速推广普遍实行的。因此它带来了许多困扰农村经济发展的问题。

第三，农业合作化中不应忽视农民家庭经营的作用。农业合作化初期，由于注意保护和发扬了农民发展个体经济和互助合作的两个积极性，促进了农业生产的发展。1956年高级合作化以后的高级农业生产合作社，只保留农民少量的自留地和家庭副业，不利于调动农民的生产积极性和农村经济的发展。农业合作化后，各地为发扬农民家庭经营的积极作用，曾多次反复地出现包工到户、包产到户的种种责任制形式，但是，由于在"左"倾指导思想下，被认为是背离社会主义道路，受到批判被强令禁止。中共十一届三中全会以后，对原有的集体经济体制进行改革，实行家庭联产承包的生产责任制，促进了农业生产和农村经济的发展。实践证明：农民家庭经营作为农村合作经济的一个层次长期存在，对农村经济的发展是有利的。

第四，农业合作化组织形式不宜单一化。由于各地农村自然资源、经济技术发展水平的差异，单一化的合作经济组织形式，很难发挥各地的资源优势。高级农业社和后来的政社合一的人民公社，是适应以单一的公有制为基础的计划经济体制的要求而建立起来的。其目的是保证大规模经济建设对粮食等主要农产品日益增长的需求，便于国家对主要农产品实行统购统销制度，把农业生产纳入国家计划调节的轨道。实践证明，实行国家计划调节、抑制、排斥和取代市场对农业生产的调节作用，不利于调动农民的生产积极性，不利于农业生产的发展。中共十一届三中全会以后，改革了人民公社体制，实行农民家庭联产承包责任制，取消了对主要农产品的统购派购制度，充分发挥了市场调节作用，出现了多种多样的合作经济组织形式，促进了农业生产高速发展和农村经济的繁荣。

（原载《当代中国史研究》1995年第4期）

建国以来农业剩余劳动力转移的
历史进程和特点

中华人民共和国成立以来,农业剩余劳动力的转移的历史进程,按转移的速度和规模及其经济效益和社会效益,可以划分为两个时期,从1949年到1978年党的十一届三中全会实行改革开放政策以前,属缓慢转移时期;1979年至现在,为农业剩余劳动力转移的新时期。总结中华人民共和国成立46年来农业剩余劳动力转移的经验和教训,可以从中得到许多有益的启示。

一

从中华人民共和国成立到1978年12月党的十一届三中全会实行改革开放以前30年,我国农业剩余劳动力的转移可分为以下四个阶段:

1. 1949—1952年国民经济恢复时期。这个时期,由于旧中国遗留下来的大量城市失业人口和在农村封建土地制度下,农村经济萎缩,大量失去生存条件的农民,被迫流入城市寻找生活出路。人民政府一方面在农村实行土地制度的改革,实现了"耕者有其田",基本上解决了农民生活无着落的问题;另一方面在城市实行"三个人的饭五个人吃"和对国民党军政人员实行"包下来"的扩大就业的政策,最大限度地缩小了失业和无业人数。随着经济的恢复和发展,三年中,有300多万农民进入城市就业,占同期城市就业人数的30%。农村劳动力占全部社会劳动力的比重由1949年的

91.5%，下降为 1952 年的 88%。1952 年，农业劳动力占全社会劳动力比例为 83.5%①。

2. 1953—1957 年第一个五年计划建设时期。我国开始了大规模的以 156 个重点项目为中心，由 694 个建设单位组成的工业化建设，需要从农村吸纳大批剩余劳动力。而农业生产的迅速恢复和发展，为向城市工业和工矿区转移农村剩余劳动力提供了可能。这一时期城镇工业部门新增的劳动力绝大部分是从农村招来的，平均每年进入城镇的农民有 165 万。这个时期虽然是计划经济体制形成时期，从 1954 年开始逐步实行全国统一的劳动力招收和调配制度，但是，农村剩余劳动力的转移基本上尚未受到户籍制度的阻碍。五年间，全社会劳动力增长 11.3%，而非农产业劳动力增长 23.4%；非农产业劳动力占全社会劳动力的比重，由 1952 年的 16.5%，上升到 1957 年的 18.8%，其中城镇劳动力占全社会劳动力的比例由 12% 上升到 13.5%。全国农业劳动力占全社会劳动力的比例，从 1952 年的 83.5%，下降到 1957 年的 81.2%②。

3. 1958—1963 年"大跃进"和经济调整时期，先是出现农业劳动力非正常地向非农产业"急剧转移"，随后又发生向农业回流的"逆向转移"。1958 年开始的"大跃进"运动中，农业劳动力向城市和工矿区转移的规模迅速扩大。1958 年，全国非农产业劳动力达到 11110 万人，比 1957 年的 4462 万人增长 1.49 倍；农业劳动力净减少 3819 万人。1958—1960 年三年间，全国城镇劳动力增长了 2914 万人③。1960 年全国城镇劳动力增加到 6119 万人，比 1957 年增长 90.9%。1960 年，全国城镇劳动力占全社会劳动力总数上升到 23.7%，农村劳动力占全社会的劳动力总数的比重，下降到 76.3%。这次农业劳动力的转移，并不是建立在农业劳动生产率提高和剩余农产品供给增长的基础上的转移，而是在"大跃

---

① 国家统计局：《中国统计年鉴（1983）》，中国统计出版社 1983 年版，第 120、122 页。
② 同上。
③ 同上。

进"中由于工业冒进造成非常规的增长,导致了对农业劳动力的"虚假需求",而农村中的"浮夸风"对当年农业生产量的过高估计,又形成一种劳动力的"虚假剩余"。尤其应当指出的是,这次转移开创了有史以来,农村内部农业劳动力向非农产业最大规模的转移。在人民公社化过程中发生了"一平二调"的"共产风",人民公社无偿调拨原农业生产合作社的劳动力,大炼钢铁、大办工业和其他非农产业(当时称社队企业),一年内农村非农产业劳动力从1957年的1257万人,增长到1958年的5810万人,增长3.6倍。而农业劳动力则从同期的19309万人,下降到15490万人。农业劳动力占全社会劳动力总数的比重从1957年的81.2%下降到1958年的58.2%。1958年12月,党的八届六中全会以后,纠正"共产风",退回了一部分劳动力,1959年和1960年分别为62.2%和65.7%[1]。

由于城市人口增加过多,造成了城市公用设施的过分紧张和城镇居民食品和其他物资供给的严重短缺。同时,由于农业劳动力锐减,造成了农业生产的严重损失和社会生产力的巨大破坏。于是,从1961年开始不得不对国民经济进行调整,精减大批城镇职工返回农村,实行"逆向转移"。1961—1963年,城镇职工共减少1940万人,其中返回农村的劳动力1300多万人。与此同时,农村非农产业劳动力也大量返回农业生产。从1960年的2745万人,减少到1963年的71万人。1963年年末全国农业劳动力从1960年的17016万人增加到21966万人。农业劳动力占全社会劳动力的比例从1960年的65.7%,上升到1963年的82.5%,高于1957年81.2%的水平[2]。

4. 1964—1978年,农业剩余劳动力缓慢转移时期。由于上一时期的非正常"急剧转移"和"逆向转移",导致分割城乡关系的

---

[1] 国家统计局:《中国统计年鉴(1983)》,中国统计出版社1983年版,第120、122页。
[2] 同上。

招工制度和户籍制度的形成,严格限制农业剩余劳动力向城镇流动,使农村剩余劳动力的转移非常缓慢。1964—1969 年基本上处于停滞状态。这期间,城市青年下放农村劳动比较多。农村劳动力向城镇转移局限于城市大中院校录取学生、复员军人转业、婚迁、城镇郊区征用农民土地安排农民转向城镇就业、落实政策返城等,多为非经济因素转移。1964—1969 年,城镇劳动力占全社会的劳动力的比重从 17.4% 升为 17.5%,只增加 0.1 个百分点。当时的"农村四清"和"文化大革命"动乱中,把农村中的非农产业当作资本主义倾向,甚至走资本主义道路来批判,严重阻碍了农村非农产业的发展。农村非农产业劳动力,1969 年才达到 283 万人。这期间,农业劳动力占全社会劳动力的比例从 82.5% 降为 81.6%,下降 0.9 个百分点①。

1970 年以后,农村剩余劳动力才恢复向城镇的缓慢转移,1970—1978 年城镇劳动力占全社会劳动力的比例,从 1969 年的 17.5% 提高到 23.9%,上升 6.4 个百分点。这期间,农村中的非农产业(当时称社队企业)得到了发展的机会,人民公社的工业产值从 1970 年的 26.6 亿元提高到 1978 年的 211.9 亿元,增长近 7 倍。农村非农产业劳动力占农村劳动力的比例从 1970 年的 1.1% 上升到 1978 年的 9.2%。1964—1978 年,全国农业劳动力占全社会劳动力的比例从 1963 年的 82.4%,下降为 1978 年的 70.5%②。

总之,从中华人民共和国成立到 1978 年 30 年间,农业剩余劳动力的转移在 1958 年以后,走过了曲折的道路,有许多深刻的教训。相对于农业产值占全国社会总产值下降的程度,农业劳动力的转移是滞后的。同期内,农业总产值占全国社会总产值的比例从 58.6% 下降到 22.9%;而农业劳动力占全社会劳动力的比例,才

---

① 国家统计局:《中国统计年鉴(1983)》,中国统计出版社 1983 年版,第 120、122 页。
② 同上。

下降到 70.5%。城镇劳动力占全社会劳动力比例 1978 年才达到 23.7%[1]，城市化进程更严重滞后。

二

1978 年 12 月，党的十一届三中全会决定实行改革开放政策以后，农业剩余劳动力向城镇和非农产业的转移进入了一个新的时期。这个时期大致上也可分为以下三个阶段：

1. 1979—1988 年，农村经济体制改革，实行家庭联产承包责任制和以市场为取向的改革，调动了农民的生产积极性，促进了农业生产的发展和农业劳动生产率的提高。农业剩余劳动力大量涌现出来，向非农产业转移，向城镇转移。由于粮食统购统销制度的废除，政府允许农民自带口粮进入县城以下集镇落户，同时，放松了对农民迁居的限制，农民获得了在产业间和地区间流动的自由，开始进入城市就业。而城市和工矿区的一些行业，如建筑、采矿、纺织、环卫等普遍存在招工难，又产生了对农村剩余劳动力的需求。于是，十年间，全国城镇劳动力增加 4753 万人，城镇劳动力占全社会劳动力比例，从 1978 年的 23.7% 上升到 1988 年的 26.3%[2]。农业生产高速发展，促进了农村非农产业发展。由于当时国营企业改革相对滞后，社会总需求大于总供给，生活消费品和部分生产资料短缺，为农村乡镇企业的发展，提供了市场机遇。加之国家实行一系列扶助乡镇企业发展的政策，使农村乡镇企业异军突起。1979—1988 年，乡镇企业总产值从 493.07 亿元，增加到 1988 年的 6495.66 亿元。乡镇企业成为吸纳农业剩余劳动力的主要渠道。农村非农产业的劳动力，从 1978 年的 2826.6 万人，增加到 1988 年的 9545.5 万人，增长近 2.4 倍。全国农村非农产业劳动力占农村

---

[1] 国家统计局：《中国统计年鉴（1983）》，中国统计出版社 1983 年版，第 120、122 页。
[2] 国家统计局：《中国统计年鉴（1994）》，中国统计出版社 1994 年版，第 83—88 页。

劳动力总数的比例从 1978 年的 9.2% 上升到 1988 年的 19.4%，上升 10.2 个百分点。与此同时，全国农业劳动力从 1978 年的 28373 万人，增加到 1988 年的 32308 万人，而农业劳动力占全社会劳动力的比例从 1978 年的 70.5%，下降到 1988 年的 59.3%，下降 11.2 个百分点①。这是继 1958 年"大跃进"以后的又一次农业劳动力大规模地向非农产业转移。所不同的是，这次转移是在农业劳动生产率提高和剩余农产品供给增长基础上的转移，是在农村乡镇企业大发展、对农业剩余劳动力形成巨大拉力的作用下发生的。这就有力地促进了农村经济以至整个国民经济的高速发展。城乡人民生活也得到了明显的改善。

2. 1989—1991 年我国经济在上一阶段的大发展之后，进入治理整顿的新阶段，受经济增长周期波动的影响，发生已转移的农业剩余劳动力向农业回流现象。在城市建筑和服务行业务工的一部分农村劳动力回到农村。一部分乡镇企业关、停、并、转，已转移的劳动力又回到农业生产。三年间，城镇劳动力占全社会劳动力比例不仅没有提高，反而有所下降，从 1988 年的 26.3%，下降到 1991 年的 26.1%。农村非农产业劳动力 1989 年和 1990 年分别减少 178.7 万人和 102 万人。1991 年乡镇企业开始进入回升阶段，非农产业劳动力增长 344.3 万人，比 1988 年仅增加 63.6 万人。全国农业劳动力从 1988 年的 32308 万人，增加到 1991 年的 34878 万人，农业劳动力占全社会劳动力比例从 1988 年的 59.3%，上升为 59.8%②。

3. 1992 年以来，农业剩余劳动力进入了一个全方位大规模转移的新阶段。1992 年以后，由于我国经济出现了持续高速增长，极大地推动了农业剩余劳动力向非农产业转移。在 80 年代我国东部地区乡镇企业高速发展的基础上，中、西部地区的乡镇企业也开

---

① 国家统计局：《中国统计年鉴（1994）》，中国统计出版社 1994 年版，第 83—88 页。
② 同上。

始以较快的速度发展起来。从 1993 年开始，中、西部地区乡镇企业发展速度开始超过东部地区。1990—1994 年，全国乡镇企业总产值从 9581.1 亿元增加到 42588 亿元，增长 344.5%。乡镇企业就业人数也大幅度增加。农村非农产业劳动力从 1991 年的 9609.1 万人，增加到 1993 年的 12345 万人，增长 28.5%。1994 年和 1995 年又有进一步的增长。从 1991 年到 1994 年，农村非农产业劳动力占农村劳动力的比例从 21.6% 上升到 26.7%，农业劳动力占农村劳动力的比例从 78.4% 下降到 73.3%。农业劳动力占全社会劳动力的比例从 1991 年的 59.8% 下降到 1993 年的 56.4%[1]。

随着市场化改革的不断深入，城市就业和日用消费品供应日益纳入商品化轨道，福利保障制度也开始向社会化方向转轨，农民获得了在地区间流动的更大自由。加之 20 世纪 80 年代后期以来，城乡之间收入水平差距和地区之间经济发展不平衡加大，促进了农民跨地区流动。因此这一时期农村剩余劳动力跨地区转移和向城镇转移明显增加。1992 年和 1993 年跨省转移分别占转移农村剩余劳动力的 17.1% 和 19.4%，形成了跨地区流动的"民工潮"。1993 年全国民工流动总量为 2000 万人，1994 年上升到 2500 万人，1995 年预测为 3000 万人[2]。农村剩余劳动力转向城镇就业的规模越来越大，1992 年和 1993 年分别达到 698 万人和 1544 万人。转移城镇劳动力的稳定系数也趋于上升，1992 年和 1993 年由城市返回农村的劳动力分别仅为 207 万人和 360 万人[3]。

据国家统计局对全国 6.5 万多农户、12.4 万多个农村劳动力抽样调查，农业剩余劳动力主要转向工业、建筑业、商业、餐饮业和服务业，占转移总数的 75.2%。1994 年向省外转移占 25.3%，比 1993 年上升 5.9 个百分点。转移剩余劳动力中，男劳动力占

---

[1] 国家统计局：《中国统计年鉴（1994）》，中国统计出版社 1994 年版，第 83—88 页。
[2] 张仲英：《来自民工源头的报告》，《经济日报》1995 年 7 月 24 日。
[3] 朱新武、吕昱晨：《我国农村剩余劳动力处于第三转移期》，《中国信息报》1994 年 6 月 13 日。

68.7%，比 1993 年增加 1.9 个百分点。已转移的农业剩余劳动力的文化素质和工作技能逐年提高：1994 年高中文化程度占 14%，初中文化程度占 55.3%，受过专业技能培训的占 24.4%，分别比 1993 年提高 0.3、4.8、2.9 个百分点。小学和文盲半文盲则比 1993 年下降 6.2 个百分点。转移的地区以东部为主，占 74.5%，中部和西部地区分别为 14.2% 和 11.3%[①]。

进入 20 世纪 90 年代以来，农村剩余劳动力向城镇转移还表现在向小城镇的转移方面。东部发达地区的乡镇企业在 80 年代初步发展起来的基础上，开始向规模经营发展，通过建立"乡镇工业小区""乡镇企业城""农民商城"等形式创建小城镇，使农村非农产业向小城镇集聚，开创了农村工业化与农村城镇化的同步发展。目前，我国农村的建制镇已从 70 年代末的 2800 多个，增加到 5 万多个，另外还有 4 万多个新兴的集镇。全国不包括县城在内的小城镇，拥有人口 1.5 亿人，其中有 1 亿人属非城镇户口。由于乡镇企业的发展，山东省已有 1000 万农民进入小城镇。苏南地区每个小城镇容纳的人口已从过去的几百人、几千人增加到现在的平均 2 万人以上。目前东部地区小城镇有一半以上甚至八成以上是移民，中、西部地区也有三成以上是移民[②]。

1993 年 10 月，江泽民主席在中央召开的农村工作会议上明确提出："在稳定发展农业的同时，积极发展二、三产业，搞好小城镇建设"，"使小城镇成为区域性的经济中心"。1994 年 9 月经国务院批准，国家建设部等六部委联合发了《关于加强小城镇建设的若干意见》，确定以小城镇建设作为推动农村经济全面发展的重要举措。1995 年 2 月，国家建设部提出了"625"工程试点计划，即选择 6 个沿海城市为乡村城市化的试点；在中部地区选择两个区域性小城镇建设试点；在全国选择了 500 个小城镇建设试点。必将进

---

① 《中国改革报》1995 年 8 月 15 日。
② 张建军：《小城镇，圆了农民的梦》，《经济参考报》1995 年 8 月 26 日。

一步推动农村城市化建设的步伐。

随着城市经济建设的发展,农业剩余劳动力向城市的转移增加,我国的城市化进程也明显加快。从1990年到1994年我国城市由467个增加到622个,预计城市总人口1995年年末将达到51000多万(不包括市辖县,包括部分农业人口),占全国总人口的比例为43%,比1990年高出13个百分点,比1985年高出22个百分点;城市化水平将近27%,比1990年高出4个百分点,比1985年高出6个百分点[①]。

总之,1978年党的十一届三中全会决定实行改革开放政策,进行了以市场取向的改革,特别是1992年明确以社会主义市场经济作为改革的最终目标,农业剩余劳动力的转移进入了全方位大规模转移的新时期,开创了为农村剩余劳动力向非农产业转移、向城镇转移的具体途径和广阔前景。

三

通过对中华人民共和国成立46年以来农业剩余劳动力转移历史进程的分析,可以看出我国农业剩余劳动力的转移具有以下几个特点。

1. 农业剩余劳动力的转移的艰巨性。我国农村有庞大劳动力资源,长期沉淀在土地上,与人力资源相比,土地资源严重不足,人均耕地、林地、草地都大大低于世界平均水平。中华人民共和国成立初期人均耕地2.7亩,进入20世纪90年代,1990年更降为1.25亩。大量的农业剩余劳动力长期滞留农村,严重地阻碍农业规模经营的发展和农业现代化的进程。改革开放以来,农业剩余劳动力转移的进程加快,但是由于农业剩余劳动力的基数大,自然增长快,农村的就业压力仍然很大。1979—1994年,农村劳动力自

---

① 《经济日报》1995年8月25日。

然增长了 13629 万人，超过了同期转移到非农产业劳动力数。目前，3.33 亿农业劳动力中，约有 1/3 以上的剩余劳动力，绝对量达 1.2 亿人。尤其是广大中、西部欠发达地区，存在更多的剩余劳动力，而农业生产的比较效益低，农民靠经营农业的收入增长很慢，这是农民长期无法摆脱贫困的根源。如何使大量的农业剩余劳动力转移出去，是我国现代化面临的最艰巨任务。

转移的艰巨性还表现在，转移过程中带来的负面效应，尤其是农业剩余劳动力大规模跨地区转移，向大、中城市无序转移带来的消极后果：一方面是使大量素质较高的中、青年转移，导致农业劳动力素质下降。近年来在局部地区就曾经出现农业劳动力老龄化、妇女化、儿童化，严重影响了农业生产的发展，个别地区甚至出现农业生产下降、土地荒芜等问题。另一方面，由于大量的农业剩余劳动力跨地区流动，给交通运输造成巨大的压力，加重城市基础设施的负荷，给计划生育带来困难，严重影响社会治安。数千万农业剩余劳动力跨地区流动就业，是一个严峻事实，是一项跨世纪的艰巨任务。对此，既不能放任自流，也不能因噎废食，只能因势利导，采取积极措施，纳入有序流动的轨道。

2. 46 年来从我国具体情况出发，开创出通过发展乡镇企业，扩大农村非农产业就业，使其成为吸纳农业剩余劳动力主渠道的独特道路。这条道路发端于 1958 年，但在当时的"计划经济"的体制下，靠政治动员、计划调配和无偿调拨，违背了客观经济规律，导致农业生产的破坏，为此曾付出沉重的代价。进入 20 世纪 80 年代，由于进行了以市场取向的改革，通过发展乡镇企业，推行"离土不离乡"的就地转移，避免了地区之间、城乡之间劳动力的大流动，取得了明显的经济效益和社会效益，这是世界上没先例的大规模的有序转移的创举。"离土不离乡"就地转移，转移劳动力并没有切断与土地的联系，具有"兼业性"。对于"兼业性"，论者颇有微词，认为不利于农业向规模经营发展。其实"兼业性"只是一种过渡形态，它是就近转移必然出现的。转移劳动力，就近转移,兼业方便,机会成本较低,而弃农代价风险太大。"兼业性"转移,会对土地的劳动投入减少,影响土地的生产率,兼业者经营土地主要是满足自身需要,会使农产品商品率下降。但是,当地乡镇企业的发展,可以"以工补农""反哺农业"。而且,随着转移劳动力的职业稳定,收入增加,土地使用权流转制度的建立,土地向种田能手转移是一种必然趋势。近两年来土地规模经营发展速度明显加快,1992 年与 1990 年相比,发生农户转包行为和转包土地分别增长 126.6% 和 80.9%。乡镇企业发达地区土地使用权的流转更为活跃:出现了"两田制"、适度规模经营和四荒地土地使用权拍卖等各种流转形式。江苏无锡、常熟、吴县三县(市)已有 300 多个村庄在全部责任田上实现了规模经营。广东南海市目前已有 70% 的农民放弃了土地使用权,相对集中经营的土地已占 45% 左右。北京市顺义县规模经营的粮田已占 62.8%[①]。这里有一条经验是十分重要的:农业剩余劳动力的转移,不能削弱农业作为国民经济的基础地位。在农业剩余劳动力转移的同时,要加大对农业的资金和物资投入,加快农地使用权流转制度的创新,以加速农业规模经营的形成。

3. 开创了以建设小城镇作为转移农业剩余劳动力的主要渠道。20 世纪 80 年代后期,尤其是 1992 年以来,随着市场化改革的深入,城乡之间和地区之间的收入水平差距拉大,促进了农村剩余劳动力跨地区流动向城镇转移。为了缓解"民工潮"对城市的压力,加强了小城镇的建设步伐。鼓励乡镇企业集中连片开发,建立乡镇工业小区,引导技术要求较高的乡镇企业向小城镇集聚,鼓励农民自带资金进城办企业,发挥农民建城的积极性。同时,强调农业产业化发展,即将农业产前、产中、产后诸环节联成完整的产业系统,实现种、养、加,产供销、贸工农一体化经营,提高农业的增

[①] 中华人民共和国农业部:《中国农业发展报告(1995)》,中国农业出版社 1995 年版,第 141—142 页。

殖能力和比较效益。将把为农业产前产后服务的企业在布局上相对集中于小城镇,用以推动小城镇建设,从而加速农村城镇化进程。小城镇能够就近吸纳农业剩余劳动力,但是,它不是唯一途径,还需要各类城市,包括大、中、小城市扩大对农业剩余劳动力的就业吸纳。目前,大城市第三产业发展仍相对滞后,中、小城市特别是其中的新兴城市,第二、第三产业发展潜力很大。关键是如何使之合理有序地转移。

(原载《当代中国史研究》1996年第1期)

建国以来粮食流通体制的演变

"民以食为天",粮食是食物的基础,是人类生存的首要生活资料。粮食生产的地域性、季节性与粮食消费的全民性、经常性之间,有时间和空间的距离,需要通过收购、运输、储备、加工、销售等环节相连,构成粮食的流通。粮食流通体制对粮食生产有着直接的影响。中华人民共和国成立以来粮食流通体制的演变大体上经历了以下四个时期:中华人民共和国成立初期逐步确定国有粮食商业为主导的自由购销时期;1953—1978年统购统销时期;1978年党的十一届三中全会以后至1984年对统购统销实行部分改革时期;1985年以来的合同定购(或国家定购)与自由购销结合的"双轨制"时期。

一

中华人民共和国成立初期1949—1952年为逐步确定国有粮食商业为主导地位的自由购销时期。

由于受长期战争破坏,中华人民共和国成立初期粮食生产下降,供求矛盾十分尖锐,粮食市场上私人粮商占优势,国家掌握粮源主要靠从农村征收公粮,由于交通破坏,运输困难影响地区间余缺调剂,使城市和缺粮地区的粮食供应紧张,投机势力趁机兴风作浪,哄抬粮价,市场粮价剧烈波动,而且由粮价牵动物价全面上涨。从1949年4月到1950年2月,掀起四次大的物价波动,给人民生活及工农业生产的恢复和发展带来严重的危害。北京市1949年2月至1950年3月间,粮食批发价格上涨70多倍;上海市1950

年2月27日大米的市场成交价比1949年5月30日上涨60多倍。①面对严峻的粮食形势，党和政府决心在恢复和发展粮食生产的同时，把粮食价格稳定下来，以扭转市场剧烈动荡的局面。首先是加强了公粮征收和国营粮食商业积极收购粮食，掌握粮源。1949年12月第一次全国粮食会议上，拟订公粮统一调度计划。在全国范围内开展了前所未有的粮食统一调度工作。决定把东北地区余粮的一部分和内蒙古余粮的全部调给缺粮的华北地区；把东北余粮的一部分和中南、四川的余粮调给缺粮的华东地区。与此同时，采取了一系列措施加强粮食市场管理，如实行集中交易，严禁场外成交，规定交易时间，现金当日结算，建立成交登记制度，粮食、食品行业凭证购粮，检查粮商货栈，动员出售存粮，取缔投机活动等；选择适当时机抛售粮食，给囤积粮食的投机粮商以毁灭性的打击。这些措施对平抑粮价、稳定市场，起了重大的作用。

为了进一步稳定粮食局势，1950年3月3日，政务院发布《关于统一国家财政经济工作的决定》，统一国家财政收支，统一全国物资调度，统一全国现金管理。当时公粮收入占全部财政收入的41.1%，公粮的统一管理和调度，是统一国家财政收支和物资调度的极其重要的一环。在统一全国财经工作的基础上，中央财经委员会于1950年3月15日发出《关于抛售物资、催收公债、回笼货币、稳定物价的指示》。国营粮食部门根据这个指示，在市场上抛售粮食。上海市从3月初开始，平均每天抛售粮食500万斤，到3月中旬粮食市场发生了显著变化，虚假购买力消失，各地粮价开始下降。据统计，1950年3月上旬至4月中旬40天内，北京几种主要粮食价格下降12%—34%；天津下降11%—39%。上海、汉口、重庆、广州、福州和成都的大米价格分别下降7%—40%；西安面粉价格下降58%。② 于是，一举夺得平稳粮价，进而结束了长

---

① 《当代中国的粮食工作》，中国社会科学出版社1988年，第35页。
② 同上书，第43、49、64—69页。

久的恶性通货膨胀。

在这场稳定粮价的斗争中,国营粮食商业逐步发展壮大,取得了粮食市场的主导地位,在粮食市场上仍然继续实行自由购销政策。国营粮食商业采用经济手段为主、辅之以必要的行政手段组织粮食商品流通。1950—1952年,国营粮食商业收购和销售粮食的比重逐年上升:1950年国家收购数量占收购总量的23%左右,1952年上升到73%左右;国营粮食商业销售量占销售总量的比重,从1950年的20%左右,上升到1952年的51%左右。[①] 3年间,国家征收公粮和在市场上收购的粮食的数量逐年增加。如以1949年为100,则1950年为121.6,1951年为171.8,1952年为197.3,增加了将近1倍。[②]

二

1953—1978年,为实行粮食统购统销时期。"一五"时期我国确定了以优先发展重工业的经济发展战略目标。随着大规模经济建设的发展,就业人数增多,城镇人口增加,对商品粮的需求量迅速增加。在农村,由于农业生产发展,农民对粮食的消费量,包括生活用粮和种子、饲料也逐年增加;同时,棉花等经济作物区对商品粮食的需求也逐年增加。尽管粮食生产量和收购量均有大幅度增加,但仍然赶不上社会对粮食需求量的增加。为了解决粮食购销矛盾,1953年10月,中共中央召开全国粮食工作会议,作出了《关于实行粮食计划收购与计划供应的决议》(以下简称《决议》)。政务院于11月23日颁布《关于实行粮食计划收购与计划供应的命令》和《粮食市场管理办法》。粮食统购统销政策包括以下主要内容:①对农村余粮户实行计划收购(即统购)。生产粮食的农民按

[①] 《当代中国的粮食工作》,中国社会科学出版社1988年版,第43、49、64—69页。
[②] 同上。

照国家规定的收购粮种、收购价格和计划分配的数量,将余粮卖给国家。②对城镇人民和农村缺粮农民实行计划供应(即统销)。城市居民凭证供应粮食,集镇、经济作物区、灾区和一般农村的缺粮户,采取由上级政府颁发控制数字和由群众民主评议相结合的办法,确定需要供应的数量,使真正缺粮户能够买到所需要的粮食又能适当控制销量,防止投机和囤积。③由国家严格控制粮食市场,严禁私商自由经营粮食。农民在缴纳公粮和计划收购以外的余粮可以自由储存自由使用,可以继续售给国家粮食部门或合作社,或在国家设立的粮食市场进行交易,并可在农民间进行少量的互通有无的交易,但是禁止投机倒把、扰乱市场。所有私人粮食商、私营粮食加工厂一律不许私自经营粮食或自购原料、自销产品,但可在国家严格监督和管理下,由粮食部门委托代理销售粮食或从事粮食加工。④在中央统一政策下,由中央和地方分工负责管理粮食。一切有关粮食经营和粮食加工的国营、公私合营、合作社营的粮店和工厂,统一归粮食部门领导;对于熟食业、食品工业等所需粮食,旅店火车、轮船等供应旅客膳食用粮和其他工业用粮,一律由国家粮食部门有计划地供应,不准私自采购或转售粮食。《决议》还规定:"所有方针政策的确定,所有收购量和供应量、收购标准与供应标准、收购价格与供应价格等,都必须由中央统一规定和经中央批准,地方则在既定方针政策原则下,因地制宜,分工负责,保障其实施。"这种粮食流通体制是与计划经济体制相适应的,在流通领域以计划调节取代市场调节,是计划经济体制的重要组成部分。

统购统销政策实施初期,主要采取政治动员、政府颁发控制数字、发动农民群众实行民主评议、上级核定的办法。由于缺乏经验,在实施中对有的农户征购过头,对有的农户征购不足。1954年农业因灾减产,国家多征购 70 亿斤粮食,使农民留粮减少,许多地区发生人人谈粮食、户户喊"缺粮"。1955 年 8 月,国务院发布《农村粮食统购统销暂行办法》,开始在全国范围内实行粮食定产、定购、定销(简称"三定")的办法。定产,是按粮田常年产量评定,三年不变,新垦荒地自收获之日起三年不计产量。定购,是在农业合作社和农户按一定标准留下口粮、种子和饲料后,国家收购的粮食一般不超过余粮的 80%—90%,① 如因灾减产,要相应减少统购数量。定销,是对农村缺粮户按规定的用粮标准分别核定粮食供应量,凭证、按月、定点、定量供应。城镇居民购粮实行定量供应。统购统销政策的实施,使国家掌握了粮源,缓和了粮食产需矛盾。据统计,国家征购粮食占产量的比重:1953 年为 28.4%,1954 年为 30.6%,1955 年为 27.6%,1957 年为 24.6%。② 5 年间,随着农业生产的发展,农民留用粮食逐年有所增加。农村人口每人每年占有粮食:1953 年为 513 斤,1954 年为 533 斤,1955 年为 555 斤,1956 年为 611 斤,1957 年为 589 斤。③ "一五"时期国家对粮食统购统销价格实行"基本不动,个别调整"的方针。据统计,1957 年粮食统购价格 6.73 元,比 1952 年的 6.04 元提高 11.4%。销售价格从 1952 年的 10.97 元提高到 1957 年的 11.92 元,上升 8.7%。④ 粮食实行统购统销政策以后,不断地探索和总结粮食合理运输问题。1954 年总结出"图上作业法",揭示隐蔽在运输线上的同品种对流、迂回、重复等不合理运输,经过调整,得到最佳方案。从 1955 年 1 月至 1956 年 3 月间,调整不合理运量 13.7 亿斤,节约运费 320 万元,节约运力 1.6 亿吨公里。⑤ 1956 年在产销平衡的基础上,按不同品种在全国范围内划分若干"产销区"制定 11 个品种的分区产销平衡合理运输流向,实行分区产销平衡合理运输制度。当年节约运力 5 亿多吨公里,节约运费 1 亿多元。⑥

1958 年 3 月,为了扩大地方权力,将原来由中央集中统一管

---

① 《当代中国的农业》,当代中国出版社 1992 年版,第 118 页。
② 商业部商业经济研究所编著:《新中国商业史稿》,中国财经出版社 1984 年版,第 488 页。
③ 《当代中国的粮食工作》,中国社会科学出版社 1988 年版,第 97、100、277、279 页。
④ 同上。
⑤ 同上。
⑥ 同上。

理的办法,改为"购销差额管理,调拨包干",即分级包干、差额调拨的办法。由于在 1958 年开始的"大跃进"和人民公社运动中,发生了对粮食的高估产、高征购以及在农村粮食分配上实行供给制、吃饭不要钱的平均主义错误,严重地挫伤了农民的生产积极性,粮食生产严重下降。新的管理体制无法实施,不得不再一次加强中央统一调度的权力,以应付紧急需要。与此同时,为了调动农民的生产积极性,提高粮食统购价格,1961 年一次平均提高粮食统购价格 25.3%,并实行统购粮食奖售工业品和以工业品换购粮食的办法。粮食销价不动。①

1962 年 9 月,改变分级包干、差额调拨的办法,实行统一征购、统一销售、统一调拨、分级管理。这是在粮食生产严重下降、产需矛盾非常突出的情况下,便于把有限的粮食集中起来,调拨到最需要的地方去,以保证人民生活和国家经济建设的需要。同时决定开放农村粮食集市贸易,实行粮食议购议销。农民在完成统购任务以后,余粮可以到集市上出售,供销社可以在集市上收购,也可以用议价收购或用工业品换购一部分粮食,但仍规定严禁私商参加粮食集市贸易。为解决粮食购销价格倒挂问题,1963 年把农村粮食销价提高到与购价持平,同时把销售给城乡工商行业用粮价格提高到与购粮价格相平,但对城镇居民销粮价格不变。1963 年以后,根据中共八届十中全会《关于商业工作问题的决定》中提出的按经济区域组织商品流通的要求,把粮食购、销、调、存、加工连成有机整体按经济区域组织商品流通。以后 3 年因此节约运费 5.5 亿元。②

为了稳定农民负担,1965 年 10 月,开始实行粮食征购"一定三年"不再变动的办法,并实行超产、超购、超奖。同时把城镇粮食销价提高到与购价持平,国家对职工实行粮价补贴。1966 年 6

---

① 《当代中国的粮食工作》,中国社会科学出版社 1988 年版,第 131、155、281 页。
② 同上。

月,国务院决定提高粮食统购统销价格,6种主要粮食统购价格平均提高17.1%。同时提高粮食销售价格,增加对职工的粮价补贴。①

"文化大革命"动乱期间,由于"左"倾错误泛滥,粮食流通领域出现混乱。部分地区出现重犯征购过头粮的错误,人为扩大农村缺粮面;同时农村集体留粮任意加大,严重地挫伤了农民发展粮食生产的积极性。1972年,全国粮食减产,征购粮食减少,粮食购销出现大的缺口。1972年12月,决定实行统一征购、统一销售、统一调拨、统一库存的高度集中"四统一"的粮食管理体制。在此期间,对粮食集市贸易多方限制、批判,乃至取消。国营粮食商业的议购议销业务也每况愈下,处于萎缩停顿状态。为扩大粮源,在粮食进出口方面,采取了以出养进的办法。1966—1978年粮食价格基本未动,但粮食生产成本上升,使粮食生产的经济效益下降,制约了粮食生产的发展,粮食商品率下降。国内粮食收购量占粮食总产量的比例,从1965年的25%,下降到1978年的19.7%。②

三

1979—1984年为对统购统销实行部分改革时期。这一时期,农村实行了家庭联产承包责任制和以市场为取向的改革。在粮食流通体制上,开始对粮食统购统销制度实行部分改革,逐步扩大市场调节的范围和力度。

第一,大幅度提高粮食统购价格。国务院按照中共十一届三中全会的建议,1979年3月1日决定,提高粮食统购价格20%,超

---

① 《当代中国的粮食工作》,中国社会科学出版社1988年版,第131、155、281页。
② 商业部商业经济研究所编著:《新中国商业史稿》,中国财经出版社1984年版,第488—489页。

购加价幅度由原来的30%，提高到按新统购价加50%。① 为保持市场物价的基本稳定，安定人民生活，除供应农村的奖售粮、饲料粮、种子粮购销同价外，其他统销价格不动，由国家财政补贴。与此同时增加粮食进口，净进口量从1979年的182.73亿斤，增加到1982年的279.66亿斤。1979—1984年合计净进口粮食1247.57亿斤。②

第二，逐步减少统购粮食数量，中央对省、市实行购销调拨包干，以逐步扩大市场调节的范围。从1979年起，减少统购粮食55亿斤，以后逐年减少，从1979年的755亿斤减少到1982年的606.4亿斤。③ 国家征购粮食占产量的比重，从1953—1978年平均25%，下降到1979—1984年6年平均22%。征购外超购粮食数量逐年增加，占征购粮食总量比重逐年上升，从1979年的37%，上升到1984年的70.6%。同期内农村留粮从每人平均548斤，增加到765斤。④

第三，恢复和发展粮食集市贸易，开展粮食议购议销。农村集市贸易粮食成交量从1978年的50亿斤，增加到1979年的81亿斤、1980年的90亿斤、1981年的125亿斤、1982年的152亿斤、1983年的183亿斤。⑤ 粮食部门议购粮食数量逐年增加，从1978年的65亿斤，提高到1979年的105亿斤、1980年的172亿斤、1981年的209亿斤和1982年的350亿斤。粮食部门议销粮食数量更是大幅度上升：从1978年的9亿斤，上升到1979年的45亿斤、1980年的98亿斤、1981年的130亿斤、1982年的159亿斤、1983

---

① 商业部商业经济研究所编著：《新中国商业史稿》，中国财经出版社1984年版，第385、387页。

② 《当代中国的粮食工作》，中国社会科学出版社1988年版，第177、179、183、186—187页。

③ 商业部商业经济研究所编著：《新中国商业史稿》，中国财经出版社1984年版，第385、387页。

④ 《当代中国的粮食工作》，中国社会科学出版社1988年版，第177、179、183、186—187页。

⑤ 同上。

年的 207 亿斤和 1984 年的 534 亿斤。①

第四，在继续发挥国营粮食商业主渠道作用的同时，发展多渠道经营。1983 年 1 月，国务院办公厅转发了《关于完成粮油统购任务后实行多渠道经营若干问题的规定》，主要内容：以粮食为原料的工商企业，除计划供应外可以自行采购部分粮食加工成品出售。农村"四坊"和饮食业，除来料加工外，可以自行采购，加工成品出售；机关、部队、团体、学校、工矿企业、事业单位可以采购自食，但不允许贩运。实行多渠道经营以后，各地建立粮食贸易中心，恢复传统米市和粮行，活跃粮食市场。

上述政策促进了农业生产的发展，1979—1984 年粮食生产增长 33.58%，平均每年递增 4.94%。尤其是在 1982—1984 年 3 年间，粮食产量增加 1642 亿斤，增幅 25.26%，每年平均增加 547 亿斤，年增 7.8%。从而扭转了长期存在的粮食紧缺的被动局面，粮食增长幅度首次超过了粮食消费的增长。这期间农民收入大幅度增长，年平均增加 13.4%。② 与此同时，有些地区出现了"卖粮难"现象。但这主要是粮食流通渠道不畅、仓储设施跟不上粮食商品量的增长以及粮食加工和转化能力低所造成的。粮食部门由于仓容有限，同时由于购销差价倒挂，国家财政补贴大幅度增加难以为继，无法把农民出卖的粮食都买进来，明收暗不收的情况十分普遍。这引起市场上粮食价格大幅度下降，1984 年比上年下降 12.5%。

四

1985 年以来为合同定购和国家定购时期。中共中央和国务院作出从 1985 年起取消粮食统购制度，代之以合同定购制，进一步

---

① 《当代中国的粮食工作》，中国社会科学出版社 1988 年版，第 177、179、183、186—187 页。
② 高小蒙：《粮食问题备忘录》，载《中国粮食问题研究》，经济管理出版社 1987 年版，第 5—6 页。

扩大市场对粮食供求的调节作用。同时加快农村产业结构的调整步伐，以控制粮食生产达到供求基本平衡。1985年规定合同定购数量为1580亿斤，定购价格按"倒三七"比例计价（即三成按原统购价七成按原超购价）；合同以外的粮食可以自由上市。如市场粮价低于原统购价，国家仍按原统购价敞开收购。由于改革只涉及统购，而没有触动销售，销售仍维持原低价；合同定购和市场收购的"双轨制"，使购销价格倒挂和购销粮食数量倒挂，引起政府财政补贴大幅度增加。实际执行中，"双轨制"起着抑制生产、刺激消费的作用。国家为减少财政补贴，定购价格偏低。据统计，1985年"倒三七"比例价比原超购价低10%，而上一年市场粮价又比"倒三七"比例价低。[①] 加之政府在当年取消了农业生产资料价格补贴，使农业生产资料价格大幅度上涨，农民经营粮食成本上升，比较效益急剧下降。由于以上原因，导致粮食生产下降和几年徘徊的局面。1985年粮食产量从上年的4.07亿吨下降到3.79亿吨，下降7%，直至1988年才恢复到3.94亿吨，仍低于1984年的水平。这期间，农民收入增长幅度下降，年平均增长为2%—3%。

1988年粮食严重减产，市场粮食价格大幅度上升，加之国民经济发展中工农业发展比例严重失调，1988年以后我国经济进入治理整顿阶段。国家决定大幅度提高粮食合同定购价格，于1988年年底对大米实行专营，1990年将合同定购改为国家定购，对定购粮食实行化肥、柴油和预购定金的"三挂钩"政策，农用生产资料恢复专业经营。这期间粮食购销体制改革取得区域性的突破，从1988—1989粮食年度开始，在广西玉林和河南新乡试验区出台"价税分离、暗税改明税"和"购销联动、暗补改明补"改革方案。四川广汉试验区于1991年推出"一步到位，全面放开"改革方案。[②] 许多粮食销区开始实施以市场取向的改革，逐步实行减少

---

① 《全国农村改革进展顺利》，《中国改革报》1995年12月8日。
② 同上。

合同定购数量，压缩平价粮销售数量，提高粮食定购和统销价格，放开购销价格的改革，取得了明显的成效。在这一阶段的后期国家还出台了改革措施，如对粮食实行最低保护价格收购、建立粮食专项储备、建立规范化的中央和区域粮食批发市场等。上述政策促进了农业生产的发展，粮食产量由 1988 年的 3.94 亿吨增加到 1990 年的 4.46 亿吨，两年增长 13.6%。但是由于长期购销价格倒挂，国有粮食部门形成了巨额粮食财务挂账。据清理核定全国 1991 年度末财务挂账总额达 545 亿元，其中政策性挂账 486 亿元。① 巨额挂账的存在，使粮食部门压低粮食定购价格，1990 年和 1991 年粮食定购价格偏低，农民经营粮食比较利益下降。1991 年粮食产量又减少到 4.35 亿吨。当年农民实际收入由于减产而呈负增长。

1992 年以后，我国经济在邓小平南方谈话精神的指引下，进入了持续高速发展的新时期。党的十四大明确提出建立社会主义市场经济体制为改革的最终目标，粮食流通体制改革有了新的突破。继 1991 年提高粮食销售价格之后，1992 年 4 月 1 日，在全国范围内实现了粮食"购销同价"，粮票作用消失，从而解决了因不断提高粮食收购价格，销售价格长期不变日益增加的财政补贴。在提高粮价的同时，取消了"三挂钩"的办法。1993 年年底全国 98% 的县放开粮食价格和购销②，粮食市场多渠道经营得到发展，市场机制的调节作用明显增强。

但是，这一时期先是在 1992 年再次出现农民"卖粮难"问题，市场粮食价格下降，发生收购粮食"打白条"，而农用生产资料价格继续上升，导致粮食生产比较利益下降。加上各地大搞开发区，耕地大量减少，农民负担加重。由于"卖粮难"的出现，国家增加了粮食出口，1992 年出口 1364 万吨，由上年的净进口 259

---

① 李小平：《确保粮食部门两条线运行，制止消化财务挂账》，《中国财经报》1995 年 12 月 7 日第 2 版。
② 中华人民共和国农业部：《中国农业发展报告（1995）》，中国农业出版社 1995 年版，第 6、51–52 页。

万吨变为净出口189万吨，1993年和1994年净出口粮食分别为783万吨和426万吨。三年累计净出口近1400万吨。这期间畜牧业发展速度加快，肉类产量从1991年的3144万吨，增加到1994年的4499万吨，增长43.1%，年平均增长14.3%。畜牧业和饲料工业发展，对饲料粮需求急剧增长，新增饲料用粮1650万吨。加之粮食价格和购销放开，许多企业和个人竞相争购饲料粮，使粮食供求关系发生逆转。虽然1993年度粮食总产增加，由1992年的4.43亿吨上升到4.56亿吨，但是，由于南方和沿海开放区种植结构调整过快，主要口粮稻谷种植面积减少2335万亩，1993年稻谷减产852万吨。在1993年11月出现了市场上粮食价格突然大幅度上涨，发生了由南至北波及全国的"粮价风波"。由于市场粮价大大高于定购价，有些国有粮店把低价收购的定购粮在市场上高价出售，或者低价出售给个体商贩，从中收取回扣，加剧了粮食流通领域的混乱和粮食价格的上涨。

为了稳定粮食供给，国家从1994年6月10日开始将四种粮食（小麦、稻谷、玉米、大豆）定购价格从平均每50公斤36元提高到52元，提价44.4%。① 在大幅度提高粮食收购价格的同时，加强了对粮食市场的宏观调控。国家对粮食购销政策作了如下规定。

（1）继续坚持国家定购。这项规定主要是针对1993年年底各地实际上已基本放开粮食价格与购销，实际是恢复国家定购。

（2）适当增加收购数量。除定购500亿公斤粮食落实到户外，还下达400亿公斤议购计划落实到县级政府。②

（3）粮食产销区要建立长期稳定的购销关系。要组织产销区进场交易，销区粮食批发企业必须到产区县以上粮食批发市场采购，不得直接到产区农村抬价收购粮食。为解决产猪地区饲料不足问题，从产粮大省吉林省调运玉米150万吨，以制止因饲料价格上

---

① 中华人民共和国农业部：《中国农业发展报告（1995）》，中国农业出版社1995年版，第47、53、82页。
② 同上。

涨导致生猪生产下降的情况。

（4）健全粮食储备体系。有计划地由主产区向主销区和多灾地区转移一部分储备粮；粮食储备库存由产区为主转入以销区为主。划分中央和地方两级储备职能：市场调控职能集中于中央，地方储备主要用于灾荒救济。

（5）加快国有粮食部门改革，实行"两条线运行"，政策性业务和商业性业务分离。国营粮食部门一分为二：一部分改组为粮食储备调节体系，执行政策性业务；另一部分按现代企业制度改革为参与市场竞争的主体。

（6）加强对粮食流通领域商业性业务的管理和引导。严格执行定购合同，严禁压级压价和"打白条"。从事粮食批发业务必须具备条件，实行严格审查制度。零售必须明码标价。此外，实行各省粮食自求平衡的政策，将粮食供求平衡的责任和权利落实到省；中央负责全国粮食供求总量平衡。

上述政策当年开始启动，有些政策的实施还须较长时间才能到位。当年粮食定购和议购任务分别完成计划任务的 90% 和 93%[①]，但全国收购粮食数量从 1990 年、1991 年最高 2400 万吨，下降到 1800 万吨。当年仍净出口粮食 26 万吨，使国家不得不抛售部分专项储备粮，增加市场粮食供应量。在执行粮食购销政策中，有些地方将议购粮的一部分作为定购任务下达给农户引起农民反感，普遍惜售，导致早稻收获后出现收购难；有些地方关闭了粮食市场，特别是秋收后国有粮食部门"两条线"运行机制的改革未能按时实施，国有粮食企业在走向市场的过程中，企业经营成果与政策性亏损混在一起，存在着吃财政"大锅饭"的偏向。国家粮食部门趁放松价格控制之机，大幅度提高粮食加工费用，抬高粮食销售价格。由于 1994 年粮食减产，市场粮食价格继续大幅度上升，并首

---

① 中华人民共和国农业部：《中国农业发展报告（1995）》，中国农业出版社 1995 年版，第 47、53、82 页。

次出现超过国际市场粮食价格水平。大米价格从 1994 年 1 月的每吨 1562 元，上升到 12 月的每吨 2842 元，上涨近 82%，高于同期国际市场上每吨 1806 元的 57% 以上。玉米国内价从 1 月的每吨 81.8 元，上升到 12 月的 1322 元，上涨 61.6%，高于同期国际市场价每吨 741 元的 78.4%。① 粮食价格上涨加剧了通货膨胀，据分析，在当年全国物价总体水平上升过程中，食品类所占比重高达 65%；另据国家统计局测算，1994 年由于粮食价格上涨，直接和间接影响全国居民消费价格指数上涨 4 个百分点，影响程度为 16.6%。②

1995 年为了进一步稳定粮食市场，抑制通货膨胀，中共中央提出米袋子省长负责制，稳定粮食定购任务，取消"二定购"，在完成定购任务以后，放开粮食市场。国务院发出 15 号文件，对粮食部门实行两条线运行作了部署，加强国家对粮食市场的宏观调控。国家为控制 1995 年通货膨胀率在 15% 以内，顾虑带动其他物价上涨，没有提高粮食定购价。但允许地方实行价外补贴，或实行平价供应化肥和其他农用生产资料。22 省区实行了定购粮"价外加价"政策，每百公斤定购粮加价 4—42 元，平均加价 19 元。12 个省区实行"粮肥挂钩"。③ 为增加粮食供给，减少粮食出口增加进口，净进口粮食 1972 万吨。④ 当年增产粮食 1990 万吨，增长 4.5%，使粮食供需矛盾明显缓解。1995 年粮食定购综合价为 0.52—0.54/斤，而市场粮食综合价为 0.8—0.9 元/斤，两者相差 54%—67%。⑤ 大幅度价差是在流通领域形成的，不利于生产者和消费者。但是，它却为国有粮食商业部门消化 1987 年以来形成的粮食财务挂账，创造了有利条件。当年在安徽太和以及临清、河北

---

① 《经济参考报》1996 年 4 月 19 日。
② 同上。
③ 《95 农村改革回顾》，《中国改革报》1996 年 1 月 9 日。
④ 谢扬：《当前农村形势分析展望》，《中国经济时报》1996 年 3 月 8 日。
⑤ 何江涛：《定购粮提价影响有多大》，《中国经济时报》1996 年 3 月 15 日。

正定、贵州湄潭、安徽涡阳、河南郾城等地进行了"取消粮食定购、税费合并征实"的改革试验。农民在完成征实任务后有权拒绝其他各种摊派，减轻了农民的负担，很受农民欢迎。为下一步粮食流通体制的改革，积累了经验。[①]

（五）

粮食流通体制的演变，在1949—1978年，经历了从以私人粮食商业为主的自由购销到以国营粮食商业为主导的自由购销，再到以国营粮食商业垄断经营统购统销。1978年中共十一届三中全会以后，开始对粮食统购统销体制进行改革，逐步减少统购粮食数量，增加议购粮食数量，发展粮食集市贸易和多渠道粮食经营。1985年，取消粮食统购，实行粮食合同定购和国家定购，定购以外实行自由购销。对粮食流通体制演变的回顾，可以得到以下几点启示。

（1）粮食作为商品，要通过市场进入消费，应充分发挥市场机制对粮食生产、流通和消费的基础性调节作用。实践证明，违背价值规律的统购统销，不利于调动粮食生产者的积极性。

（2）粮食作为特殊商品，为保持其在市场上流通有序，保护生产者和消费者的利益，应建立起强有力的国家宏观调控体系，包括建立粮食安全储备、粮食风险基金、粮食市场信息网络和灵活有效的粮食进出口机制。如果完全由市场调节粮食供求，势必造成粮食价格随着生产的波动而大起大落。这种市场价格涨落的风险，由消费者或者生产者来承担。实践证明，粮食市场价格波动的幅度往往大于粮食生产波动的幅度，粮食价格涨幅过高，势必引起食品价格上涨以致引发通货膨胀；粮食价格下跌，必然导致粮食生产下降，并由此影响整个国民经济的发展。在粮食供给偏紧的条件下完

[①] 《经济参考报》1996年4月19日。

全由市场调节，势必助长粮食经营者投机行为，加剧粮食供求的失衡。

（3）为保持粮食市场的有序和稳定，要建立和完善粮食购销价格的形成机制。在充分发挥市场机制作用的基础上，通过国家宏观调控，形成既有利于生产者又有利于消费者的合理价格。在粮食丰收时，国家运用风险基金以最低保护价保护生产者利益，避免谷贱伤农；在粮食歉收时，动用粮食储备平抑粮价，保护消费者的利益。

（4）国有粮食商业应按现代企业制度进行改革。1994年中央就提出了"两条线运行"的改革方案，但实际执行很不普遍。少数实行了"两条线运行"改革的地区，已取得了明显的成效，如湖北荆门市1993年以来实行"双线运行"改革，强化三项管理，消化粮食挂账7000万元。[①] 国家粮食储备调节系统与粮食经营系统分开运行，可以避免粮食企业吃财政"大锅饭"，避免调节系统的调控目标为经营系统的盈利目标所干扰。前几年"粮食风波"的出现，除了国家宏观调控体系不健全、调控乏力以外，还与国有粮食商业的改革滞后密切相关。

（5）加强和完善国家粮食储备功能。粮食储备是国家对粮食市场实行宏观调控的物质基础，国家必须有足够数量的粮食储备。国家粮食储备的首要目的是粮食安全，其次是稳定价格和收入。根据储备粮的功能，可分为用于备战备荒的战略储备和用于市场调节的市场调节储备。为发挥储备粮的功能，除建立起储备粮的收购、储运和销售服务体系外，还应建立起信息通畅、调度灵活的调节运行机制，使之能在应急时充分发挥其安全保障功能。

（6）逐步建立统一、开放、竞争、有序的粮食市场体系。统筹规划发展粮食批发市场，包括现货市场和期货市场。发展粮食市场的多渠道经营，积极引导农民进入粮食市场。国有粮食商业部门

---

① 《经济参考报》1996年4月19日。

与农民合同定购,应该建立成真正的经济合同关系。加快市场激励机制和约束机制的形成,降低流通费用,提高流通效率。与此同时,要加强粮食市场管理,严格实行粮食批发商资格审查制度,完善市场规则,健全中介服务监督,提高市场规范化程度。

(7)逐步建立粮食内外贸易协调统一体制,以形成灵活有效的粮食进出口机制。近年来粮食进出口总量已占全部商品粮总量的1/8,占国家收购总量的1/4,粮食进出口已经成为实现国内粮食供求总平衡的有机组成部分。粮食进出口统一、内外贸易经营一体化是其必然趋势。在我国目前粮食供给偏紧的条件下,粮食外贸不宜出超。

(原载《当代农史研究》1996年第4期)

农业产业化经营与农业增长方式的转变

一 农业产业化经营是农村市场化取向改革和农业增长方式转变的需要

农业产业化经营是随着农村经济市场化改革的不断深化,农村市场经济体制建立过程中,为克服传统的农业经济体制和增长方式对农业生产发展的制约而出现的新的经营方式。由于农业生产是经济再生产与自然再生产相互交织的物资能量转化的生产,对土壤、水利、气候等自然等条件依赖性很强,自然灾害对农业的影响很大,农产品供给的稳定性很差。而社会对农产品的需求弹性较小,很容易造成价格的起伏不定,引起市场波动,农业生产者所承担的自然和市场风险很大。农业生产受生物特性与生命运动规律的制约,资金周转速度慢,直接经济效益、资金积累和扩大再生产的能力都比较低,因此投资于农业的土地、资金和劳动力等资源难以得到社会平均利润,农业部门的比较利益远低于非农业部门。长期以来,计划经济体制造成农业与农业相关联的产业群的分离,即人们通常所说的"产供销脱节,贸工农分离"。单一的农业生产部门作为国民经济的基础,难以克服农业生产的脆弱性和不稳定性。在农村经济市场化取向改革的进程中,在坚持和完善以家庭联产承包为主的责任制的前提下,如何帮助农民克服家庭经营规模小、难以和国内外市场接轨的问题。抵御市场风险能力弱的困难,引导农民进入市场,成为农业和农村经济进一步发展的重大课题。各种农业产业化经营方式就是在引导农民进入市场,提高农业经营效益过程中出现的,显示出强大的生命力。农业产业化经营以市场为导向,以效益为中心,以科技为动力,以龙头企业为依托,以社会化服务为纽带,实行生产、加工、储运、销售一体化经营,使工、农、贸结成风险共担、利益均沾、互利互惠、共同发展的经济利益共同体。农业产业化经营以种、养、加,产、供、销,贸、工、农一体化为其特征,它能使参与经营的各个主体得到整个产业链条的平均利润,提高农业生产的比较效益,形成农业产业的自我积累、自我调节、自我发展的运行机制,实现农业生产专业化,布局区域化、服务社会化、生产企业化。农业产业经营方式的出现及其发展过程经历了以下几个阶段。

1. 农业产业化经营模式最早出现在外向型农业经营中。改革开放初期,20 世纪 70 年代末,泰国正大饲料公司为了开辟中国市场,由公司向农户提供技术服务和种鸡饲料等生产资料带动农民家庭发展养鸡业。这就是最早出现的"公司+农户"的经营模式,当时被人们称为"正大模式"。

2. 20 世纪 80 年代中期以来,随着我国改革开放的进一步发展,东部沿海地区农村经济在调整产业结构和发展外向型经济的实践中,由外贸部门牵头,发展了一大批以国际市场为导向的"贸工农"经营组织形式。山东诸城起步最早,率先办起"贸工农"一体化经营实体,发展了肉鸡、生猪等"产业链"。诸城市由此起步,现已发展到 12 大产业,参与的农户约占总农户的 85%,主导产业产值占农业总产值的比重达到 80% 以上。[①] 山东招远县商业部门 1987—1989 年在全县选择了一批具有一定生产条件和养殖基础的村与户作为发展规模养猪的重点扶持对象,采取贴息贷款、预付定金的形式向农民提供生产基金 224 万元,按保本价格供应饲料、化肥、平价柴油 750 吨,并组织 16 名技术人员深入乡村向农民提

---

① 中华人民共和国农业部:《中国农业发展报告(1996)》,中国农业出版社 1996 年版。

供防疫、科学饲养服务，投资13.5万元建立良种猪场，向养猪户提供种苗，以低于市价20%的价格上门收购生猪。农户只负责生猪饲养一个环节，而资金、仔猪、饲料、防疫销售基本上由公司负责。创造出生猪生产、收购、宰杀、储存、调运加工、销售一体化服务体系。①

以农产品为原料的部分加工工业，在市场竞争中认识到农产品原料基地的重要，与农民建立比较密切的经济关系。云南省玉溪烟厂为保证优质烟草的来源，从1985年起，把优质烟草种植作为"第一车间"来抓，将本地20万烟农作为"编外职工"来对待，向烟农定向投入，定向服务，逐步建立高产、优质、高效的原料基地；烟农按合同承包烟草生产任务。成功地抗拒了"烟叶大战"的侵扰，促进玉溪地区农业产业化经营的发展。②

东部沿海地区还通过农工商联合公司、农产品加工企业、供销合作社和农民专业协会等组织形式，形成龙头企业，围绕某一种农业资源优势，开发名、优、特产品，将农产品生产、加工、销售形成一体化，为农民走向市场架起了桥梁。

3.1992年党的十四大明确提出以建立社会主义市场经济为改革的最终目标以后，农业产业化经营得到政府倡导进入快速发展的新时期。

20世纪90年代以来，随着农村市场化改革的深入，引发了我国农业生产发展中的一系列的深层次的矛盾。1992年，我国经济在邓小平南方谈话精神的指引下，进入了持续高速发展的新时期，市场化改革进程明显加快。农业在市场竞争中越来越处于很不利的地位，出现了农业劳动力、资金、土地甚至技术等生产要素向非农产业转移的现象。国家对农业投入的比例下降。农业生产要素的流失，造成农业生产的徘徊、波动，引起农产品价格的大幅度上升，

---

① 《中国社会科学院、山东省联合调查材料》，转引自郭书田等《变革中的中国农村与农业》，中国财经出版社1993年版，第42页。
② 《经济参考报》1996年1月29日第2版。

并由此引发了通货膨胀。1994年，有一些农产品价格已高出国际市场价格，大大降低了农产品出口竞争力。农产品价格提高的同时，农业生产成本也大幅度地上升。这说明，在我国经济进入经济体制转轨和经济增长方式转变的同时并进的新时期，农业成了国民经济发展的"瓶颈"。

这时人们发现，凡是初步实行了农业产业化经营，实现了生产、加工、销售一体化和贸、工、农一体化的地方，农业生产在市场竞争中经受了考验，不仅生产发展较快，综合经济效益较高，农民收入增长也较快。此后，农业产业化经营得到政府的倡导，进入快速发展的新时期。与此同时，经过前一段的价格波动形成了对农产品加工业比较有利的形势，农产品特别是粮食收购价格与销售价格之间的差价扩大，据统计，1995年定的粮食综合价为0.52—0.54/斤，而市场粮食综合价为0.8—0.9/斤，两者相差54%—67%[①]。农产品加工附加值特别是精加工附加值明显提高。这时不仅农产品加工企业积极参加各种形式的农业产业化经营，而且许多大型工商企业开始进入农业领域，向农业投资，与农产品商品基地或农民建立起"风险共担、利益均沾、互利互惠、共同发展"的经济利益共同体。

1995年"三九企业集团"董事长赵新先等24位全国人大代表提出组织实施"神农计划"的建议，在社会上引起反响，一批大型工商企业加快了向农业领域投资的步伐。三九集团为落实"神农计划"组建了三九神农发展有限公司，到1996年年初，农业控股资产已达12亿元，产值达18亿元。在种（养）植（殖）业领域，与新疆等地参与葡萄、棉花、鸡、猪、鳄鱼的开发和生产。上海农工商集团积极推行农业产业化经营，使农业成为高效农业。近几年上海从调整农业经济、生产和产品结构起步，组建优质米、乳制品、柑橘、肉食、特色水产、鲜花六大生产基地，实行规模化生

---

① 何江涛：《定购粮提价影响有多大》，《中国经济时报》1996年3月15日。

产、集约化经营,形成产、加、销一条龙体系,取得了显著成效。1995年该集团从事农业人员仅占1/10,创造的经济效益却占1/3,农业职工人均收入高出集团工商业职工50%以上。粮食亩产突破900公斤,连续6年超过上海郊区平均水平。"安康集团"与内蒙古等地公司合作,以股份制形式建立了"中西部农牧业开发建设有限公司",推出"农牧场主计划",在产业发展上组织实施"金项链"工程,使资金投入、农牧业生产、农牧产品加工、市场营销成为一体化的经营模式。由希望集团、科瑞集团和中国安泰公司联合组建的新希望农业控股有限公司积极参与农业产业化经营的综合开发。① 江苏连云港如意集团公司1992年以来通过组织农民种植蔬菜,公司组织收购、加工、出口,将数以百万计的农民带进国际大市场。1996年该公司出口蔬菜1.6万吨,创汇2144万美元,实现利税1300万元。②

高等农业院校利用科技优势,积极参与和推进农业产业化经营。南京农业大学首先在校内实行教学、科研与生产相结合,并与企业联合,建立以院校科技产业为核心的农业产业化龙头企业集团,闯出了一条高等农业院校直接承担农业产业化经营的新路。1995年开始,以高新技术——活性地龙蛋白生产技术生产出拳头产品——龙舒泰,以产品为纽带与工商企业建立合作关系,以养殖蚯蚓为主的立体农业模式和以加工蚯蚓系列产品工业化模式,扩展农业产业化生产链。牵引大型工商企业进入农业,推动了农业产业化经营的进程。③

农业银行在向商业化转化的进程中,把支持农业产业化经营作为支农工作质量最佳选择。1996年农业银行总行提出要相对集中资金规模,加大信贷投放力度,总行集中规模比例不能低于10%,省分行不能低于20%。同时实行分类指导优化资金配置,对已基

---

① 《经济参考报》1996年1月29日第2版。
② 《中国改革报》1996年4月19日第5版。
③ 《经济参考报》1997年6月16日。

本实现区域化布局、专业化生产、一体化经营、社会化服务、农业产业化经营程度较高的地区，信贷资金给予重点保证，以加快其发展步伐。对已具备农业产业化经营条件，但尚未完成完整产业链条的，信贷资金给予适当倾斜，促其尽快形成产业链和一体化经营。农业银行决定从以下四个方面选准支持农业产业化经营的切入点：支持农副产品基地建设，增强农业产业化经营的基础；支持龙头企业建设，增强龙头企业的带动功能；支持科技成果的应用推广，提高农业产业化经营的质量；支持社会化服务体系建设，改善农业产业化经营的外部环境。① 农业银行山东省分行四年来在累计发放农业和乡镇企业的贷款份额中，55%用于支持农业产业化经营。②

1996年以来，我国农业对外开放进入新阶段，外商投资中国农业增多，截至目前，外商投资农业领域的资金已超过100亿美元。外资进入农业领域，引进了国外的先进的设备、农业技术和农作物优良品种；引进了发达国家在市场管理、市场营销方面的先进经验，进一步促进了农业产业化经营。③

此外，供销合作社系统加强农产品市场建设，积极推进农业产业化经营。在已建立的4500个农产品商品基地（项目）的基础上，在全国选择13类商品，105个示范县，实行生产、加工、销售一体化经营。农垦系统形成了农业产业化经营"龙形"经济链近千条，带动农产品商品基地300万公顷，近70%的职工在产业链中就业。④

二 农业产业化经营是转变农业增长方式的有效途径

农业增长方式的转变，即从粗放型的增长方式向集约型的增长

---

① 《经济日报》1997年5月2日第6版。
② 《中国信息报》1997年5月21日。
③ 郭胜昔：《农业成为"靓女"外商倍青睐》，《中国改革报》1997年9月1日。
④ 肖德木：《农垦：舞起产业化龙千条》，《经济参考报》1997年8月15日。

方式转变,是我国农业生产面临的最重要的课题。我国人口众多,人均占有资源相对不足,且分布不均衡。人均耕地、水资源和森林仅分别为世界平均水平的 1/3、1/4 和 1/6。农业基础设施和农业生态系统都比较脆弱。随着人口的不断增加,对农产品的需求将不断增长,唯一的出路是提高资源的利用效率,提高农业投入中的科技含量,提高农业劳动者的素质。我国农业生产发展中的科技贡献率很低,根据中国农业科学院农业经济研究所估算,科技进步对农业总产值的贡献份额:"五五"时期为 27%,"六五"时期为 35%,"七五"时期下降到 30% 左右,1995—1996 年提高到 39%。而发达国家则达到 70%—80%。因此,提高农业投入中的科技含量的潜力很大,关键是如何转变农业增长方式,以发挥其巨大的潜力。

在市场经济条件下,一切农产品的生产效益都要通过市场来实现。影响农业由粗放经营向集约经营转化的主要障碍之一,是农户小生产与社会大市场的矛盾。实行家庭联产承包责任制后,农村 2 亿多农户成为生产经营的主体,户均耕地 6.7 亩,规模小,经营分散。农民因受信息、技术和销售等方面的制约,不仅无法与大市场接轨,而且由于经济实力脆弱,难以抵御市场风险的压力。改革开放以来,农产品的"买难""卖难"情况在不同地区、不同时间交替、反复地出现。有时,抢购农产品的"大战"烽烟四起;有时农产品滞销、腐烂、变质,使农民吃尽了苦头。农业产业化经营实行生产、加工、销售一体化,将产前、产中、产后各个环节联结成一个完整的产业链。这种经营形式,一头连接国内外市场,一头连接千万家农户,不仅可以开拓农产品销售市场,而且可以提高农民从事市场经济的组织化程度,扩大农民进入市场的机会,比较好地解决了小生产与大市场的矛盾。并且由于较充分地发挥了市场的调节作用,进一步提高了农产品商品率和农业投入的回报率。

农业增长方式转变的具体途径是由劳动密集型向资金、技术密集型转变。长期以来,阻碍这种转变的不仅是农业科技水平低和农民素质低，还存在着农业教育、科研与生产相互脱节，难于实现农业科技的迅速推广应用体制障碍。具体表现是：一是科学技术与农业发展的需要脱节，农业科技成果难以迅速转化为现实的生产力；二是教育与农业经济发展脱节，教育制度重视升学教育，忽视科技教育，导致农业生产中急需的技术人才缺乏；三是由于部门分割，农业部门的"丰收"计划，科技部门的"星火"计划，教育部门的"燎原"计划相互脱节，实施项目不配套，效益不高。不仅如此，在农业产业链条中科研力量分布也不合理，近90%的科研力量集中在农业生产领域，产前、产后科研力量十分薄弱；科研力量中55%集中于种植业生产领域，畜牧业和水产业领域科技人员均仅占8%。我国农产品储藏、保鲜、运输和深加工技术的研究和推广还很薄弱，不能适应农业生产发展的要求。实现农业增长方式转变，必须解决农、科、教三脱离，实现生产、科研与教育有机结合。实践证明，农业产业化经营不仅有利于解决农户小规模经营与集中采用现代科技和农业科学技术的推广、应用的矛盾，而且有利于加大对农业的科技投入，使农、科、教密切结合，使科技成果迅速转化为现实的生产力。第一，农业产业化经营有利于面向市场、开发科技含量高的支柱产业和拳头产品；第二，有利于实现农产品基地建设的科学规划和布局，健全科技服务体系，采用先进种养技术，发展适度规模经营；第三，有利于加强农产品储藏、运输、保鲜、加工技术的研究和推广；第四，有利于运用信息网络系统搞好市场分析和预测，使科学技术渗透到农产品生产、加工和销售的各个环节，提高科技兴农的整体效益。真正把农业经济发展转到依靠科技进步和提高农业劳动者素质的轨道上来。

长期困扰农业发展的是高消耗、低产出，高投入、低收入，高产量、低效益。其根源在于对农业资源深度开发不足，农产品加工增值程度低。农产品作为生物资源，利用次数越多，经济效益越高。目前，农业生产还停留在生产原料和初级产品阶段，且大多单纯从事种植业。加之农村市场发育不全，农产品流通不畅，农产品加工增值回不到农业生产者手中,导致整个农业价格水平低于非农产业。这也是工农业产品价格"剪刀差"存在和发展的根源所在。因此农业一直被人们认为是社会效益很大、经济效益很低的产业。农业产业化经营,实行产、加、销、贸、工、农一体化经营,可以加强对农业资源的深度开发,加大农产品的深加工的成分,提高农产品加工增值程度,增加农产品的附加值。特别是由农民自己兴办加工工业、销售企业,使增值利益为农民分享,提高农业经济效益。只有在农民能分享农产品加工和销售增值利益时,农业才可能由低效益产业转变为高效益产业。这样就可以提高整个农业的价格水平,提高农业投入的增长质量,从而使农业生产向高效益方向转变。尤其是农业产业化经营中的"龙头"企业具有参与农业资源深度开发,技术开发和市场开发的能力,可以开发出高技术含量、高创汇、高附加值的拳头产品,促使农业走向专业化、规模化、商品化、企业化的道路,从根本上转变农业的增长方式,即由粗放型向集约型转变。

农业增长方式的转变需要靠资金投入的增长。长期困扰农业发展的另一个重要因素是对农业的投入不足和投资结构的单一化。对农业的投入除了农民,主要依靠国家,长期以来政府对农业投资不足,而有限的资金又分散于公益性投资与效益性投资两个部分。公益性投资又称政策性投资,是以社会效益、生态效益及长远的经济效益为目标,是国家宏观调控的重要手段。效益性投资又称经营性投资,是以预期经济效益为目标的投资。一方面公益性投资严重不足,影响农业基础设施建设,进而影响农业生产条件的改善和农业发展的后劲,同时也弱化了政府对市场宏观调控的职能。另一方面,效益性投资因投资不足,资金周转困难,经营不善,经济效益低下,限制了农业生产进一步发展。农业产业化经营改变了对农业投资单一化的局面,使投资主体多元化。即由国家转向社会、企业和农民,可以调动社会各个方面的资金以增加对农业的投资。投资主体单一化向多元转变,可以使国家把对农业的投资重点放在公益性投资方面，以增强国家对农业的宏观调控能力；可以调动社会、企业和农民对农业效益性投资的积极性，尤其是大中型工商企业和银行参与农业效益性投资的积极性。总之，农业产业化经营可以优化农业投入环境，建立起对农业投入稳定增长的机制，并提高对农业的投资效益。

在农业实现由粗放型经济增长向集约化转变的一系列因素中，农业的合理布局、农业生产专业化和农业生产集中化占有极其重要地位。在市场经济条件下，农业布局首先要考虑经济效益，如何发挥各个地区自然条件和经济条件的优势。农业专业化和农业布局是密切联系在一起的，反映一个地区在满足社会对某种农产品的需求方面所占有的地位。专业化决定着一个地区农业的发展方向，农业布局是农业生产专业化在地域上的分工。各地经验表明，农业产业化经营通过对生产要素的优化配置和产业的重新组合，形成商品性生产产业流。把分散的家庭经营纳入一条龙的生产经营体系，把分散独立的许多生产过程融集为一个社会生产总过程，可以在更大范围内和更高层次上实现农业资源的优化配置和生产要素的重新组合，最大限度地发挥整体效益和规模效益。

阻碍农业增长方式由粗放向集约经营转变的另一个重要因素是传统的城乡二元结构，它阻碍着生产要素在工农之间和城乡之间交流，在城乡之间筑起资金、技术、劳动力、市场壁垒。农业产业化经营通过经济利益一体化，将贸、工、农连为一体化经营，"龙头"企业在城镇，农产品商品基地在农村，形成城乡一体化的"龙形"经济。可以打破过去的城乡分割状态，促进城乡人才、技术、资金、土地、劳动力等生产要素跨区域流动，实现农村经济结构以至整个社会经济结构的优化。农业产业化经营的发展，必然带动作为农副产品集散地和工商企业载体的小城镇的交通运输、通信设施及能源等各项基础设施建设发展。实践证明，小城镇迅速发展，可以形成更多的经济生长点，转移更多的农业劳动力。在相同的条件下，农业生产中占用的劳动力减少，农业劳动生产率就越高，而这正是缩小乃至消灭城乡差别的重要途径。

农业产业化经营是转变农业增长方式的有效途径，已为一些省区的农业产业化经营所取得的丰硕成果所证明。最早实施农业产业化经营的山东省目前已发展"龙头"企业1.8万个，年实现产值1000多亿元，利税90多亿元，带动农产品生产基地5000多万亩，农户700多万户，专业村2.1万个，约有30%的县市主导产业和产品基本实现了农业产业化经营。① 1995年全省粮食总产量达到4245万吨，人均占有粮食达到480公斤，均为历史最高水平，1996年获得更大的丰收。黑龙江省实施农业产业化经营战略，各地对主导产业和主导产品实行专业化生产、规模化经营，产、供、销共同发展，收到了显著的成效。粮食主产区农产品加工业得到迅速发展。如肇东市以玉米为主导产业，对玉米粒、玉米瓤、玉米秆进行深加工，1995年全市玉米综合收入达到17.6亿多元，比1993年全市农业总收入还高出26.7%，玉米增值由当时的国家定购价每公斤0.66元，提高到3.92元，农民人均增加收入930多元。黑龙江省畜牧业也实行产业化经营，对畜产品实施繁殖开发，带动了畜牧业的大发展。如双城雀巢公司投资4.3亿元，日处理鲜奶530多吨，带动了全市27个乡镇和附近市县乡镇奶牛饲养业的发展。黑龙江省经济作物也开始向产业化经营方向发展，亚麻、甜菜等经济作物加工企业增多，市场竞争能力增强。② 江苏省连云港市推广如意集团的经验，目前像如意集团这种以农副产品加工、出口为主的龙头企业已发展到1740多家。在龙头企业的带动下，全市形成了50多万亩蔬菜、40多万亩干鲜果、40多万亩地瓜以及4万亩紫菜等100多个生产基地。资源加工型企业创造的产值占全市总量的60%，出口供货额占全市出口总量的75%。短短三年，全市乡镇企业营业收入增长了五倍。在全市经济总量中，乡镇企业与前些年的苏南

---

① 《中国信息报》1997年5月21日。
② 翟景辉：《黑龙江变农业大省为农业强省》，《经济参考报》1996年2月1日。

一样,形成了"三分天下有其二"的格局。① 实践已证明,农业产业化经营是农业增长方式从粗放型向集约型转变的有效途径。

(原载《中国经济史研究》1998年第1期)

---

① 《经济参考报》1997年6月16日。

城市化与农业剩余劳动力的转移

城市化源于工业革命,与工业化同步。工业化带动了农业劳动生产率的提高,出现农业剩余劳动力向工业和其他产业转移,向城市转移,同时由农业剩余劳动力转移带动人口向城市转移。城市化是农村人口转移为城镇人口的过程。城市工业生产的发展需要劳动力,形成对农业剩余劳动力的"拉力";农村的剩余劳动力的出现,也需要向城市转移,形成所谓"推力"。因此,城市化过程与农业剩余劳动力向工业转移、向城市转移的过程是紧密联系在一起的。中华人民共和国成立以来,城市化与农业剩余劳动力的转移的历史进程,按其转移的速度和规模及其经济效益,可以划分为两个时期:从中华人民共和国成立到1978年党的十一届三中全会实行改革开放以前,属缓慢转移时期;1979年至现在为城市化与农业剩余劳动力转移的新时期。总结中华人民共和国成立50年以来,城市化与农业剩余劳动力转移的经验和教训,可以从中得到许多有益的启示。

一

从中华人民共和国成立到1978年12月,实行改革开放以前30年,城市化与农业剩余劳动力的转移,可以划分为以下三个阶段:(1)1949—1957年为城市化与农业剩余劳动力转移基本同步较快发展阶段;(2)1958—1963年"大跃进"和经济调整时期,先是出现"急剧转移",随后又发生向农村回流的"逆向转移";

(3) 1964—1978 年,为缓慢转移时期。

1. 1949—1957 年为城市化与农业剩余劳动力转移同步较快发展阶段。1949 年我国大陆只设有城市 69 座,县城及建制镇大约为 2000 个,城市人口 5765 万人,占全国人口的 10.64%,城市化的起点是很低的。在 1949—1952 年国民经济恢复时期,由于旧中国遗留下来大量城市失业人口,而在农村地主土地所有制下,农村经济萎缩,大量失去生存条件的农民,也被迫流入城市寻找生活出路。人民政府一方面在农村实行土地制度的改革,实现了"耕者有其田",基本上解决了农民生活无着的问题;另一方面在城市实行"三个人的饭五个人吃"和对国民党军政人员实行"包下来"的扩大就业的政策,最大限度地缩小了失业和无业人数,随着经济恢复和发展,三年中,有 300 多万农民进入城市就业,占同期城市就业人数的 30%。农村劳动力占全部社会劳动力比重由 1949 年的 91.5%,下降到 1952 年的 88%。1952 年农业劳动力占全社会劳动力比例为 83.5%。城市化水平由 1949 年的 10.64%,提高到 1952 年的 12.50%。[①] 1953—1957 年第一个五年计划建设时期,我国开始了大规模地以 156 个重点项目为中心,由 649 个建设单位组成的工业化建设,需要从农村吸纳大批农业剩余劳动力。而农业生产的迅速恢复和发展,为向城市工业转移农业剩余劳动力提供了可能。这一时期平均每年进入城市的农民 165 万。这一时期虽然是计划经济体制形成时期,从 1954 年开始逐步实行全国统一的劳动力招收和调配制度,但是,农村剩余劳动力的转移基本上尚未受到户籍制度阻碍。五年间全社会劳动力增长 11.3%,而非农产业劳动力增长 23.4%;非农产业劳动力占全社会劳动力的比重,由 1952 年的 16.5%,上升到 1957 年的 18.8%,其中城市劳动力占全社会劳动力的比例由 12% 上升到 13.5%。全国农业劳动力占全社会劳动力

---

① 国家统计局:《中国统计年鉴(1984)》,中国统计出版社 1984 年版,第 82、107—109 页。

的比例，从 1952 年的 83.5%，下降到 1957 年的 81.2%。由此，带动城镇人口由 1952 年的 7163 万人增加到 1957 年的 9949 万人，城市化水平由 12.50%，上升到 15.39%。①

2. 1958—1963 年"大跃进"和经济调整时期，先是出现农业劳动力非正常地向城市"急剧转移"，随后因出现经济困难，发生向农业回流的"逆向转移"。1958 年开始的"大跃进"运动中，农业劳动力向城市转移的规模迅速扩大，当年全国非农业产业劳动力达到 11110 万人，比 1957 年的 4462 万人增长 1.49 倍；农业劳动力净减少 3819 万人。1958—1960 年三年间，全国城镇劳动力增加了 2914 万人。1960 年全国城市劳动力增加到 6119 万人，比 1957 年增长 90.9%。1960 年，全国城市劳动力占全社会劳动力总数的比重上升到 23.7%，而农业劳动力占全社会劳动力总数的比重，下降到 76.3%。② 由此带动城镇人口上升为 1960 年的 13073 万人，城市化水平由 1957 年的 15.39%上升到 1960 年的 19.75%。三年上升 4.36 个百分点。

这期间，农业劳动力向城镇的转移，并不是建立在农业劳动生产率的提高和剩余农产品供给增长基础上的，而是在"大跃进"中，由于工业冒进造成非常规增长，产生的对劳动力的"虚假需求"，而农村中发生的"浮夸风"，对当年农业生产量的过高估计，又形成一种农业劳动力的"虚假剩余"。尤其应当指出的是，这次转移还开创了有史以来，农村内部农业劳动力向非农产业最大规模的转移。在人民公社化过程中，发生了"一平二调"的"共产风"，无偿调拨原农业生产合作社的劳动力，大炼钢铁，大办工业和其他非农产业（当时称"社队企业"），一年内农村非农产业劳动力从 1957 年的 1257 万人，增长到 1958 年的 5810 万人，增长 3.6 倍。而农业劳动力则从同期的 81.2%，下降到 1958 年的

---

① 国家统计局：《中国统计年鉴（1984）》，中国统计出版社 1984 年版，第 82、107—109 页。

② 同上。

58.2%。1958年12月，中共八届六中全会以后，纠正"共产风"，退回了一部分劳动力，1959年和1960年分别为62.2%和65.7%。①

由于城市人口增加过多，造成了城市公用设施的过分紧张和城市居民食品和其他商品供应的严重短缺，同时由于农业劳动力锐减，造成了农业生产的严重损失和社会生产力的巨大破坏。于是从1961年起不得不对国民经济进行调整，精减大批城市职工返回农村，实行"逆向转移"。1961—1963年，城市职工共减少1940万人，其中返回农村的劳动力1300多万人。与此同时，农村非农业劳动力也大量返回农业生产。从1960年的2745万人，减少到1963年的71万人。1962年中共中央、国务院作出了调整市镇建制的决定，1963年又相继颁布了新的市镇设置标准。到1963年城市人口从1960年的13073万人，减少到1962年的11159万人和1963年的11646万人。城市化水平由1960年的19.75%下降到1962年的16.4%和1963年的16.83%。②

3. 1964—1978年，为农业剩余劳动力向城市缓慢转移时期和城市化停滞时期。由于上一时期的非正常的"逆向转移"，导致分割城乡关系的招工制度和户籍制度的形成，严格限制农业剩余劳动力向城市流动，使农业剩余劳动力的转移非常缓慢。1964—1969年基本上处于停滞状态。这期间，城市青年下放农村劳动比较多。农村劳动力向城市转移主要局限于城市大中专院校录取学生、复员军人转业、婚迁、城市郊区征用农民土地，安排农民转向城市就业以及落实政策返城等，多为非经济因素转移。1964—1969年，城市劳动力占全社会劳动力总数的比重从17.4%升为17.5%，只增加0.1个百分点。当时农村"四清"运动和"文化大革命"动乱中，把农村中发展非农产业当作资本主义倾向，甚至是走资本主义

---

① 国家统计局：《中国统计年鉴（1984）》，第82、107—109页。
② 同上。

道路来批判，严重阻碍了农村非农产业的发展。农村中非农产业劳动力 1969 年才达到 283 万人。这期间，农业劳动力占全社会劳动力总数的比重从 82.5% 降为 81.6%，只下降 0.9 个百分点。①

人口学专家认为，我国城乡人口的自然变动以 1964 年为界，这一年之前城市人口出生率和自然增长率均高于农村，从这一年开始，农村人口出生率和自然增长率高于城市。这是一个历史性的转折，它表明，在此之前人口城市化自然变动有很大作用，在此之后自然变动形成副作用，人口城市化变成农村人口进入城市机械变动的结果。②

直到 1970 年以后，农村剩余劳动力才恢复向城市的缓慢转移，1970—1978 年城市劳动力占全社会劳动力的比例，从 1969 年的 17.5% 提高到 23.9%，上升了 6.4 个百分点。这期间农村非农产业得到了发展，人民公社的工业产值从 1970 年的 26.6 亿元，提高到 1978 年的 211.9 亿元，增长近 7 倍。农村非农产业劳动力占农村劳动力的比重从 1970 年的 1.1% 上升到 1978 年的 9.2%。1964—1978 年，全国农业劳动力占全社会劳动力总数的比重，从 1963 年的 82.4%，下降为 1978 年的 70.5%。在此期间，城市化水平由 1963 年的 16.83% 上升为 1978 年的 17.92%，15 年仅上升 1.09 个百分点，基本处于停滞状态。

总之，从中华人民共和国成立到 1978 年 30 年间，农业剩余劳动力向城市转移在 1958 年以后走过了曲折的道路，有许多深刻的教训。相对于农业产值占全国社会总产值下降的程度，农业剩余劳动力的转移是滞后的。同期内，农业总产值占全国社会总产值的比例，从 58.6% 下降到 22.9%；而农业劳动力占全社会劳动力的比例，才下降到 70.5%。城市劳动力占全社会劳动力的比例 1978 年才达到 23.7%。相对于工业化，人口城市化进程严重滞后。1949

---

① 国家统计局：《中国统计年鉴（1984）》，第 82、107—109 页。
② 田雪原：《大国之难——当代中国的人口问题》，今日中国出版社 1997 年版，第 163 页。

年城镇人口占全社会人口总数的比例从 1949 年的 10.6%，提高到 1978 年的 17.92%。① 人口城市化的发展滞后于农业剩余劳动力的非农化进程。

二

1978 年 12 月，党的十一届三中全会决定实行改革开放政策以后，城市化和农业剩余劳动力的转移进入了一个新的时期。这个时期大致上可分为以下三个阶段。

1. 1979—1988 年，农村经济体制改革，实行家庭联产承包责任制和以市场为取向的改革，调动农民的生产积极性，促进了农业生产的发展和农业劳动生产率的提高。农业剩余劳动力大量涌现出来，向非农产业转移，向城市转移。由于粮食统购统销制度的改革，政府允许农民自带口粮进入县城以下集镇落户，同时放松了对农民迁居的限制，农民获得了在产业间和地区间流动的自由，开始进入城市就业。而城市和工矿区的一些行业，如建筑、采矿、纺织、环卫等普遍存在招工难的问题，产生了对农业剩余劳动力的需求。于是，十年间，全国城市劳动力增加了 4753 万人，城市劳动力占全社会劳动力的比例，从 1978 年的 23.7% 上升到 1988 年的 26.3%。农业生产的发展促进了非农产业的发展。由于当时国营企业改革相对滞后，社会总需求大于总供给，生活消费品和部分生产资料供应短缺，为农村乡镇企业的发展，提供了市场机遇，加之当时国家实行一系列扶助乡镇企业发展的政策，使农村乡镇企业异军突起。1979—1988 年，乡镇企业总产值从 493.07 亿元，增加到 1988 年的 6495.66 亿元。乡镇企业成为吸纳农业剩余劳动力的主要渠道。农村非农产业劳动力占农村劳动力总数的比例，从 1978 年的 9.2% 上升到 1988 年的 19.4%，上升 10.2 个百分点。与此同

---

① 国家统计局：《中国统计年鉴（1984）》，第 82、107—109 页。

时，全国农业劳动力从 1978 年的 28373 万人，增加到 1988 年的 32308 万人，而农业劳动力占全社会劳动力的比例从 1978 年的 70.5%，下降到 1988 年的 59.3%，下降 11.2 个百分点。这是继 1958 年"大跃进"以后的又一次农业剩余劳动力大规模向非农产业转移。所不同的是，这次转移是在农业劳动生产率提高和剩余农产品供给增长基础上的转移，是农村乡镇企业大发展，对农业剩余劳动力形成巨大拉力的作用下发生的。有力地促进了农村经济乃至整个国民经济的发展，城乡人民生活也得到了明显改善。这期间，城市化进程明显加快，由 1978 年的 17.92% 上升到 1988 年的 25.81%。①

2. 1989—1991 年继我国经济上一阶段的大发展之后，进入治理整顿的新阶段，受经济周期波动的影响，发生已转移的农业剩余劳动力向农业回流。在城镇建筑和服务行业的一部分农村劳动力回到农村，一部分乡镇企业关、停、并、转，已转移的劳动力又回到农业生产。三年间，城市劳动力占全社会劳动力比例不仅没有提高，反而有所下降，从 1988 年的 26.3%，下降到 1991 年的 26.1%。农村非农产业劳动力 1989 年和 1990 年分别减少 178.7 万人和 102 万人。1991 年乡镇企业开始进入回升阶段，非农产业劳动力增长 344.3 万人，比 1988 年仅增长 63.6 万人。全国农业劳动力从 1988 年的 32308 万人，增加到 1991 年的 34878 万人，农业劳动力占全社会劳动力比例从 1988 年的 59.3%，上升为 59.8%。人口城市化从 1988 年的 25.81%，上升到 1991 年的 26.37%，仅上升 0.56 个百分点。②

3. 1992 年以来，农业剩余劳动力进入了一个全方位大规模转移的新阶段。1992 年以后，由于我国经济出现了持续高速增长，极大地推动了农业剩余劳动力向非农产业、向城市转移。在 80 年

---

① 国家统计局：《中国统计年鉴（1994）》，中国统计出版社 1994 年版，第 83—88 页。

② 同上。

代东部地区乡镇企业高速发展的基础上,中、西部地区的乡镇企业也开始以较快的速度发展起来。从 1993 年开始,中、西部地区乡镇企业发展速度开始超过东部地区。① 1990—1994 年,全国乡镇企业总产值从 9581.1 亿元增加到 42588 亿元,增长 344.5%。乡镇企业就业人数也大幅度增加。农村非农产业劳动力从 1991 年的 9609.1 万人,增加到 1993 年的 12345 万人,增长 28.5%。1994 年以后又有进一步的增长。从 1991 年到 1996 年,农村非农产业劳动力占农村劳动力的比例从 20.7% 上升到 28.8%;农业劳动力占农村劳动力的比例从 79.3% 下降到 71.2%。农业劳动力占全社会劳动力的比例从 1991 年的 60% 下降到 1995 年的 52.2%。②

随着市场化改革的不断深入,城市就业和日用消费品供应日益纳入商品化轨道,福利保障制度也开始向社会化方向转轨,农民获得了在地区间流动的更大自由。加之 20 世纪 80 年代后期以来,城乡之间收入水平差距和地区之间经济发展不平衡加大,促进了农民跨地区流动。因此这一时期农村剩余劳动力跨地区转移向城镇转移明显增加。1992 年和 1993 年跨省转移分别占转移农村剩余劳动力的 17.1% 和 19.4%,形成了跨地区流动的"民工潮"。1993 年全国民工流动总量为 2000 万人,1994 年上升到 2500 万人,1995 年预测为 3000 万人以上。③ 农村剩余劳动力转向城镇就业的规模越来越大,1992 年和 1993 年分别达到 698 万人和 1544 万人。转移到城市劳动力的稳定系数也趋于上升,1992 年和 1993 年由城市返回农村的劳动力分别仅为 207 万人和 360 万人。④

据国家统计局农调总队对全国 31 个省市区 800 多个县 6 万多农户,约 15 万个农村劳动力的调查,1997 年农村劳动力转移速度

---

① 韩保江:《乡镇企业吸纳劳动力边际递减与剩余劳动力反梯度转移》,《经济研究》1995 年第 7 期,第 43 页。
② 国家统计局:《中国统计年鉴(1997)》,中国统计出版社 1997 年版。
③ 张仲英:《来自民工源头的报告》,《经济日报》1995 年 7 月 24 日第 7 版。
④ 朱新武、吕昱晨:《我国农村剩余劳动力处于第三转移期》,《中国信息报》1994 年 6 月 13 日。

达到 6.4%。根据这次抽样调查资料推算,1997 年全国农村剩余劳动力转移到第二、第三产业的人数占农村劳动力总数的 6.4%,约为 3000 万人,按可比口径比 1996 年提高了 0.82 个百分点,转移速度有所上升。1997 年从非农返回到农业的劳动力占农村劳动力总数的比重为 0.6%,比上年下降 1 个百分点;增减相抵,1997 年净转移劳动力占农村劳动力总数的比重为 5.8%,比上年上升了 2 个百分点。这表明农村剩余劳动力转移数量增加,而且趋于稳定,返回率下降。当年农村剩余劳动力转向外省的占 33.8%,上升了 6.1 个百分点;在本省内转移的占 66%,比上年下降 5.9 个百分点;转移到国外的为 0.2%,有所减少。当年转移的劳动力中,转移到第二产业的占 54.9%,转移到第三产业的为 43.4%,到异地仍从事第一产业的比重为 1.69%。其中集中在工业、建筑业和商品服务业的比重达 77.8%。1997 年转移劳动力中自发盲目转移的比重仍在 50% 以上。转移劳动力中文盲或半文盲占 2%,小学程度占 22.7%,初中文化程度占 61.9%,高中及高中以上文化程度占 13.4%;受过专业技能培训的占当年转移劳动力总数的 26.4%。①

据上述调查推算,1997 年至少有 3400 万农民在全国县城以上城市打工,全年打工收入将近 2000 亿元,平均每人 5642 元。转移城市的剩余农村劳动力在流向的地域和收入方面具有明显的差异性。1997 年有 57% 的农民流向东部城市,平均每人收入 6633 元;25% 的农民流向中部城市,平均每人收入 4454 元;18% 的农民流向西部城市,平均每人收入 4158 元。转移到不同行业的农村剩余劳动力收入水平如下:从事交通运输业收入最高,平均每人 9231 元;商业饮食行业平均每人 6727 元;建筑业服务业和在工厂做工的收入相对较低,分别为 5470 元和 5245 元。当年平均每个进城农民工仅寄回和带回的现金就超过农村劳动力平均收入水平的 25%。调查结果还显示,中西部地区丰富的资源优势,近年来正吸引越来

---

① 《农村劳动力转移数量有所增加》,《中国信息报》1998 年 7 月 15 日。

越多的东部地区劳动力携资金、技术进行异地开发经营。①

农村剩余劳动力流入城市,使城市增加了大批廉价的劳动力,满足了城市经济高速发展起步阶段对劳动力的需求。加强和改善了城市建筑、环卫以及餐饮、旅店等服务行业对重活、脏活劳动力的需求,促进了城市产业结构合理化。农业剩余劳动力进城,形成了一个大的消费群体,繁荣了城市的商业、旅游业、房产业等行业,推动了城市经济建设的发展。

进入20世纪90年代以来,农村剩余劳动力向城镇转移还表现在向小城镇转移方面。东部发达地区的乡镇企业在80年代初步发展起来的基础上,开始向规模经营发展,通过建立"乡镇工业小区""乡镇工业城""农民商城"等形式,创建新的小城镇,使农村非农产业向小城镇集聚,开创了农村工业化与农村城镇化的同步发展。目前,我国农村的建制镇已从70年代的2800多个,增加到5万多个,另外还有4万多个新的集镇。全国不包括县城在内的小城镇,拥有人口1.5亿人,其中有1亿人属非城镇户口。由于乡镇企业的发展,山东已有1000万农民进入小城镇。苏南地区每个小城镇容纳人口已从过去的几百人、几千人增加到现在的平均两万人以上。目前东部地区小城镇有一半以上甚至八成以上是移民,中、西部地区也有三成以上是移民。②

1993年10月,江泽民主席在中央召开的农村工作会议上明确提出:"在稳定发展农业的同时,积极发展二、三产业,搞好小城镇建设""使小城镇成为区域性的经济中心"。1994年9月经国务院批准,国家建设部等六部委联合发出了《关于加强小城镇建设的若干意见》,确定以小城镇建设作为推动农村经济全面发展的重要举措。1995年2月,国家建设部提出了"625"工程试点计划,即选择6个沿海城市为乡村城市化的试点;在中部地区选择两个区

---

① 《城市农民工去年挣了2000亿元》,《中国信息报》1998年7月22日。
② 张建军:《小城镇,圆了农民的梦》,《经济参考报》1995年8月26日。

域性小城镇建设试点；在全国选择了 500 个小城镇建设试点。进一步推动了农村城市化建设的步伐。中共中央在《关于制定国民经济和社会发展"九五"计划和 2010 年远景目标的建议》中提出，要引导乡镇企业适当集中，把乡镇企业与建设小城镇结合起来。

随着城市经济建设的发展，农村剩余劳动力向城市的转移数量的增加，使我国城市化进程明显加快，从 1990 年到 1996 年我国城市由 467 个增加到 666 个，城市总人口从 1990 年的 30191 万人，增加到 1996 年的 35950 万人，占全国总人口的比例从 1990 年的 26.41%，提高到 1996 年的 29.39%，增长近 3 个百分点，与 1985 年相比，高出近 6 个百分点。建设部最新统计表明，在全国 666 个城市中，特大城市和大城市 75 个，中等城市 192 个，小城市 399 个。中小城市进入历史上最快发展时期。这表明在城市化发展中推行的"控制大城市规模和数量，大力发展中、小城市和小城镇"的战略取得了显著成效。同时改变了长期以来东、西部地区城市分布严重不均的状态。目前东部地区、中部地区和西部地区的城市数量分别占全国总数的 44%、37% 和 19%。内蒙古、新疆、宁夏、湖北、青海、山西以及安徽、河南、江西等省区，城市化发展速度均高于全国平均水平。到 2000 年我国设市城市将达 800 个，中、小城市数量将达 700 个以上。①

总之，1978 年党的十一届三中全会决定实行改革开放政策，进行了以市场为取向的改革，特别是 1992 年明确提出以社会主义市场经济作为改革的最终目标，农业剩余劳动力的转移进入了全方位大规模转移的新时期，开创了为农村剩余劳动力向非农产业转移、向城市转移的具体途径和广阔前景。由此，带动人口城市化的较快发展，城市化水平从 1978 年的 17.92%，提高到 1996 年的 29.39%。②

---

① 《城市化进程正在加快》，《经济参考报》1998 年 7 月 20 日。
② 国家统计局：《中国统计年鉴（1997）》，中国统计出版社 1997 年版。

三

通过对中华人民共和国成立以来城市化和农业剩余劳动力转移历史进程的分析，可以看出，我国城市化和农业剩余劳动力转移进程具有以下几个特点：

1. 我国城市化和农业剩余劳动力转移的艰巨性。我国城市化严重滞后，1995年世界人口城市化达到48.1%，发达国家达到73.6%，发展中国家也达到41.2%，而我国则不到30%。我国是一个农业人口十分庞大的国家，与人力资源相比，土地资源严重不足，人均耕地、林地、草地都大大低于世界平均水平。庞大的劳动力资源，长期沉淀在相对狭小的土地上。中华人民共和国成立初期人均耕地2.7亩，进入90年代，1990年更下降到1.25亩。大量的农业剩余劳动力长期滞留农村，严重阻碍农业规模经营的发展和农业现代化的进程。改革开放以来农业剩余劳动力转移的进程加快，但是，由于农业剩余劳动力的基数大，自然增长快，就业压力仍然很大。1978—1996年，农村劳动力自然增长了14610万人，超过了同期转移到非农产业的劳动力数。目前3.3亿农业劳动力中，约有1/3以上的剩余劳动力，而农业生产的比较效益低，农民靠经营农业的收入增长很慢，这是农民无法摆脱贫困的根源。如何使大量的农业剩余劳动力转移出去，以加速城市化进程，是我国现代化面临的最艰巨的任务。

转移的艰巨性还表现在，转移过程中带来的负面效应。尤其是农业剩余劳动力大规模跨地区转移，向大、中城市转移的负面效应：且不说大量青中年进城，使农村劳动力老龄化。妇女化影响农业生产，出现个别地区农业生产下降、土地荒芜；大量剩余劳动力跨地区流动，给交通运输造成巨大压力；大量流动人口进城，加重城市基础设施负荷；人口流动给计划生育带来困难；城市中无业游民增多，形成犯罪率高的群体，严重影响城市社会治安等。数千万农业剩余劳动力跨地区流动就业,这一严峻的事实,是一项跨世纪的艰巨任务。对此,既不能放任自流,也不能因噎废食,而应因势利导,采取积极措施,纳入有序流动轨道。

2. 49 年来从我国具体情况出发,开创出通过发展乡镇企业,扩大农村非农产业就业,使其成为吸纳农业剩余劳动力主渠道的独特道路。这条道路发端于 1958 年,但在当时的体制下,主要靠政治动员计划调配和无偿调拨,违背了客观经济规律,导致农业生产破坏,为此曾付出了沉重的代价。进入 80 年代,由于进行了市场取向的改革,通过发展乡镇企业,实行"离土不离乡"的就地向非农产业转移,避免了地区之间、城乡之间劳动力的大流动,取得了明显的经济效益和社会效益,这是世界上没有先例的大规模地有序转移的创举。"离土不离乡"就地转移,转移劳动力并没有切断与土地的联系,具有"兼业性"。对于"兼业性"论者颇有微词,认为不利于农业向规模经营发展。其实"兼业性"只是一种过渡形态,它是就近转移必然出现的。转移劳动力,就近转移,兼业方便,机会成本低而弃农代价风险太大。"兼业性"的转移,会发生对土地的劳动投入减少,影响土地的生产率,兼业者经营土地主要是满足自身需要,使农产品商品率下降。但是,当地乡镇企业的发展,可以"以工补农""反哺农业"。而且,随着转移劳动力的职业稳定,收入增加,土地使用权流转制度的建立,土地向种田能手转移是一种必然趋势。近几年来土地规模经营发展速度明显加快,1992 年与 1990 年相比,发生农户转包行为和转包土地分别增长 126.6% 和 80.9%。乡镇企业发达地区土地使用权的流转更为活跃:出现了"两田制"即分为"口粮田"和"责任田"、适度规模经营和四荒地土地使用权拍卖等各种土地使用权的流转形式。江苏无锡市、常熟市和吴县市已有 300 多个村庄在全部责任田上实现了规模经营。广东南海市已有 70% 的农民放弃了土地使用权,相对集中经营的土地已占 45% 左右。北京顺义县规模经营的粮田已占 62.8%。① 这里有条经验是十分重要的：农业剩余劳动力的转移，不能削弱农业作为国民经济的基础地位。在农业剩余劳动力转移的同时，要加大对农业的资金和物资投入，加快农业用地使用权流转制度的创新，以加速农业规模经营的形成。

3. 开创了以建设小城镇作为转移农业剩余劳动力的主要渠道。80 年代后期，尤其是 1992 年以来，随着市场化改革的深入，城乡之间和地区之间的收入水平差距拉大，促进了农村剩余劳动力跨地区流动，向城市转移。为了缓解"民工潮"对大、中城市的压力，各地加强了小城镇的建设步伐。鼓励乡镇企业集中连片开发，建立乡镇工业小区，引导技术要求较高的乡镇企业向小城镇集聚，鼓励农民自带资金进城办企业，发挥农民建设小城镇的积极性。同时，引导农业经营向农业产业化经营轨道上发展，即将农业产前、产中、产后诸环节联结为完整的产业系统，实现种、养、加，产、供、销、贸、工、农一体化经营，提高农业的增殖能力和比较效益。将为农业产前产后服务的企业在布局上相对集中于小城镇以推动小城镇建设，从而加速农村城镇化进程。

小城镇能够就近吸纳农业剩余劳动力，但是，它不是唯一途径，还需要大、中城市扩大对农业剩余劳动力的就业吸纳。目前我国大城市第三产业发展仍相对滞后，中、小城市特别是其中的新兴城市，第二、第三产业发展潜力很大。关键是如何使其合理有序地转移，通过建立规范化的劳动力市场来加强对进入城市劳动力的管理。

4. 从中华人民共和国成立以来的发展进程可以看出，经济产业结构变化对农业剩余劳动力的转移和城市化发展的速度影响极大。除了以上所说工业化进程对吸纳农业剩余劳动力的巨大作用之外，第三产业，特别是城市第三产业的发展对吸纳农业剩余劳动力

---

① 中华人民共和国农业部：《中国农业发展报告（1995）》，中国农业出版社 1995 年版，第 141—142 页。

的作用十分明显。中华人民共和国成立初期到 1975 年第三产业占全国就业人数的比例基本上没有增长，1952 年第三产业从业人员占全国从业人员的比例为 9.1%，1957 年上升为 9.9%，1975 年又下降到 9%。而 1978 年以后全国第三产业就业人员增长很快，从 1978 年的 4869 万人增加到 1996 年的 17901 人。第三产业从业人员占全国就业人员比例从 12.1% 上升为 26%。因此，我国第三产业发展滞后与城市化滞后有着密切的联系。正是在 1956 年我国计划经济体制形成以后，使第三产业发展受到抑制，城市化进程处于停滞状态。而 1978 年以后由于实行了以市场取向的改革，促进了第三产业的发展，使城市化进程加快。除了大、中城市第三产业发展还有很大潜力以外，小城镇第三产业发展潜力更大。特别是在乡镇企业发展中如何与小城镇的建设相结合，以促进第三产业的发展，这是关系农业剩余劳动力转移和城市化进程的一个十分重要的问题。将农业剩余劳动力向非农产业转移与农村人口城市化进程协调起来，应当成为农业剩余劳动力转移战略的核心内容。加速城市化进程，需要提高第二、第三产业的增长速度。对农村剩余劳动力的转移，采取多渠道分流和多种形式转移的战略。依靠第一、第二、第三产业的全面发展，全方位开拓就业门路，最大限度地增加就业机会。同时积极开拓国际劳务输出市场。但是，解决农村剩余劳动力转移的根本途径还在于非农化与城市化。而逐步取消城乡间由户籍管理制度所制约、引起的一切差别性规定，鼓励城乡间劳动力自由流动，是加速城市化和农村剩余劳动力转移进程的关键。

（原载《中国经济史研究》1996 年第 1 期）

加入WTO后中国农业如何增强国际竞争力

加入WTO是我国进一步适应经济全球化趋势，加快现代化建设步伐的重大战略决策。这标志着中国经济改革开放进入了新的阶段。

一　加入WTO后农业面临的冲击和机遇

我国是一个农业生产和消费的大国。据《中国经济导报》2002年3月28日《数据周刊》刊载的2001年全球农产品供需平衡表提供的数据，中国在小麦、大米、棉花、玉米、大豆五种主要农产品的生产与需求占全球比较如表1所示。

表1　　　　　　　　　　　　　　　　　　　　　　　　　单位：百万吨

农产品品种	小麦	大米	棉花	玉米	大豆
世界产量	578.45	392.61	21.05	583.40	182.83
中国产量	94.00	126.70	5.31	108.00	15.00
中国占世界的百分比（%）	16.25	31.98	25.23	18.51	8.2
世界总需求	588.87	404.20	19.98	611.71	182.86
中国总需求	113.50	134.61	5.23	124.00	29.70
中国占世界的百分比（%）	19.27	33.3	26.18	20.27	16.24
世界期末库存	153.43	125.42	9.6	125.45	28.69
中国期末库存	31.48	85.12	2.60	63.08	4.29
中国占世界的百分比（%）	20.52	67.87	27.1	50.28	15

从表1可以看出：中国上述农产品产量占世界的比重分别为：小麦16.25%，大米31.98%，棉花25.23%，玉米18.51%，大豆8.2%。中国国内总需求占世界总需求的份额分别为：小麦19.27%，大米33.3%，棉花25.23%，玉米20.27%，大豆16.24%。库存所占比重更大，分别为：小麦20.52%，大米67.87%，棉花27.1%，玉米50.28%，大豆15%。我国农业对外开放必将对世界农产品市场具有重大影响。同时，农产品出口在我国出口贸易中占有重要地位，2000年我国进出口贸易顺差中有1/5来自农产品出口。加入WTO后国际市场肯定会影响我国国内农产品市场；同时我国的国内市场又会反作用于国际市场。近几年来，我国的棉花、小麦和玉米等农产品外贸情况对世界市场价格有明显影响。当我国开始进口或者出现进口意向时，国际市场价格就上涨。国际市场价格上涨反过来又对我国进口量的增加起到抑制作用，使进口数量减少。①

我国农业20世纪90年代后期以来进入一个新阶段，其主要标志是，农产品的供求关系发生了重大变化，主要农产品供给由长期短缺变为总量基本平衡，丰年有余，许多农产品出现了相对过剩，农产品价格下跌。1996—2000年，我国农产品价格指数下跌了22.6个百分点。近年来农民收入的增长处于缓慢状态，尤其是以粮食生产为主的地区的农民来自农业的收入绝对额甚至有所下降。农民增产不增收，甚至减收，农民收入增长缓慢已成为新阶段农村发展面临的突出矛盾。1997年以来农民收入增长幅度已经连续4年下降。1997年农民收入实际增长4.6%，比上年下降4.4个百分点。1998年继续下滑，收入增长速度只有4.3%，1999年增长速度进一步下降到3.8%，2000年增长速度更下降到2.1%，比上年回落1.7个百分点。2001年开始扭转连续三年下降局面，增速回升。农村人口人均收入达到了2366.4元，比上一年增加收入113

---

① 《中国农村统计年鉴（2001）》，中国统计出版社2001年版，第243页。

元，增长 5%，扣除物价上涨因素，实际增长 4.2%，增幅比上年提高 2.1 个百分点。①

从总体上看，我国农业的生产、加工与流通具有明显的经营规模小、成本高、市场化程度低等特点，农业国际竞争力相对较弱。在加入 WTO 时做出了较大幅度开放农产品市场的承诺，对农业的贸易保护水平将有所降低。因此农业将面临严峻的挑战。尤其应该指出的是，目前我国农产品已出现阶段性过剩，一些农产品的国内市场价格已经接近或甚至高于国际价格。加入 WTO 后，质优价廉的农产品进口，特别是粮食等大宗农产品的进口增长将加快，挤占国内农产品市场份额，加剧供大于求的矛盾；并将降低国内农产品市场价格，对我国一些农产品的生产造成冲击，影响一部分农民就业，并将减少农民的收入。按照计量模型结果，到 2005 年，大宗农产品将出现不同幅度的增长，价格出现相应下降。

表 2　　　　加入 WTO 对农业的影响（2005 年）　　　　单位：%

	小麦	玉米	大豆	油菜籽	棉花	食糖
进口增长	17.7	113.6	14.5	21	—	24
生产价格	-2.3	-1.44	-6	-3.8	-1.9	—
市场价格	-3.3	-1.5	-6.1	-4.86	—	—

农业总产值将下降 2%，农民收入下降 280 亿元（按 1999 年不变价格）。②

加入 WTO 对我国农业带来的冲击主要是对棉花、糖料、玉米、油料（大豆、油菜籽）等商品率较高、进口配额量大、关税低的农产品。这些农产品的主产区是新疆、广西、云南、吉林、黑龙江

---

① 《2001 年我国农民收入增速回升》，《中国信息报》2002 年 3 月 6 日第 1 版。
② 《加入 WTO 后的中国：调整、改革与竞争力的提升》《中国发展高层论坛（2002）》主题报告（上），《中国经济时报》2002 年 3 月 20 日第 8 版。

等省（自治区），这些省（自治区）又多为农民纯收入水平低、农业收入占农民收入比重高，可能受到较大冲击。这些占用土地资源较多的大宗农产品市场竞争力普遍较低，特别是粮食中的小麦、玉米和棉花、大豆、糖料等农产品成本高于国际市场价格，在价格竞争中处于劣势。同时，我国有些农产品品种单一，质量较低，许多产品不符合进口国的质量标准。在种植业产品和养殖业产品的生产、加工、储运和包装过程中，遭受污染比较严重，农药、化肥残留量较大，食品安全性在许多方面尚未得到欧盟等进口国的信任等，这些都影响我国农产品的国际竞争力。

但是，对农产品进口的冲击也不必看得过于严重，我国农业生产的家庭经营具有较强的稳定性，粮食和其他大宗农产品自给性比重较大，即使到 2004 年过渡期结束后，只要我们的应对措施得当，不断增强农产品的国际竞争力，仍然可能将进口农产品控制在一定的范围内，不致构成对我国农业的全面冲击。

更应该看到加入 WTO 对我国农业长远发展有利的一面。首先是有利于农业扩大对外开放。入世后我国可以按照国际规则，完善国内政策法规，优化农业投资环境，有利于吸收更多的国外资金、技术和经营管理经验进入我国农业领域，促使我国农业与国际接轨。我国可以享受世贸组织所有成员的无歧视贸易待遇，改善农产品及其加工品的出口环境。如享受无条件的最惠国待遇、减少歧视性待遇，利用有关机制解决贸易争端等。这有利于降低我国农产品贸易谈判成本和交易成本，并获得解决农产品外贸问题的规范的渠道。有利于增强我国参与和制定农产品新规则的主动权。应当指出的是我国农业目前正处于结构战略性调整的重要时期，加入 WTO 将促进农业结构和农产品进出口结构调整的进程。我国人均自然资源短缺，而劳动力资源充裕。有利于进口资源密集型产品的同时，扩大出口劳动密集型产品，例如，蔬菜、水果、畜产品、小产品和花卉等具有一定的比较优势和出口潜力的产品及其加工品。此外，近年来少数农产品（如植物油，食糖等）走私猖獗，加入 WTO 后关税下降将会使国内外差价缩小，从而使走私减少。

二 如何增强我国农业国际竞争力

农业国际竞争力的提高要依靠多种因素的综合作用，为了增强我国农业的国际竞争力，应加速农业发展战略的转变。概括地说，从自给自足型农业转变为市场竞争型农业；从增产型农业转变为质量效益型农业；在农业技术方面应从依靠传统技术转变为传统技术与现代技术相结合；从劳动密集型农业转变为劳动密集与资本和知识密集相结合的农业；在增长方式上，从依靠资源消耗型的增长方式转变为重视生态保护、可持续发展的增长方式。发展战略转变的目标是提高农产品质量和农业经济效率，增强农产品国际竞争力。为实现上述目标，主要应采取以下措施。

（一）合理调整农业区域布局结构

中国是一个农业大国，地域辽阔，各地自然资源状况差别很大。如何充分发挥各地的比较优势，是当前农业结构调整的重点。沿海发达地区应适当减少粮食作物种植面积，发展效益更高的农产品生产；西部地区在实行退耕还林、退耕还草的同时，应重点增加具有地区资源特色的农产品生产，努力开辟新的市场；中部粮食主产区进一步发挥粮食等大宗农产品生产优势的同时，大力发展农产品深加工业，增加农业的附加值。这样，就可以在全国范围内形成各具特色的区域农业，以减少或避免不同地区农业结构的趋同性。近年来，经过农业结构调整，全国农业区域布局逐步确立，东部沿海地区、大、中城市郊区和经济相对发达地区，发展外向型农业、高科技农业和高附加值农业的态势明显。中部地区的商品粮、专用加工粮和饲料粮生产优势得到加强，同时加快发展畜牧业和食品加工业。西部地区和生态脆弱地区在退耕还林、还草、还湖的同时，发展生态农业、特色农业和节水农业。①

与此同时，应积极推进优势农产品区域化合理布局，加快形成集中优势产区。如小麦优势产区在黄淮海平原，这里最适宜小麦生长，产量和种植面积居全国之首。玉米优势产区则主要集中在东北春播玉米区和黄淮海夏播玉米区。优质水稻产区，则应根据各地的自然条件和经济条件建立不同用途的专用生产区：长江中下游地区发展以工业饲用为主的优质早籼稻和优质食用中、晚籼稻（其中包括部分宜作为出口优质米）生产基地；在华南一带则以生产食用稻米为主，同时兼作饲料用，双季稻则主要作为贮备粮和工业用粮；在华东华北适宜发展食用优质稻和酿造黄酒的粳糯稻；在东北、华北主要发展食用粳稻。又如绿色食品优势区域主要在云南、黑龙江、海南以及吉林长白山区、闽西北、赣东南、湘鄂西等地。畜牧业产品优势区域，近期重点在辽东半岛、山东半岛、四川盆地、海南省、吉林中部地区建设无规定疫病保护区，以创建安全名牌畜产品产地等。经过近年来的结构调整，目前已经基本形成了：长江流域的油菜产区，黄淮海地区的花生产区，广东、广西和云南的甘蔗产区，河北、山东和河南的肉牛产区。还有一些已经成为地方支柱产业，如陕西的苹果，山西的小杂粮，山东的蔬菜，新疆的棉花，海南的冬季菜，黑龙江的绿色食品等。②

我国优势农产品根据其国际竞争力，大致可分为两类：一是在国际市场上具有竞争优势的农产品主要是畜牧业（猪、牛、羊、鸡、鸭等）肉产品、水产品、蔬菜、花卉、水果。需要进一步提高优势产区的规模化生产水平和质量安全水平，以提高竞争优势，扩大出口。二是在国内生产条件好，商品化程度高，需求前景广阔，但在国际市场上尚无竞争优势的农产品，主要是优质专用小麦、加工专用玉米、优质大豆、棉花、糖料、牛奶、果汁，应努力提高质量、

---

① 《调整之路越走越宽——三年来农业结构调整综述》，《经济日报》2002 年 1 月 6 日第 1 版。

② 同上。

降低成本，以扩大国内需求，抵御国外进口。为了增强农业国际竞争力，要发展优质、专业、无公害农产品，全面提高农产品质量。要相应压缩低质农产品的生产，逐步实现农业结构由以低质农产品为主向以优质农产品为主的转化，建立以提高农业经济效益为中心的产业结构。同时，要加大创汇农业的发展力度，积极开拓国际市场，以增加农产品出口和经济效益。目前在国际上有竞争优势的农产品主要有：（1）猪肉等畜产品，在成本价格上有一定优势。（2）园艺产品，如蔬菜、水果、花卉、盆景等劳动密集型产品，发展潜力很大。以蔬菜为例，2001年全国蔬菜种植面积达2.4亿亩，比2000年扩大了1300万亩，超过油料面积，成为仅次于粮食的第二大农作物。据农业部预计，2001年我国蔬菜总产量2.4亿吨，比上年增加1300万吨，1至11月份出口357.1万吨，出口额21亿美元，同比分别增长24%和11.9%，成为出口增长最快的农产品之一。另据世界粮农组织统计，我国蔬菜人均占有量为世界平均水平的3倍多。[1]（3）加工型食品，包括果汁、果酱等具有独特的自然资源优势和加工成本优势的产品。（4）稻谷，包括北方的粳稻和南方的籼稻，具有一定的国际竞争力。（5）小杂粮，在国际市场前景看好。（6）非转基因大豆等食品，在日本等国具有一定的优势。（7）牧草，尤其是东北内蒙古的牧草无工业污染深受国际市场欢迎。此外，还可以充分利用国内外两个市场资源，实行进出口结合。如南方适当增加低价饲料粮（玉米）进口，用于发展畜牧业、增加畜产品出口，而在北方的优质玉米则可以出口到日本、韩国、俄罗斯等国。

在目前我国大多数农产品生产相对过剩，价格回落，农民增产不增收，农产品生产成本过高的条件下，积极发展外向型农业在农业结构调整中具有极其重要的战略意义。政府应实施农产品出口促进政策，加速外向型农业发展。（1）完善农产品出口退税政策，对农产品出口加工企业增值税实行"征多少、通多少"政策。

---

[1]《中国信息报》2002年4月1日。

(2) 取消农业特产税。(3) 建立符合 WTO 规则的农产品出口促进支持体系。为农产品出口提供买方信贷、卖方信贷服务；提供农产品市场开拓扶持和服务（国际博览会、交易会参展费等，市场调查、广告促销等）；资助出口农产品科技研究开发。(4) 加强应诉国外反倾销反补贴的工作和对反倾销应诉工作进行组织与指导，充分发挥各商品行业协会的组织协调作用。

（二）积极推进农业产业化经营

2001 年 11 月，江泽民总书记在中央经济工作会议上指出："农业产业化经营，是促进农业结构战略性调整的有效途径，是通过产加销结合，使广大农民普遍受益的经营形式，要作为和农村经济工作中一件带全局性、方向性的大事来抓。"[①] 农业产业化经营有利于农业增长方式的转变。[②] 其基本组织形式是"公司＋基地＋农户"。发展农业产业化经营，由龙头企业和专业合作经济组织与千家万户建立多种形式的联合与合作，可以在不改变家庭承包经营的情况下，使分散经营的小农户组合成专业性联合体和大规模的农产品生产基地，有效吸收先进生产要素，提高农业整体规模效益。农业产业化经营的发展方向是区域专业化、原料基地化、基地合作化、农户专业化。依托龙头企业组织原料生产，推进区域专业化布局，形成区域化生产带。在农民与企业之间建立多种形式的合作关系和利益分配机制，组建利益共同体。依托龙头企业开拓市场，通过企业把农民与市场连接起来，减少和避免农民的市场风险。目前，龙头企业应努力扩大市场覆盖率和市场占有率，创造名牌产品，提高市场知名度，不断发展壮大。大型龙头企业应走出国门，实行跨国经营。重点培养一批具有国际竞争力的大型外向型龙头企业，发挥其主导作用，提升我国农产品在国际市场上的地位和比重。目前，上海市正在集聚起融资、技术、信息、市场等综合优

---

① 《经济日报》2001 年 11 月 30 日第 1 版。
② 陈廷煊：《农业产业化经营与农业增长方式的转变》，《中国经济史研究》1998 年第 1 期。

势,在全国范围内调动其所缺少的劳力和土地资源,培育出二至三家在全国有影响力的大型农业产业集团。① 全国共有规模较大、专业化程度较高、运行比较规范的农民专业合作经济组织 14 万个,具有一定规模的农业产业化经营组织 6.7 万个。据统计,2000 年全国农户总数的 1/4 参与了农业产业化经营。② 近年来广东省从实际出发,按照"立足资源优势,确立主导产业,创办龙头企业,建设商品基地,辐射带动农户,走农业产业化经营扶贫"的工作思路,有效地推进农业产业化经营。据初步统计,短短三年多时间,广东全省农业产业化龙头企业已达 1073 家,16 个扶贫重点县还兴办扶贫龙头企业 48 家。全省龙头企业固定资产总值达到 190.85 亿元,举办农业商品基地 1964 个,销售收入 356.53 亿元,实现利润 27.47 亿元,出口创汇 4.64 亿美元。全省龙头企业带动农户已达 222.59 万户,农户从中增加收入 44.16 亿元,户均增收 1984 元。16 个扶贫开发重点县 48 家扶贫龙头企业带动农户已达 9.42 万户,农民户均增收 1685 元。③

(三) 努力推进农村劳动力就业结构的调整,加速农村剩余劳动力转移

目前,我国农村有 1 亿到 1.5 亿剩余劳动力,随着农业劳动生产率的提高,农业剩余劳动力还会相应增加。因此,必须拓展剩余劳动力的非农业就业门路,积极建设小城镇,改革户籍管理制度,合理发展高科技和传统的劳动密集型乡镇企业,为农业剩余劳动力向第二、第三产业转移创造条件。只有农村剩余劳动力向城镇转移,才能逐步实现农业土地适度集中规模经营;也才能从根本上控制农村人口和提高农村人口素质,为此要推进改革,使农村劳动力就业结构的调整进一步摆脱城乡分割管理体制的限制。"十五"计划发展纲要已明确要求打破城乡分离体制,逐步实现城乡劳动力市

---

① 《上海培育大型农业产业集团》,《中国信息报》2002 年 4 月 1 日。
② 《调整之路越走越宽——三年来农业结构调整综述》,《经济日报》2002 年 1 月 6 日。
③ 《经济日报》2002 年 3 月 30 日第 1 版。

场的一体化，消除城镇化的体制和政策障碍。要鼓励创业，以创业推动、开辟农民转移就业的途径，同时，要为吸收农民就业的劳动密集型产业的发展创造条件，如职工培训、技术进步、配套服务和环境改善等。2000年在农村经济结构中，农业的比重已下降到23.1%，非农产业的比重已上升到76.9%，2000年出乡流动就业的农村劳动力已超过7100万人，庞大农村劳动力流动，需要为他们的就业创造条件，为此，要加快小城镇建设，发展第二、第三产业，大城市也要吸收农村劳动力在第二、第三产业中就业。

（四）加快粮食流通体制市场化改革进程

我国现行的粮食流通体制下，对粮食实行定价收购，使国内粮食市场价格偏高，加入WTO后，必将受国际市场冲击，大量粮食进口可能使沿海地区粮食市场为国外粮食所挤占，中部主产区的粮食将更多的转化为国家库存，或剩余在农民手中，这样，国家在粮食流通方面的补贴将转移到国外，因此，改革粮食流通体制已成为当务之急，国家可按市场价格出售粮食，减少库存，以减少国家粮食储备的利息支出和其他费用，同时可以降低国内粮食市场价格，抑制国外粮食进口。可以考虑用其他方法弥补因粮食价格降低农民收入的减少，如实行税费改革，减免农民税费，也可以采取对种粮农户实行直接收入补贴取代价格补贴。

（五）加快农业科技创新的步伐

为增强农业国际竞争力，必须提高农业的科技含量和科技开发能力，要进一步改革农业科技体制和运行机制，创建国家农业科技创新体系，大力发展农业高新技术产业，推进农业科技产业化步伐、实现教育、科技、推广、加工、生产一体化，以提高农业科技成果的转化率。同时加强对农民的科技教育与培训，提高农业劳动者的科技水平。农业科技发展要以优化农业结构，提高农业效益，改善生态环境和食品保障能力为基本目标。加强专用、优质农作物品种的选育与推广、建立主要农作物生产、加工、营销一体化的综合试验示范基地。加速畜牧业的科技进步，促进畜、禽优良品种和专用饲料的普及,控制畜、禽疫病,建立畜、禽产品质量检测体系。加强农产品加工技术的研究与开发,促进农产品加工业发展。加强节水农业技术研究、推广节水灌溉技术与设备,建立节水灌溉综合试验区,促进节水农业发展。加强农业生态环境建设的科学技术研究,促进农业生态环境的改善。

(六)积极开拓农产品市场,创建农业生产发展的市场环境

目前我国国内农产品销售主要流向大中城市,要继续扩大大中城市市场。随着大中城市建设的发展,城市人民收入水平和消费水平的提高,对农产品的需求都在增长。特别是无公害、高附加值的优质农产品仍然需要通过大中城市市场打开销路。同时要积极开拓小城镇市场。随着农村小城镇建设的发展,每年有几百万甚至近千万人口转入小城镇,随着小城镇人口的增加和消费需求的变化,农产品销售潜力巨大,将是扩大农产品销售的重要渠道。在开拓市场的同时,要努力改善农产品市场环境。加强以批发市场为重点的农产品市场体系建设,推行网上交易,逐步形成统一开放、灵活多样、竞争有序的全国统一的农产品市场,使农产品流通渠道畅通无阻。要加快农产品质量标准体系建设。农产品市场要普遍建立质量标准和市场准入制度。农畜产品特别是各种生鲜食品和加工食品,凡是有害物资超过标准的食品,一律不得进入各种农产品市场,并且实行就地销毁,从制度上保证农产品质量安全指标的提高,以增强我国农产品的市场竞争力。国内农产品市场开拓与市场环境的改善,有利于我国农产品市场与国际市场接轨,开拓国际市场。加入WTO为我国农产品更大规模地进入国际市场创造了有利条件。应当根据外国消费者对农产品及其加工品需求变化和质量标准,组织生产、加工、包装、储运和销售,不断开辟和扩大国际农产品市场。

(七)进一步改革农业管理体制,为应对国际市场竞争的挑战,应改革我国农业宏观管理不适应国际竞争的状况

要以建立综合、高效、灵活、协调的农业管理体制为目标,加

强中央统筹协调和宏观管理的职能，理顺部门之间的关系，逐步形成农产品生产、加工、贸易协调、产供销一体的管理体制。抓紧改革目前部门分割、行业垄断，地方保护主义严重，农产品生产、加工、流通与内外贸易脱节，管理部门职能重叠、管理环节过多的农业管理体制。要实行政企分开，建立健全监督制约机制，政府要依法行政，减少行政审批。清理和调整不适应 WTO 组织规则的法律、法规，健全政策法规体系，将对农业的支持纳入法制轨道。健全并严格执行市场交易规则和处罚措施，打击垄断和不正当竞争，维护市场秩序，创造公平的竞争环境。鼓励组建农业产业行业协会和组织，促进农产品生产、流通、加工及外贸易一体化管理。农产品行业协会主要负责：农产品国际国内市场信息、政策法规咨询服务；农产品技术研发与服务；国际市场开拓；行业准入管理；反倾销反补贴调查、应诉、行业损害调查，贸易纠纷处理等。

（八）转变政府对农业的支持方式，加大对农业的支持力度

经济全球化趋势和 WTO 组织规则，对政府支持农业的方式提出了新的要求：减少和消除对粮食等农产品实行的价格补贴，降低粮食等农产品对外贸易的关税壁垒和消除各种非关税壁垒。政府对农业的支持应纳入 WTO 组织规则允许和提倡的"绿箱政策"轨道，即利用教育、信息服务、环境保护和基础设施建设等途径来实施。同时借助 WTO 规则中"微量允许"条款，实施对农业的有效支持，增强农业的自身发展能力和市场竞争能力。应当调整农产品价格支持方式，在深化农产品流通体制改革的基础上，逐步创造条件减少对农产品流通环节的补贴，如粮食价格补贴，把支持与补贴的重点转向农民。应增加对农产品科学研究、新技术推广、病虫害防治、市场信息服务、环境保护和基础设施建设等"绿箱政策"的支持力度。同时加快农村税费改革，减轻农民负担。

（原载《经济研究资料》2002 年第 6 期）

农业产业化经营是农业经营体制的创新

一 农业产业化经营是在农村市场经济体制建立过程中出现的新的经营方式

农业产业化经营是农村市场经济体制建立过程中出现的新的经营方式。在农村经济市场化改革的进程中,在坚持和完善家庭联产承包责任制前提下,如何帮助农民克服难于和市场接轨、抵御市场风险能力弱的困难,引导农民进入市场,成为当时农业和农村经济进一步发展的重大课题。各种农业产业化经营方式就是在引导农民进入市场,提高农业经营效益过程中出现的,显示出强大的生命力,农业产业化经营以市场为导向,以家庭经营为基础,依托各类龙头企业和组织带动农民进入市场,使农产品生产、加工和销售有机结合、相互促进、形成与农民利益共享、风险共担经济利益共同体。加入农业产业化经营的企业和农户是为获得比较效益,企业和农户的共同的利益关系是农业产业化经营的基础,在龙头企业的带动下,引导农户进入市场,用现代技术装备农业,用现代生物科学技术改造传统农业,将农产品加工业和部分种植业、养殖业规模化、企业化,实施全程标准化运营,创造出较高的综合经济效益,农业产业化经营是按照市场机制,进行农产品的生产、加工和销售,使农、工、商之间的原来的商品买卖关系转变为以契约为联结方式的经济利益共同体,从而推进农业市场化、专业化、社会化、现代化的进程。因此,农业产业化经营的产生和发展符合市场经济发展规律,是市场经济条件下农业发展的必然趋势。

二 农业产业化经营是对农业经营体制的丰富、发展和创新

(一) 农业产业化经营是对家庭联产承包责任制的充实和完善

农业产业化经营虽然突破了农民家庭经营对市场化的局限,但仍然是以农民家庭经营为基础的,它只是对以家庭联产承包责任制为基础的双层经营体制的充实、完善和发展。它丰富了对农民家庭经营服务的内容,提高了对农民服务的水平,使农民家庭经营能适应农村经济市场化、专业化和社会化的发展的要求。从而开辟了在农民家庭经营的基础上,有效地吸纳先进的生产要素,提高农业整体规模效益的新途径。农业产业化经营可以推动农业生产和农村经济的发展,可以带动农民致富。

(二) 农业产业化经营是促进农业增长方式转变和增加农民收入的有效途径①

农业产业化经营有利于解决农户经营与集中采用现代科技和农业科学技术的推广、应用的矛盾,有利于加大对农业的科技投入,使农、科、教密切结合,使科学技术迅速转化为现实的生产力。第一,农业产业化经营有利于把农户与市场衔接起来,农民生产的产品通过龙头企业加工,开发科技含量高的支柱产业和名牌产品,并源源不断地销往国内外市场。第二,有利于实现农产品基地建设的科学规划和布局,健全科技服务体系,采用先进的种养技术,发展适度规模经营,形成各具特色的产业带。第三,有利于从良种选育、栽培、加工、销售各个环节采用高新技术和现代设备,建立严格的检验制度,实行标准化生产。第四,有利于利用信息网络系统

---

① 陈廷煊:《农业产业化经营与农业增长方式的转变》,《中国经济史研究》1998 年第 1 期。

搞好市场分析和预测，使科学技术渗透到农产品生产、加工和销售的各个环节，提高科技兴农的整体效益。真正把农业经济发展转到依靠科技进步和提高劳动者素质的轨道上来。长期困扰农业发展的是农业生产经济效益低下，其根源在于对农业资源程度开发不足，农产品加工增值程度低。农产品作为生物资源，利用次数越多，经济效益越高，目前农业生产大多还停留在生产原料和初级加工品阶段，而且主要是种植业。农业产业化经营，实行产、加、销、贸、工、农一体化经营，可以提高对农业资源深度开发、技术开发和市场开发的能力，开发出高技术含量、高创汇、高附加值的名牌产品，促使农业走向专业化、规模化、商品化、现代化的道路，从根本上转变农业的增长方式，即从粗放型向集约型转变。只有通过产业化经营提高农业经济效益才能使农民能分享到增值效益，也才能持续地增加农民收入，使农业成为高效益的产业。因此，农业产业化经营将成为我国农业可持续发展的战略选择。

（三）农业产业化经营是促进农业和农村经济结构战略性调整的重要推动力量

农业结构战略性调整，是对农产品品种质量、农业区域布局和产后加工转化进行全面调整的过程，也是加快农业科技进步，提高农业劳动者素质的过程。战略性调整目标是：促进农民收入持续、稳定增长，促进农业整体竞争力提高，促进农业和农村经济可持续发展。我国是一个农业大国，各地自然资源状况差别很大，如何充分发挥各地的比较优势，是当前农业结构调整的重点。沿海发达地区适当减少粮食作物种植面积，发展效益更高的农产品生产；西部地区在实行退耕还林、退耕还草的同时，重点增加具有地区资源特色的农产品生产，努力开辟新的市场；中部地区粮食主产区在进一步发挥粮食等大宗农产品生产优势的同时，大力发展农产品深加工，增加农业的附加值。在农业结构的调整中，必须有农产品加工业的引入和发展。农业产业化经营在这方面起了重要的推动作用。龙头企业在大力发展农产品加工业，不断开辟新的农产品市场的同时，带动农户按照国内外市场需求，进行专业化、集约化生产。这样就可以避免农户自发调整结构的盲目性和趋同性。农业产业化经营有利于实现优化农产品品质，优化区域布局和发展精深加工的有机统一。从而可以形成"政府调控市场、市场引导企业、企业带动农户"的新机制，全面推动农业结构的战略性调整。农业产业化经营的发展方向是区域专业化、原料基地化、基地合作化、农户专业化。依托龙头企业根据国内外市场需求，组织优质原料生产，推进区域专业化布局，形成区域化生产带。通过对生产要素的优化配置和产业的重新组合，形成商品性生产产业流。把分散的家庭经营纳入一条龙的生产经营体系，把分散的独立的许多生产过程聚集为一个社会生产总过程，可以在更大范围内和更高层次上实现农业资源的优化配置和生产要素的重新组合，最大限度地发挥整体效益和规模效益。农业产业化经营在发展农产品加工业特别是精深加工业的同时，促进农业剩余劳动力向非农产业转移，加快就业结构的调整。农业产业化经营的发展必然带动作为农副产品集散地和工商企业载体的小城镇的交通运输、通信设施及能源等各项基础设施建设的发展，从而推进城镇化建设。城镇经济的发展可以形成更多的经济生长点，转移更多的农业剩余劳动力。近年来，"浙江农民收入持续增高，首先得益于乡镇工业的迅速发展。现在乡镇工业已占全省工业产值的五分之四，上缴税金已占全省财政收入的三分之二。农村第二、第三产业的崛起，使一半以上劳动力从土地经营中转移出来，促进了土地流动和规模经营，提高了农业的综合效益。尤其值得重视的是，第一、第二、第三产业的有机结合和聚集，推动了小城镇建设，加快了农村城市化进程。全省小城镇人口已占农村人口的三分之一，小城镇经济占农村总经济的 80% 以上"①。总之，农业产业化经营通过贸、工、农一体化经营，形成城乡一体化的"龙形"经济，第一、第二、第三产业有机结合和聚集，有利

---

① 《抓住重点突破难点——肖万钧委员谈三农》，《经济日报》2003 年 3 月 8 日第 3 版。

于打破城市经济和农村经济相互分割,促进城乡人才、技术、资金、劳动力等生产要素跨区域流动。因此,可以说农业产业化经营是统筹城乡经济社会发展,推动农村工业化、城镇化的重要动力。

(四) 农业产业化经营可以提高我国农业国际竞争力

农业产业化经营的发展涌现出一批有竞争力的龙头企业。龙头企业依靠农户家庭经营劳动力成本较低的优势,采用高新技术对农产品进行精深加工,创造出较高科技含量、较高附加值的名牌农产品,提高了我国农业在国际竞争力。在我国加入WTO后,对农产品的质量、安全、卫生标准提出了更严格的要求,市场准入要求更加严格。龙头企业在提高农产品质量、增强我国农产品国际竞争力上发挥了重要的作用,山东省出口创汇型龙头企业已发展到1300多家,其中,获得自营出口权的达80多家,创汇100万美元以上的有120家,龙头企业的产品出口到160多个国家和地区,2001年全省农副产品出口创汇达44.7亿美元,同比增长27.3%[1],山西省永济市通过农业产业化经营发展芦笋业,2001年芦笋种植面积达12万亩,年出产白芦笋罐头2.5万吨(2002年将达到3万吨以上),创汇2500万美元,占世界芦笋罐头交易总额的25%以上,占全国出口总量的51%,全市农民仅此一项增加收入1.5亿元,人均450元。[2] 吉林省近几年来在玉米产业中推行农业产业化经营,提高了玉米质量和出口标准,增加了出口量,玉米出口量已占全国玉米出口总量50%以上。[3]

三 近几年来农业产业化经营水平有所提高

(一) 农业产业化经营数量增加,对农户的带动作用增强

据农业部产业化办公室三次调查,1996年、1998年、2000年

---

[1] 范小建:《新形势下推进农业产业化的思考》,《中国农村经济》2002年第10期。
[2] 《中国信息报》2002年12月30日第5版。
[3] 《把玉米产业当作"王牌"来打》,《经济日报》2003年1月20日第1版。

农业产业化经营及其带动农户数量情况见表1:①

表1

指标	1996 年	1998 年	2000 年
农业产业化经营组织总数（个）	11824	30344	66000
带动农户总数（万户）	1995.1	4923.27	5900②
约占全国农户总数的比例（%）	10.0③	15.0	25.0
每户从产业化经营中增加收入（元）	—	800	900

从表1可以看出，农业产业化经营2000年已发展到6.6万个，比1996年的11824个增长458%；带动农户5900万户，比1996年的1995.1万户增长195.7%。参加农业产业化经营的农户占农户总数的比例从1996年的10%增加到2000年的25%。2000年参加农业产业化经营的农户平均每户增加收入900元。1998年统计，农业产业化经营新增就业人数571.5万人，农户新增收入总额551.55亿元。

农业产业化经营从过去主要在畜牧业和工业原料作物开始向粮食、棉花等大宗农产品方向发展。近年来东北的玉米，河南的小麦，湖南、湖北的大米，已开始通过龙头企业的带动，变当地的资源优势为经济优势，形成了优质农产品产业带，成为地方经济发展的支柱和农民增加收入的重要来源。东北三省和内蒙古积极推进大豆的产业化经营，建设高产高油大豆示范基地，龙头企业通过订单当地农户的大豆生产紧密联系起来，为提高国产大豆的竞争力创造了条件。粮棉主产区湖北荆州市，近年来实行"公司+农户""龙头带基地"方式，推动了农业结构的战略性调整。其中"龙头带

---

① 牛若峰：《中国农业产业化经营的发展特点与方向》，《中国农村经济》2002年第5期。（以下引用农业部产业化办公室调查资料均来自此文，不再另注）
② 其中当地农户4108.62万户。
③ 该比例为纯农牧户的比例。

基地"生产的农产品产值已经占到全市农业总产值的 30% 以上。在种植业领域积极发展以股份制企业为龙头，以现代企业管理和高技术含量为特征，规模化优质品种为原料基地的产业化经营模式。水稻从优质稻的生产、收购、贮藏、加工、销售形成有自动调控能力的产业化经营模式。棉花则以纺织企业在棉产区建立原料生产基地，发展订单生产，实行标准化生产一体化经营，降低棉花流通经营成本。建立棉农协作组织，加强农业科研与推广的合作，推进国产抗虫棉种子产业化经营，提高种业竞争力。①

农垦系统在结构调整中，围绕优势产业，实施资产重组，形成农垦产业化经营的格局。各垦区通过盘活存量资产，优化资本结构，积极推动同类产品向企业向优势企业靠拢，组建了一批大型骨干龙头企业。这些龙头企业在几年持续高速增长的基础上，去年继续保持较快的增长速度。目前，农垦系统上市企业已达 20 多家，这些企业已成为带动农垦经济和当地农村经济发展的重要力量②。近年来黑龙江垦区加快实施农业产业化经营，全面提高农业市场竞争力，有力地推动了垦区整体经济效益的大幅度提高。2002 年实现国内生产总值 171.9 亿元，企业利税总额 10.2 亿元，农场职工家庭人均纯收入 3863 元，分别比上年增长 9.5%、21.5% 和 6.5%。重点龙头企业实现利润 1.3 亿元，占工业企业利润的 68.4%，已成为垦区经济发展的主要牵动力量。③

(二) 农业产业化经营中龙头企业实力增强

农业产业化经营中，龙头企业带动型（"公司+农户""龙头带基地"）是最主要的带动形式。2000 年，全国各类龙头企业固定资产达 3072 亿元，销售收入 5900 亿元，利税总额达 709 亿元。销售收入 1 亿元以上的龙头企业达到 1186 个，省级以上重点龙头企

---

① 杜青林主编：《中国农业和农村经济结构战略性调整》，中国农业出版社 2003 年版，第 114 页。
② 《经济日报》2003 年 1 月 7 日第 10 版。
③ 《盛世开篇话龙头》，《经济日报》2003 年 3 月 13 日第 15 版。

业已达 1043 家。近几年国家在加强农业基础设施建设、改善农业生产基本条件、提高农业综合生产能力的同时,加大对农业产业化经营项目和龙头企业的扶持力度,大力发展多种经营和特色农业,积极培育农村主导产业。在优势农产品的集中产区,国家选择一批规模大、起点高、带动能力强的农业产业化龙头企业,作为综合开发优先重点扶持对象,发挥它们在开拓市场、引导基地、加工增值、科技创新、标准化生产方面的带动作用。重点支持龙头企业采用新技术、开发新产品,建立原料基地、发展精深加工、开拓服务市场[1]。1998—2002 年,"农业综合开发投入农业产业化龙头企业和多种经营项目的财政资金约 131 亿元,扶持了一大批种植、养殖、加工和农业生产服务龙头企业与项目,其中用于重点龙头企业与项目 410 个,共加工转化各类农副产品 670 万吨,新增产值 428 亿元,带动农户 153 万"。"目前农业综合开发扶持龙头企业主要有 5 条政策措施:扶持产业化的资金占中央财政资金 30% 以上;不分经济类型,一视同仁;部分确需资金扶植的龙头(公司 + 农户)企业,农业综合开发可以安排一部分有偿资金给予扶持;产业化龙头企业用于项目建设的银行贷款,在贷款期内按项目给予一定的贴息补助;对确已发挥明显带动作用并确有发展潜力的龙头项目或企业,农业开发部门予以连续扶持。"[2] 吉林省长春市皓月清真肉业股份有限公司,三年来投资 5.1 亿元养牛业,资产总额已达 13.8 亿元,直接带动全省 5 万户养牛户,20 万农村剩余劳动力从事养牛业致富。牛肉出口量占全国 1/3,出口创汇近 2000 美元,被评为"全国出口创汇先进企业"。公司通过在全省 35 个县(市、区)建立了肉牛养殖基础和牧业小区,保证养牛农民"零风险、稳收入"[3]。广东省从实际出发,按照"立足资源优势,确立主导产业,创办龙头企业,建设商品基地,辐射带动农户,走农业产业

---

[1] 赵鸣骥:《开创农业综合开发新局面》,《经济日报》2003 年 2 月 17 日第 6 版。
[2] 王征:《综合开发促龙头企业发展》,《经济日报》2003 年 1 月 28 日第 10 版。
[3] 《牛产业要"牛"起来》,《经济日报》2003 年 2 月 20 日第 4 版。

化经营扶贫"的工作思路,有效地推进农业产业化经营。在三年多的时间内广东全省农业产业化龙头企业已达 1073 家,16 个扶贫重点县还兴办扶贫龙头企业 48 家。全省龙头企业固定资产总值达到 190.85 亿元,举办农业商品基地 1964 个,销售收入 356.53 亿元,实现利润 27.47 亿元,出口创汇 4.64 亿元。全省龙头企业带动农户已达 222.59 万户,农民从中增加收入 44.16 亿元,户均增收 984 元[①]。据最近来自农业产业化办公室的消息说,通过对第一批 151 家农业产业化国家重点龙头企业的监测分析,两年来,绝大部分重点龙头企业运行情况良好。2001 年,第一批重点龙头企业平均带动农户达 9.9 万户。2001 年第一批重点龙头企业平均固定资产 2.6 亿元,平均销售收入 7.9 亿元,比 1999 年分别提高了 26.3% 和 27.2%,龙头企业实力增强。首批 151 家国家重点龙头企业中,只有 14 家企业因监测不合格被淘汰出局。2003 年 1 月,又有 235 家龙头企业进入国家重点龙头企业行列,新加入的龙头企业包括四川新希望集团、北京汇源饮料集团、新疆屯河股份有限公司和蒙牛乳业等著名企业,国家重点龙头企业已达到 372 个[②],龙头企业规模越来越大,对农民的带动作用日益增强。

(三) 农业产业化经营中的龙头企业注重科技进步,农产品质量明显提高

2001 年统计,在监测合格的 137 家国家重点龙头企业中,设立专门研究开发机构的有 121 家,占企业总数的 88.32%,有 80 家获得国家或省部级科技成果奖,占企业总数的 58%[③]。上海市集聚融资、技术、信息、市场等综合优势,建立了 4 个国家级农业产业化龙头企业——光明乳业、农工商超市、海丰米业和星辉蔬菜,其战略发展目标是建设国家级农业现代化龙头企业集团。不断推进产

---

① 《调整之路越走越宽——三年来农业结构调整综述》,《经济日报》2002 年 1 月 6 日第 1 版。
② 《中国经济时报》2003 年 1 月 14 日第 1 版。
③ 同上。

业化经营、标准化控制、科技化支撑和国际化目标。现已有 24 个农副产品通过上海市农产品质量认证中心认证,成为"安全卫生优质"农产品,有 20 多个农产品在国际农业博览会上获金银奖,"光明""海丰""一只鼎"等一大批农产品牌被评为中国驰名商标和上海市著名产品、上海市著名商标①。我国红薯产量占世界 80% 以上,生产严重过剩,每年要烂掉 1/3,重点龙头企业四川光友薯业公司,在国际上首家将红薯制成方便粉丝,首创无明矾粉丝成功地打入国际市场,开创了红薯产品良好的市场前景②。河南省南阳市天冠集团 2002 年建成了 20 万吨燃料乙醇项目后又上马年产 30 万吨燃料乙醇项目,年需原料红薯干 150 万吨,带动近百万农民种植脱毒红薯 20 万亩,占全市红薯总面积的 70%,增加农民收入 4 亿多元。③ 内蒙古草原兴发股份有限公司提供了可贵的经验。十几年前,草原兴发是一个有 500 只鸡的乡镇企业,通过农业产业化经营,现已拥有 21 亿元资产、10000 余员工、年产值 12.9 亿元、创利税 1.03 亿元的我国著名的"全国农业产业化重点龙头企业",几年间草原兴发先后向 60 余家小型肉食品厂注入技术改造资金 1 亿元,使这些小厂拥有先进技术和知名品牌,挺进更广阔的市场。草原兴发的生产基地不仅限于内蒙古,已经扩展到黑龙江、吉林、辽宁、甘肃、青海等省区,而且形成了遍及全国的销售网点。在 100 多万平方公里的产业化基地范围内,草原兴发带动 8200 多户农民走上了通过肉鸡产业脱贫致富的道路,累计使他们直接增收 3.5 亿元;带动 3 万多牧民走上了肉羊产业化道路,2000 年被确定为"全国产业化重点龙头企业"。2002 年"草原兴发"商标被评为中国驰名商标。这些成绩的取得与草原兴发不断创新农业产业化经营是分不开的④。据中国农林水利工会调研组调查,1997 年陕西

---

① 《上海农工商告诉你现代农业啥模样》,《经济日报》2003 年 1 月 23 日第 8 版。
② 《红薯怎样走出三个"三分之一"》,《经济日报》2003 年 1 月 23 日第 1 版。
③ 《南阳培育县城经济的新亮点》,《中国经济时报》2003 年 3 月 31 日第 7 版。
④ 《经济日报》2002 年 11 月 29 日第 7 版。

农垦在调整产业结构的决策中选择了鸵鸟养殖。在连续闯过引种、产蛋、孵化、育雏、饲养、防疫和枯草季用青贮农作物秸秆饲料等六大难关之后，又建立起一整套拥有独立知识产权的孵化技术及标准化生产，发展成为全国最大的鸵鸟养殖企业和良种繁育基地，显示出强劲的发展态势。四年来，先后在关中、陕北等地建立了 8 个养殖场，在西安筹建了屠宰加工厂，按照产业化经营方式，在 1300 户农民家中实施了小鸵鸟"代养制"获得成功。"十五"期间，陕西农垦拟依托现有 8 个养殖分场，逐步建立集产蛋、孵化、育雏为一体的繁育中心和屠宰加工中心。2002 年年底，生产商品鸵鸟达到 10000 余只。2005 年可达 10 万只，以每户代养 10—20 只小鸵鸟计，覆盖农民将达 5000—10000 户，户均纯收入可达 5000—10000 元。报告指出：鸵鸟是优质新肉源、被国际公认的绿色食品；有良好的市场前景；能带动相关产业发展；为西部农村产业结构调整找到了一条出路；为西部地区农民增收开辟了一个新的门路。[1]

最近农业部长杜青林指出，目前农业产业化龙头企业呈现良好的发展势头，龙头企业带动优势农产品和优势区域发展的格局正在形成，注重技术进步和产品质量安全成为龙头企业的自觉行动，利益连接机制进一步完善。今后要进一步贯彻落实好中央关于扶持龙头企业发展的各项政策措施，在财税、信贷、国债技改贴息等方面进一步加强支持力度，为龙头企业发展创造良好的外部环境；要进一步研究解决龙头企业发展中的新情况、新问题，进一步加强工作指导，切实帮助龙头企业解决实际困难[2]。

（四）农业产业化经营出现了多种带动形式

据上述农业部农业产业化办公室调查，农业产业化经营的带动形式见表 2。

---

[1]《希望之举——陕西农垦鸵鸟业养殖发展的调查》，《经济日报》2003 年 2 月 10 日第 1、2 版。
[2]《发展现代农业要抓住龙头企业》，《经济日报》2003 年 1 月 27 日第 5 版。

表2

组织类型	1996年	1998年	2000年
1 龙头企业带动型（个）	5381	15088	27000
占组织总个数（%）	45.41	49.93	41.0
2 合作经济等中介组织带动型（个）	3384	8024	22000
占组织总个数（%）	28.62	26.44	33.0
3 专业市场带动型（个）	1450	4848	7600
占组织总个数（%）	12.26	15.98	12.0
4 其他类形式（个）	1600	2384	9600
占组织总个数（%）	13.61	7.85	14.0

农业产业化经营中农民专业合作经济中介组织带动型有了较快发展。从1996年的3384个增加到2000年的22000个，增长550%。近年来北京市新发展农民农业合作经济组织1600多个，资产总额达40亿元。加入农户34.2万户，占全市农户总数的28%，加入专业合作经济组织的农户户均增收3672.5元。京郊农民专业合作经济组织是同类生产者之间的联合，按照市场需求，把农民组织起来从事专业生产，形成一定规模，集中进行产前、产中和产后服务，提高了农民的组织化程度，有力地推进了京郊农业产业化经营和农村经济结构的调整。专业合作经济组织有四种类型：协会型，农户以会员身份加入协会，协会在产、加、销各个环节上提供服务；合作社型，由农户出资，用产权联结，形成利益共享、风险共担的共同体；龙头企业带动型，主要以合作形式连接农户，与农户签订购销合同，保护农民有合理收入；科技服务型，为会员提供技术咨询、培训等[①]。山东莱阳市已经注册各类合作社218个，入社农户9万多户，占全市农户总数的40%。

专业市场带动型也有所发展，从1996年的1450个增加到2000年的7600个，增长424%。2000年山东省寿光蔬菜批发市场开始

---

① 《专业合作经济组织显威力》，《经济日报》2003年2月20日第4版。

实行集团化经营，蔬菜市场年交易量15亿公斤，交易额20亿元，带动全市蔬菜基地74万亩，全市农民人均纯收入的60%来自蔬菜。

其他类型的数目2000年达到9600个，主要为运销商和专业大户带动型，还有各农业研究和推广部门为农户提供产前、产中、产后服务。山东省德州市以专业大户为基础建立民营农产品加工小区427个，从业人员达6.8万人，实现销售收入59亿元，带动种养大户21万家，农产品加工转化率达到42%。依靠专业户联合发展农产品加工业，促进了民营企业的成长。从专业户经纪人中分化出一批农产品运销商（中间商），作为联结产区和销区的一种中介或桥梁，在组织农产品运销、解决农产品"卖难"方面起着积极作用。在吉林省这种类型被称为"经营能人带动型，主要以技术能人、经营能人为核心，通过他们在组织生产、开拓市场等方面的示范、辐射作用，在一定区域内带动一个产业、富裕一方农民、发展一地经济"[①]。

农产品行业协会在推动农业产业化经营中起了纽带作用。浙江省江山市养蜂产业化协会在养蜂产业化经营中，作出了重要贡献。2001年协会从事养蜂产品加工与销售的团体会员年经销蜂蜜1458吨，占全市蜂蜜总产量的14.55%；年经销王浆320吨，占全市王浆总产量的57.87%；年经销花粉480吨，占全市总产量的70.59%；年经销蜂蜡610吨，是全市蜂蜡总产量的2.13倍。协会36个养蜂合作社和193个养蜂联合体联合养蜂户1146户，蜂群12.6万箱，年养蜂产值达6930万元，经销产值达2768万元。全年通过协会成员生产和经销的蜂产品约占全市养蜂总产值的86%。养蜂协会促进了养蜂产业化经营。1990—2000年十年间全国蜂业生产普遍下降，特别是经济发达地区蜂业生产下降了50%以上，而江山市则保持相对稳定，蜂群始终稳定在20万箱以上，连续十

---

① 《粮产区"脱困"农业产业化担纲》，《中国经济时报》2003年3月13日第5版。

年居全国各县（市）之首。到2001年全市共有蜂群25.812万箱，占全国蜂群总数的4.3%，占全省蜂群总数的27.33%。全市现有养蜂专业户2263户，养蜂员5166人，户均养蜜蜂110.8箱，人均48.51箱，户均与人均饲养规模均居全国各县（市）之首。农业产业化经营提高了江山市蜂业生产的技术水平。依靠科技进步，养蜂生产累计增加直接经济效益2.3亿元。①

（五）农业产业化经营中与农户利益联结机制出现了新的变化

据上述调查，1996年、1998年、2000年农业产业化经营与农户联结方式见表3。

表3

数据年份与联结方式	组织数目（个）	占组织总数的比例（%）
1996年	11824	100.0
（一）合同（契约）关系	8377	70.84
1. 实行保证价格	2673	31.91
2. 实行保护价格	1591	18.99
3. 规定价格之外还提供系列化服务	4113	49.10
（二）利润返还或二次结算	1225	10.36
（三）按股分红	2222	18.8
1998年	30344	100.0
（一）合同（契约）关系	16948	55.85
1. 实行保护价格	3096	18.26
2. 实行市场保护价格	2274	13.42
3. 提供系列化服务	6457	38.10
4. 其他支持措施	5121	30.22
（二）合作制关系	2791	9.2
（三）股份合作制关系	3396	11.19
（四）协议关系（产销协议）	7209	23.76

---

① 郭红东：《充分发挥农产品行业协会的作用促进农业产业化经营》，《中国农村经济》2002年第5期。

续表

数据年份与联结方式	组织数目（个）	占组织总数的比例（%）
2000 年	66000	100.0
（一）合同（契约）关系	32340	49.0
（二）合作制关系	9240	14.0
（三）股份合作制关系	8580	13.0
（四）其他	15840	24.0

从表3可以看出，采取合同（契约、订单）关系是农业产业化经营中与农户利益联结机制的最主要方式，但其所占比例相继从1996年的70.8%下降为1998年的55.68%和2000年的49%。农业产业化经营中合作制关系和股份合作制关系所占比重虽不大，但近年来呈增长趋势，分别从1998年的9.2%和11.19%增加到2000年的14%和13%。2000年，合同、合作、股份合作三种较为稳定的利益联结方式所占比例达到76%。龙头企业对农户实行保护价格和市场保护价格，或将加工、销售的利润返还一部分给农民。农民专业合作经济组织的发展可以保护农民利益，更加密切了与农户的利益关系。目前在农业产业化经营中企业与农户利益联结机制尚不完善，有的"合同"仅仅是口头约定，违约现象也屡有发生。这在农业产业化经营起步阶段是难以避免的。农业产业化经营的目的是推动农业生产发展和增加农民收入，使参与农户能够分享到一部分农产品加工增值和销售利润。所以建立利益联结机制，必须从农业产业化经营的根本目的出发，从调动企业和农户的积极性出发，逐步纳入规范化、制度化的轨道。利益联结机制的目标是把农业产业化经营办成参与利益主体共同致富的利益共同体。在利益联结方式上要从实际出发，体现自愿、平等、互利的原则。龙头企业不是单纯的农产品加工或流通企业，它要为农户提供经济技术等方面的配套服务，才能使农户的生产符合市场的要求。龙头企业在发展方向上，要高起点，坚持以质取胜，以效益取胜，努力做到与农

民利益共享、风险共担,结成经济利益共同体,而绝不能坑农、害农。通过发展合作制和股份合作制可以将农户联合起来,改善和提高农户在农业产业化经营中的地位,进一步完善农业产业化经营的经营机制,建立和健全"风险共担、利益均沾"的分配机制。应当指出的是在有的地方,以推行农业产业化经营为名,采用行政办法强行征用农民承包的土地,转租给企业,而农民从自耕农变成企业的雇工,而一旦企业经营失败,就会失业,不仅严重损害了农民的利益,还影响社会稳定。2002 年发生的"蓝田风波"就是这种危害的集中表现。蓝田股份有限公司在湖北洪湖市,通过当地政府强行征用农民耕地 5000 亩,公司的破产,使 7000 多名农民成为"下岗工人"①。农业产业化经营必须尊重农民的意愿,保持土地家庭承包制的长期稳定。没有了农民家庭经营,也就不能称为农业产业化经营。各地在农业产业化经营的实践中创造了许多利益联结机制。湖南省港越牧业有限公司通过养猪协会,对农户实行"一垫一保四统一"的产业化模式。"一垫"即公司先向农户垫付母猪款;"一保"即公司按保护价收购养殖户的中仔猪,市场价高于保护价时,按市场价收购;"四统一"即统一种猪投放、统一饲料供应、统一防疫注射、统一技术服务。目前,公司已垫付资金 172 万元,投放母猪 1050 头,带动 48 个村办 41 个养猪专业户开发中、乳猪生产,2002 年已为农民增加收入 168 万元,户均 7000 元。这种方式不仅促进了农民增收,而且为公司提供了稳定的货源,2002年上半年,已屠宰加工出口中、乳猪 2 万多头,出口分割肉 1000多吨,创汇近 2000 万元②。河南省宛西制药公司实施中药产业化经营也提供了较好的范例:公司 1998 年开始建立中药材基地,通过建立"公司+基地+药农"的模式解决药源难题,与当地药农签订了 30 年不变的生产合同,给每户发放"农户种植药材产量登记

---

① 《农业产业化不能让农民失去土地》,《经济日报》2003 年 2 月 27 日第 2 版。
② 杜青林主编:《中国农业和农村经济结构战略性调整》,中国农业出版社 2003 年版,第 129 页。

卡",统一管理,并在基地派驻大量农业技术人员,常年辅导农民严格按照国际标准种植、施肥、采收。几年来,不仅保证了中药产品的安全、有效、稳定、可靠,而且给基地农民带来了直接收益上亿元,带动了20万农民脱贫致富。靠科学种药致富的农民种药的积极性更高了,优质的药材保证了公司制药的原料供应形成了良性循环。

(六) 农业产业化经营的区域分布

农业部农业产业化办公室三次调查表明,农业产业化经营的区域分布见表4。

表4

年份和地区分布	合计	东部	中部	西部
1996年组织个数	11824	6613	4334	877
地区分布(%)	100.0	55.9	36.7	7.4
1998年组织个数	30344	14588	13588	2188
地区分布(%)	100.0	48.07	44.78	7.14
2000年组织个数	66000	32344	21198	13146
地区分布(%)	100.0	48.5	31.8	19.70

农业产业化经营的区域分布反映了区域经济发展的水平。从1996—2000年,各地区农业产业化经营数量都有较大幅度的增加,东部和中部地区分别增长近3.9倍,但比例分别下降7.2个百分点和4.9个百分点,西部地区在中央对西部大开发的战略决策的指引下,近几年农业产业化经营发展较快,从1996年的877个增加到2000年的13146个,增长近14倍,所占比例上升12.3个百分点。近年来西部地区农业产业化经营取得的成绩显著,如以上所列举的内蒙古草原兴发股份有限公司、陕西鸵鸟业、四川光友薯业公司以及四川新希望集团,新疆屯河股份有限公司和蒙牛乳业等外,陕西海升果业发展股份有限公司取得了十分显著的成绩:依托中国农业

大学、中国农科院、西北农林科技大学等优势科研单位,建立了设施完善的企业研发中心;建设了年加工苹果 50 万吨,生产浓缩果汁 8 万吨的生产能力,约占世界苹果汁年产量的 10%,中国苹果汁年产量的 1/4,90% 以上销往国外,2001 年出口创汇 1326 万美元,通过"公司+中介+农户"的经营机制,带动 10 万多农户,增加收入 15000 多万元,户均增收 1500 元以上,并在加工产业链中增加就业岗位 1 万多个[①]

四 加入 WTO 后应积极推进农业产业化经营,提高农产品的国际竞争力

加入 WTO 后,我国农业直接面对国际竞争的挑战。农业的国际竞争,不仅是单个农产品的竞争,更是集生产、加工、销售、科技整个产业体系也就是全行业整体实力的竞争,培育和壮大龙头企业,是提高我国农业整体素质和效益,参与国际竞争的需要,要充分发挥我国农业的比较优势,积极推进农业产业化经营,壮大龙头企业,充分发挥其在开拓市场、科技创新,带动农户,促进区域经济发展的优势,提高我国农业在国际市场上的竞争力,我国农业 20 世纪 90 年代后期以来,农产品供求关系发生了重大变化,主要农产品供给由长期短缺变为总体基本平衡,丰年有余,许多农产品出现相对过剩,农产品价格下跌。并由此引起农民在农业经营中增产不增收,甚至减收,农民收入增长处于缓慢状态。从总体上看,我国农产品的生产、加工和流通具有明显的经营规模小、成本高、市场化程度低等特点,国际市场竞争力相对较弱。加入 WTO 作出了开放农产品市场的承诺,对农业的保护水平降低。因此提高农产品市场竞争力更加紧迫。

技术壁垒已成为我国农产品出口的主要障碍,近年来我国农业

---

① 《海升——从西部崛起的国际化龙头企业》,《经济日报》2003 年 3 月 5 日第 19 版。

科技进步明显，有力地推动了我国农业增产增效和可持续发展。如一批高产优质农作物新品种选育成功，共培育农作物新品种600余个，开发新产品近1000项，建立试验基地近2000个、示范点近5000个，促进了粮棉油等农产品的全面增产。通过生态农业等项目的实施，农业可持续发展能力明显增强。目前科技进步对我国农业增产的贡献率已超过40%[1]。但是，同世界农业科技特别是发达国家农业科技水平比较，仍有不少差距，尤其是在质量上的差距，我国农产品质量、安全、卫生等标准体系不健全，农药、兽药残留超标，动物疫病控制不力，等等。严重阻碍了我国农产品的出口。龙头企业大多数还缺乏农产品的研发能力，产品更新慢，附加值不高。

同时，也应当看到我国有些农牧产品具有一定的比较优势，如我国牛羊业生产成本只有世界平均水平的50%左右，牛羊肉出口价格仅相当于世界平均水平的60%左右。在国际市场上具有生产成本和价格比较优势，牛羊肉出口潜力巨大。国外优质羊肉每吨3800—4800美元，是国内羊肉价格的近三倍。羊毛羊皮也是出口创汇的重要产品。最近，农业部颁布《肉牛肉羊业优势区域发展规划》确定中原、华北、西北和西南4个肉羊优势生产区域，以生产优质牛羊肉为核心，以发展产业化经营为突破口，在重点优势区域内实现规模化生产、标准化管理，主攻品种改良、产品质量分级、产品安全与卫生质量等关键制约环节，力争几年内建成一批有国内外知名品牌，有较强国际竞争力的牛羊肉产业带。

绿色壁垒制约我国农产品出口增长，对畜牧业、水产业和果业影响较大。应以绿色食品品牌为纽带，推进农业产业化经营，建设标准化生产基地。龙头企业要发展优质、安全、方便、营养的农产品加工制品，执行国家农产品质量标准，并把技术规范和农艺要求引入农户，带动农户和基地的标准化生产，创造优质农产品和名牌

---

[1] 《科技与经济"两张皮"问题基本解决》，《经济日报》2003年2月21日第2版。

产品，出口龙头企业要争取通过国际组织的质量认证、安全卫生认证，以取得进入国际市场的资格和国外消费者的信任。要对农产品生产、加工、包装、运输、销售和卫生检疫等进行严格的标准化管理，推行标明农产品产地、质量、等级的标识，建立产品可追溯制度。加强农产品研发，根据外国消费者对农产品需求变化和质量标准，组织生产、加工、包装、储运和销售，不断开拓国际市场，以上列举的陕西海升果业发展有限公司开拓国际市场就是这样做的，内蒙古草原兴发股份有限公司正是以"绿色质量"把握企业的生命线，进军国际市场[1]。内蒙古呼和浩特市利用草原绿色无污染，全力打造"中国乳都"，乳业产业化经营带动了从农民牛奶生产、加工到运销的快来发展。全市奶牛超过 30 万头，牛奶产量达到 100 万吨以上，当地农民收入大增，加入 WTO 后的 2002 年呼市的蒙牛公司从全球知名的美国摩根士丹利等 3 个跨国公司引入 2.1 亿元的投资，建成了当今世界单体面积最大、智能化程度最高，日处理鲜奶 1000 吨的生产车间[2]。在粮食产业领域也有这样的实例。连续多年居全国玉米产量首位的吉林省在农产品积压、农业效益下降、农民增收滞缓的条件下，决定因势利导，发展农业产业化经营，以市场为导向，调整玉米品种结构，通过玉米种植、加工转化和销售环节整体运作，变产量优势为经济优势。在产业化经营中推行"三化"种植：一是标准化，发展安全、营养、无公害绿色食品，为玉米产业争取绿色"身份证"和绿色"签证"，二是专用化，适应市场的多样性需求，开发玉米专用品种，加速玉米从口粮型产业向工业原料产业转变。三是区域化，根据不同品种的特殊性，实行连片种植，减少品种混杂，重点建设了 1000 万亩饲料玉米基地，1000 万亩工业原料基地，500 万亩食用玉米基地和 500 万亩出口玉米基地，按照国际标准，引进和研发世界一流的设备和技

---

[1]《管理篇：新形势下看"兴发"——内蒙古"草原兴发"走新型农业产业化系列报道之二》，《经济日报》2002 年 12 月 6 日第 7 版。

[2]《呼市后来居上》，《经济日报》2003 年 3 月 25 日第 1、4 版。

术，对玉米资源实行深度开发，发展玉米精深加工，实现多层次加工增值。长春大成玉米有限责任公司采用世界先进的湿磨技术，引进计算机控制系统对生产全过程实行集中控制，现已开发了八大系列几十种产品，均达到国际标准，这样，就开拓了玉米的国际市场，吉林省玉米出口总量占全国50%以上。①

为提高我国农产品国际竞争力，要落实国家扶持出口龙头企业的优惠政策，据有关方面报道：国家开始安排扶持农业产业化的专项资金，全国已有2/3的省安排了专项资金，资金总额10亿元以上，国家把重点龙头企业纳入国债资金技改范围。在税收政策方面，2002年国家将农产品进项抵扣率由10%提高到13%，在信贷政策方面，2002年国家农业银行计划为龙头企业提供150亿元贷款，同时将资产超过亿元的1000多家龙头企业纳入农业银行总行重点支持范围②，重点培育一批规模大、起点高、带动能力强的农产品加工外贸企业，转化增值优势农产品，形成一批在国际市场上具有较强竞争力的名牌产品的龙头企业，应选择具有资源优势、市场前景好、技术含最高、产业关联度强，带动作用大的加工业，积极培育和发展天然绿色农业，使其成为新的经济增长点和可持续发展的重要途径。

(未发表)

---

① 《把玉米产业当作"王牌"来打》，《经济日报》2003年1月20日第1版。
② 范小建：《新形势下推进农业产业化的思考》，《中国农村经济》2002年第10期。

编选者手记

陈廷煊老师是我敬重的学界前辈，我 1996 年到中国社会科学院经济研究所工作时，他已经离休了，但他热爱经济史研究，与我们一起长年在中央档案馆查阅、选编资料，"老牛自知桑榆晚，不用扬鞭自奋蹄"，他的敬业精神深深感染了我。

陈老师常给我们讲他的革命故事，得知他是位老革命，上过朝鲜战场，后来脱下戎装，成了一介书生。他很感慨"文化大革命"耽误了研究事业，离休之前发表的成果较少。但是，离休时光反倒成了他的学术青春，多数论文、专著都是离休后面世的。

他是中国人民大学农业经济系毕业的大学生，平生研究与"三农"问题结下不解之缘。他说早年曾调研人民公社，领导想让他们证明的观点他发现是错的。后来他对中国现代经济史研究兴趣浓厚，就走上了研究中国现代经济史的学术道路，重点研究"三农"经济史。

陈老师发表的学术文章并不算多，在职期间发表的成果更少，但他的文章都很有分量。我收集到他 16 篇文章，两本独著。这些成果中，有 2 篇文章讨论中国近代农村的雇佣关系与租佃关系，有 1 篇文章分析抗日根据地的减租减息，有 2 篇文章探讨国民经济恢复时期的商品市场、解放初期的减租退押，其他文章则研究农业合作化、粮食流通体制、农业产业化、农村剩余劳动力等问题。他着力研究的抗日根据地经济史则缺少论文，不能反映他的研究成果全貌。为弥补缺憾，我从他的专著《抗日根据地经济史》一书，摘编了相关内容,凑成一篇《抗日根据地的经济建设与新民主主义经济理论的形成》,收录到他的文集之中。

赵学军
2018 年 10 月

《经济所人文库》第一辑总目(40种)

(按作者出生年月排序)

《陶孟和集》　　《戴园晨集》
《陈翰笙集》　　《董辅礽集》
《巫宝三集》　　《吴敬琏集》
《许涤新集》　　《孙尚清集》
《梁方仲集》　　《黄范章集》
《骆耕漠集》　　《乌家培集》
《孙冶方集》　　《经君健集》
《严中平集》　　《于祖尧集》
《李文治集》　　《陈廷煊集》
《狄超白集》　　《赵人伟集》
《杨坚白集》　　《张卓元集》
《朱绍文集》　　《桂世镛集》
《顾　准集》　　《冒天启集》
《吴承明集》　　《董志凯集》
《汪敬虞集》　　《刘树成集》
《聂宝璋集》　　《吴太昌集》
《刘国光集》　　《朱　玲集》
《宓汝成集》　　《樊　纲集》
《项启源集》　　《裴长洪集》
《何建章集》　　《高培勇集》